Mondän
ist
nicht mehr
modern

Anita Daniel, 1934

ANITA DANIEL

Mondän ist nicht mehr modern

FEUILLETONS ÜBER DIE MODE, DIE KUNST UND DAS LEBEN

Texte aus »Die Dame«, »Uhu«, »Aufbau« und Büchern

Herausgegeben von Katja Behling und Thomas B. Schumann

EDITION **M**EMORIA

Ernst Dryden: Titelseite für »Die Dame«. Guasch,
Wasserfarbe und Bleistift, März 1930.

Inhalt

Texte aus »Die Dame«

Texte aus »Uhu«

Texte aus »Aufbau«

Texte aus Büchern

Die Dame

Ernst Dryden: »Die Dame«, November 1928.

Ernst Dryden: Titelseite für »Die Dame«.
Guasch und Wasserfarbe auf Papier, Frühjahr 1928.

Was würde ich tun, wenn ich den Winter nach meinem Wunsch verleben könnte?

Onkel Jimmy ist furchtbar reich. Er lebt im Staate Pennsylvania, und keiner von uns hat ihn je gesehen. Sagenumwoben schwebt sein Name über unseren Träumen. Er schreibt niemals – aber wir wissen um seine Existenz. Nichts hat uns je bewiesen, daß er die unsere ahnt. Onkel Jimmy ist furchtbar reich. Wir sprechen häufig von ihm. Hans sagt: »Was würdest du tun, wenn Onkel Jimmy ganz plötzlich... und dir als einziger Nichte sein ganzes Vermögen hinterließe? Oder auch nur sein halbes? Und du könntest diesen Winter so verbringen, wie du es dir erträumst – was würdest du tun?«

◆

»Was ich tun würde? Ach, ich bitte dich, ich bitte dich... Nichts einfacher als das!«

»Nun – zum Beispiel?«

»Ach, Hans – selbstverständlich würde ich sofort verreisen. Sechs Schrankkoffer würde ich mitnehmen, sechs leere Schrankkoffer und damit nach Paris fahren. Das heißt, ich könnte mir die Koffer ja auch dort kaufen, das wäre bequemer. Und in Paris – da würde ich mir das schönste Appartement im schönsten Hotel mieten, und dann würde ich in die Rue de la Paix gehen und alles kaufen, was ich sehe... ach!«

»Und was machst du dann mit all den Sachen?«

»Nun, erst würde ich mich zwei Tage einsperren, alles immer wieder hervorsuchen und vor dem Spiegel den Rausch meiner Eleganz auskosten –«

»Und dann?«

»Dann würde ich auf Reisen gehen.«

»Wohin? Und mit sechs Schrankkoffern...?«

»Nun ja, vielleicht wären die mir auch wirklich etwas lästig, und außerdem, man sieht sich die Sachen so schnell über – also nein, ich würde in Paris gar nicht so schrecklich viel einkaufen. Dann würde ich selbstverständlich nach Aegypten fahren: Shepheards Hotel, Mondschein bei den Pyramiden, goldene Sonne und grüner Nil...«

»Werners fahren auch hin – «

»Was, die? Nein, weißt du, dann verzichte ich darauf. Mit den Leuten verbringe ich nicht eine ganze Saison. Also ins Engadin – aber da trifft man auch Krethi und Plethi. In Norwegen ist's mir zu kalt, für England ist keine Saison –. Aber wenn ich doch kann, wie ich will, warum sollte ich meinen Traum nicht erfüllen und nach Indien reisen – ins lebendige Märchen, zu den Maharadschas und den brennenden Witwen, und dann nach Japan mit seinen Zwerggärten und seinen wundervollen Kimonos...«

»Aber du wirst doch bereits auf dem Wannsee seekrank, wie denkst du dir nun die langen Ueberfahrten?«

»Ach ja, die Seekrankheit, du hast recht, Hans, die überlebe ich nicht... also es geht nicht mit der Indienfahrt. Nun, so werde ich nach Wien fahren, nach der entzückenden Donaustadt – aber die Mehlspeisen, nein, um Himmels willen, da ruiniere ich mir die Figur. – Oh, ich werde in ein stilles, schönes Alpendorf ziehen, mit guten Büchern, und in tiefer Einsamkeit werde ich zu mir selbst zurückfinden, ja, das ist es, so werde ich den Winter verbringen!«

»Aber dazu brauchst du doch nicht das viele Geld von Onkel Jimmy...«

»Ja, das ist richtig. – Aber halt, jetzt habe ich's! Ich werde nach Monte Carlo fahren, und dort sprenge ich mit meinem Geld die Bank, die sollen Augen machen! Eine Million auf No. 17 – und 17 kommt heraus, dann lasse ich die ganze Summe stehen, und die Nummer kommt ein zweites Mal! Fabelhaft, denke nur!«

»Es könnte aber vorkommen, daß Nummer 16 ausgerufen wird – und schließlich bist du Onkel Jimmys schöne Erbschaft in wenigen Tagen los...«

»Ausgeschlossen! Aber übrigens, es wäre doch nicht der ideale Aufenthalt. Ach, Hans, es ist gar nicht so leicht, wie du denkst, den Winter nach eigenem Wunsch zu verleben und der ideale Ort ist eigentlich ... »

»Und wenn du hier bliebest...?«

»Aber, Hans, was fällt dir ein?«

»Es kommt jetzt die Zeit der Kostümfeste, der Bälle, der Theater, du könntest überall Aufsehen erregen durch deine phänomenale Eleganz, man würde sich zuflüstern von einer Erbschaft. Man würde von Milliarden munkeln... Deine Freundinnen, ah, die Gesichter deiner Freundinnen möchte ich sehen!«

✦

Pause.

✦

»Nun ja... wenn du denkst...aber...«

Acht Tage später: »Ach, Hans, wenn ich nur einmal den Winter nach meinem Wunsch verleben könnte. Nur das nötige Geld haben, dann ist es ja so einfach...«

Die Tasche

Taschen sind erfreuliche Dinge. Sie bieten einen praktischen Vorwand für etwas Hübsches, das man immer zur Hand haben kann, ihr Aeußeres präsentiert sich gefällig und das Innere gewährt freundlichen Einblick auf Intimes, Persönliches.

◆

Die große Tasche hat sich durchgesetzt. Sie ist nach einigen Anfällen von Elephantiasis wieder auf ein normales Maß reduziert worden und schmückt ihre Trägerin, ohne sie zu erdrücken. Tagsüber trägt man sie meist aus weichem oder festerem Leder, es gibt aber auch Liebhaber für Taschen mit festem Fischhaut- oder Schildpattdeckel. Seide und Samt in diskreten Tönen stehen gleichfalls auf der Tagesordnung.

Die Abendtasche neuester Art ist aus feinstem Gobelinstoff oder aus chinesischer Stickerei, was künstlerisch schöne Wirkungen ergibt. Solche Taschen, die in feiner Abtönung alle Farben vereinen, können zu jedem Kleid getragen werden.

Man sieht zur Abendtoilette auch kleinere gestickte oder steinbesetzte Täschchen. Hier ist der Phantasie großer Spielraum gelassen.

Alle Taschen sind mit jedem Komfort der Neuzeit eingerichtet. Spiegel und sämtliche Requisiten eines größeren Toilettenzimmers sind darin eingebaut. Dann bleibt noch Platz für Gegenstände des persönlichen Gebrauchs.

Die Taschen müssen alle gut und solide verarbeitet sein, denn kein anderer Gegenstand wird so viel benutzt.

Jede Viertelstunde – aber auch öfter – muß die Nase auf eventuellen Glanz untersucht, das Seitenhaar zurechtgezupft, der Augenausdruck gemustert werden. Eine neue Modistin oder eine fabelhafte Wahrsagerin wird ins Notizbuch eingetragen, d a s bewusste Bild gezeigt, das Taschentuch wandert hinaus und hinein. Nur Geld wird meist gleich auf einmal ausgegeben.

◆

Mit einer modernen Handtasche ausgerüstet, kann eine Frau bei keiner Gelegenheit in Verlegenheit geraten.

Das persönliche Geschenk

In Zeiten, wo man noch Zeit hatte, war das Geschenk fast immer etwas Persönliches. Es entstand mit Vorbedacht, mit genauester Berücksichtigung des Wesens, das man erfreuen wollte und mit dem Gedanken an Ewigkeitswert. Handgemalte Miniaturen mit eigens dazu entworfenem Etui. Gebrauchsgegenstände sinnig mit Freundschaftsemblemen bestickt, manchmal sogar pikante Darstellungen im Doppeldecker einer Dose oder eines Nähkästchens – das Geschenk war dem Sinne des Gebers und dem des Empfängers angepaßt. Sein Wert war erhöht durch die vielen Stunden liebevoller Arbeit, die darauf verwendet waren. Wie beliebt war zu Zeiten das zierlich geflochtene »Angebinde« aus den Haaren der Geliebten – eigentlich eine Mode, die aus praktischen Gründen in unserer Epoche des Bubikopfs wieder aufgebracht werden müßte!

◆

Später wurde weniger Poesie an persönliche, das heißt selbstgefertigte Geschenke verschwendet. Es kam die Zeit der braven Handarbeiten, die wenig auf Individualität zugeschnitten waren. Man stickte unzählige Kissen, Gobelins als Wandschmuck, man malte oder klebte Paravents.

Es gab Schwiegermütter und Erbtanten, bei denen sich die pflichtschuldigen Abgaben an gestickten Decken zu vielen Dutzenden aufstapelten.

◆

Jetzt ist man sehr praktisch geworden. Man hat auch weniger Zeit und diese Zeit bedeutet Geld. Man schenkt nicht mehr mit Lebensdauerperspektive, man schenkt Dinge des täglichen Gebrauchs. Wobei festzustellen ist, daß dieser Begriff eine unendliche Ausdehnung besitzt... das Geschenk wird in den allermeisten Fällen gekauft, wodurch es natürlich unpersönlicher wird. (...)

Coupé-Genossen

Das Neutrum

Tritt am häufigsten auf. Es ist männlich oder weiblich. Es hat weder Alter noch Gesicht. Es besetzt einen Platz dir gegenüber. Es hat gar keine Merkmale. Es sitzt da.

Das Ekel

Hat Riesengepäckstücke, aus denen dauernd etwas herausgeholt wird. Ißt ununterbrochen, am liebsten Käsebrote. Drängt auf jeder Station zum Fenster, um Bier zu bestellen. Kriegt nachher das Fenster nicht mehr zu. Schläft ein, schnarcht und fällt auf die Schulter eines Nachbarn. Macht mit irgendjemand Krach wegen Politik, Zugluft oder wegen einer falschen Auskunft.

Die interessante Frau

Sieht äußerst exotisch aus. Fabelhaft. Liest einen Tauchnitz-Band. Legt ihn wieder weg. Holt aus einer Krokodiltasche merkwürdige Dinge hervor. Schaut melancholisch in die Landschaft. Übersieht ihr Gegenüber wie überhaupt alle Mitreisenden. Man wünscht sich glühend ihre Bekanntschaft. Traut sich nicht. Überlegt von welcher fernen Küste sie herstammen mag. Endlich, ein Glücksfall, man darf ihr das parfümierte Taschentuch aufheben. Fängt zaghaft eine Unterhaltung an. Dann stellt sich heraus, daß sie mit Cousine Hilde zusammen Tanzstunde hatte und auch bei Meyers in der Mommsenstraße verkehrt.

Der joviale Herr

Tritt gleich mit lautem Gruß durch die Coupétür. Lächelt verbindlich nach allen Seiten. Bietet seinen Platz an, falls jemand lieber in dieser Richtung fahren möchte. Schichtet sein Gepäck so auf, daß es wenig Platz einnimmt. Verteilt Fruchtbonbons. Erfährt von allen Reisegenossen Ziel und Zweck ihrer Fahrt sowie einiges über ihr Privatleben. Empfiehlt Adressen, wo man billig guten Wein beziehen kann. Klopft dem Schaffner und Kontrolleur auf die Schulter. Steigt aus mit dem Bedauern, daß die reizende Fahrt schon zu Ende sei. Verspricht dem kleinen Jungen Briefmarken.

Der Herr mit dem Monokel

Rührt sich nicht von seinem Platz. Sieht keinen Mitreisenden an. Liest ununterbrochen teure illustrierte Zeitschriften. Zieht manchmal seine Reisemütze etwas tiefer, schließt die Augen und kreuzt die Arme. Auf einer kleinen Station wird er von einem Herrn im Jagdanzug erwartet. Die Zeitschriften lässt er im Coupé zurück.

✦

Die entzückende Frau, der fabelhaft aussehende Mann reisen immer im entgegengesetzten Zug.

DIE DAME 1926

✦

Die Generation ohne »Großmama«

E in Begriff ist im Verschwinden, der Jahrhunderte hindurch ein Meilenstein auf dem Glückswege der Kindheit war: die gute Großmama. Wenn es auch durch die unveränderte Fortpflanzungsmethode immer wieder sogenannte Großmütter gibt, so ist dies heute nur noch ein Name, dem alles, alles Traditionelle fehlt. Man durfte zur Großmama! Das war ein Inbegriff seligen Verwöhntwerdens, von Losgelöstsein aus elterlicher Disziplin, das war der Weg ins Freie, die Aussicht auf Schlaraffenland und verdorbenen Magen.

✦

Die gute Großmama: das war die Gestalt mit dem Spitzenhäubchen, dem alles verzeihenden Lächeln, den eingemachten Früchten und den nie versiegenden Schokoladenvorräten. Sie konnte noch jung sein – aber sie erschien einem so herrlich alt, und dünkte sich auch selber so. Wenn Mama Migräne hatte oder ein Kleid, das man nicht beschmutzen durfte – Großmama hatte nie Nerven, bei ihr stand alles zur freien Verfügung. Wie freute sie sich, daß man überhaupt zu ihr kam. Es war eine Oase inmitten der ewigen Erziehung, das erste Betätigungsfeld des freien Willens und gleichzeitig ein Bereich aller erträumten Üppigkeit.

Zu Großmama konnte man immer kommen, das Paradies stand jederzeit offen. Sie war ja dazu da, sich über die Enkel zu freuen, ihnen immer recht zu geben und im Übrigen, ihnen zu danken, daß sie ihr auch noch Lebensberechtigung verliehen.

Ein Zauberschlag hat diesen uralten Begriff der Großmama ausgelöscht. Es gibt heute – wohl oder übel – Großmütter, d. h. junge Frauen mit kurzen Haaren und sehr kurzen Röcken, die mensendiecken, Tennis spielen und nie Zeit haben. Man darf selten zu ihnen hin – und was sollte man dort auch suchen? Es ist ja alles genau wie zu Hause, Großmama ist bloß noch etwas nervöser als Mama, und Süßigkeiten gibt es dort niemals, weil Schokolade dick macht. Großmama ist ein netter Kollege geworden, mit dem man herumtollen kann. Ihre spezielle Daseinsbegründung ist einem nicht recht klar. Warum wohl in allen Geschichtenbüchern so viel von einer guten, alten Großmutter steht?

✦

»Ach, das ist auch so ein dummes Märchen«, sagt das Kind von heute und legt den Radiohörer ans Ohr.

Die Dame 1926

✦

Der Schuh

Der erste Blick, mit dem sich Mann und Frau mustern, gilt dem Fuß. Das ganze weitere Gutachten wird auf diese Basis gestellt – wer wollte also die große Bedeutung der Fußbekleidung unterschätzen! Der Fuß ist ja für den prüfenden, flüchtigen Beschauer fast immer nur der Schuh, und es gibt Fanatiker, die alle Menschenkenntnis aus dem Schuhwerk ableiten wollen, wie Graphologen aus der Schrift.

✦

In den letzten Jahren hat sich die Mode besonders liebevoll mit diesem Gebiet beschäftigt, und eine nivellierende Massenindustrie hat viele Schuhmodelle guter Ausführung auf den Markt geworfen, die jedem erreichbar sind. Es scheint daher fast, als gäbe es keine Unterschiede mehr, und Differenzierungen seien nicht länger möglich. Und doch kann auch heute der »Kenner« viel herauslesen!

Es gibt edle und unedle Schuhe. Die unedlen ragen mit der Spitze in die Höhe, zeichnen die Zehen mit ihren jeweiligen Unebenheiten ab, lassen den Spann hervorquellen. Unedel wirkt jeder Schuh, der nicht dem Fuße angepaßt ist, sondern dem der Fuß sich anpassen will.

Der gute Schuh muß den Zehen ihre Bewegungsfreiheit lassen, sie aber trotzdem gut umschließen. Er muß ferner ganz flach auf der Erde anliegen, aus bestem Material verarbeitet sein und – liebevoll gepflegt werden. Letzteres ist in Deutschland noch nicht so allgemein wie in England oder in den romanischen Ländern, wo es die feinste Dame und der eleganteste Herr nicht unter der Würde finden, höchstselbst die Schuhe mit Crème und Leder zu behandeln. Speziell auf Reisen, denn die Pflege der Schuhe gilt dort als Kunst, und man vertraut sie ungern den lieblosen Händen des Hausdieners an, der alles in einen großen Sack wirft, mit Kreidenummern versieht und – oh Schrecken! – gar mit der Bürste einwichst.

✦

Lieber wenige und dafür gute Schuhe – dieses Prinzip läßt sich von Männern leicht durchführen. Aber auch die Frauen sollten trotz verführerischer Lockungen der Mode die Quantität zugunsten der Qualität eintauschen. Wenn es das Toilettenbudget nicht erlaubt, lieber auf den Stempel des »Dernier cri!« verzichten.

Auch eine gewisse Patina gehört zu feinen Schuhen wie zu feinen Menschen. Braunes Leder wirkt am schönsten, wenn es durch längeres Tragen und gute Pflege die Farbe der reifen Kastanien erhält. Edle Schuhe wollen nicht neu wirken. Sie brauchen eine gewisse Zeit, um mit dem Fuß zu verschmelzen. Daher ihr großer Anteil an dem Ausdruck der ganzen Persönlichkeit.

Nicht alle Frauen haben Aschenbrödels Schuhnummer und dürfen sich daher unbeschadet die oft sehr reizvollen Exzentrizitäten der Fußbekleidung erlauben. Bei größerem Fuß ist eine ruhige Form immer vorzuziehen. Auch der allzu hohe Absatz der zierlichen Frau Pompadour paßt nicht recht zu den Jüngerinnen der Suzanne Lenglen oder der Gertrud Ederle. Daß man die Art der Schuhe dem Kleid und der Gelegenheit anpassen muß, ist heutzutage bei dem stärker entwickelten Stilgefühl den meisten Frauen bekannt. Es werden hierin immer weniger »faux pas« gemacht – wenn auch die sonstigen Fehltritte nicht seltener geworden sind... Es gibt Schuhkünstler, die sich ihrer Macht bewußt sind und eine wahre Tyrannei auf ihre eingeschüchterten Kundinnen ausüben. Während ein bekannter Wiener Schuhmacher nur ausschließlich für

Frauen mit kleinen Füßen arbeitet, ist sein berühmter Pariser Kollege noch gestrenger. Er nimmt nur Bestellungen an von fünf Paar aufwärts: da er für jeden Fuß neu »kreiert« und sich diese Inspirationen eben bezahlen läßt.

Heutzutage, wo vieles auf den Kopf gestellt ist, wird die Beurteilung des äußeren Menschen auf den Fuß gestellt.

✦

Man ist jetzt Dame oder Kavalier von der Sohle bis zum Scheitel.

DIE DAME 1927

✦

Lippenstift und Liebe

Zu den ungelösten Fragen, die die Menschheit bewegen, gehört auch die Stellung des Mannes zur geschminkten, pardon »hergerichteten« Frau. Es erheben sich immer wieder warnende Stimmen gegen den eigenmächtigen, farbenfreudigen Verschönerungstrieb. Nachdem Vorhaltungen mit moralischer Verdammnis ziemlich eindruckslos verklingen, wird ein anderes, wichtigeres Argument ins Treffen geführt. »Dem Mann muß es widerstreben, einen bemalten Frauenmund zu küssen.«

✦

Da wird mancher stutzig, denn immerhin, hier wird die Sache ernst...

Es leuchtet zunächst ein. Man beißt wohl lieber in einen frischen Apfel hinein, als wenn dieser Apfel mit roter Farbe übermalt wäre.

Aber es erweist sich, daß nicht alles mit Obst verglichen werden kann.

Es steht wohl fest, daß die meisten Männer auch einen rotumrandeten Mund recht gerne küssen – sie würden ja sonst auch heutzutage elendiglich verkümmern.

✦

Bleibt die große Frage: Tun sie es nur, weil die Frauen sie dazu zwingen, oder tun es die Frauen, weil sie den Männern dadurch besser zu gefallen glauben?

Das ganze Verhältnis zwischen Mann und Frau beruht nicht auf Wahrheitsfanatismus, man wird daher auch in dieser kleinen Nebenangelegenheit nie ganz klar sehen können...

Die Männer sind wohl von jeher Verschönerungskünsten, die sozusagen ihretwegen vorgenommen werden, nicht abgeneigt. Es gab Zeiten, wo Schminke als untrennbar von weiblicher Verführung galt, und eine persische Königin wurde glattweg verstoßen, wenn sie ungeschminkt vor ihrem Herrn Gemahl erschien.

Die Priesterinnen der Liebe aller Zeiten halfen der Natur mit Stiften und Salben nach und hätten es doch bestimmt nicht getan, wenn sie dadurch in ihrem Beruf geschädigt worden wären.

Es ist eben alles Gewohnheit und Sitte. Madame de Pompadour ist nicht wenig geliebt worden, obwohl sie nachweislich niemals ein Bad nahm und auch ihr reizvolles Gesicht nie mit Wasser in Berührung kam. Sie mag trotzdem verführerischer auf die damaligen Männer gewirkt haben als heute manche blitzblank gescheuerte Kanalschwimmerin.

Wenn die Schönheitsmethoden gewisser Epochen so abschreckend gewirkt hätten, als es auf den ersten Blick erscheint, die Menschheit wäre längst ausgestorben.

Wie beliebt war z.B. die Sitte, zwecks Erhaltung rosigen Teints nachts frisches Fleisch auf die Wangen zu legen. Man versetze sich in die Lage eines »galants«, der erst zwei rohe Kalbsscheiben entfernen muss, um seine Küsse zu placieren. Und es scheint doch alles gut abgelaufen zu sein.

Zwei Generationen vor der unseren waren die fürchterlichen Haarwickel gang und gebe. Das hübscheste Gesicht wirkte nachts wie ein wildes Medusenhaupt. Aber die Tatsache unseres Bestehens beweist, daß auch dadurch die Liebe keinen Abbruch erlitt.

Die heutige Mode des Gesichtsbemalens ist im Vergleich zu früheren Schönheitssystemen recht harmlos. Man gönne den Frauen das Vergnügen und überlasse jeder einzelnen die Entscheidung darüber, ob der farbige Anstrich ihre persönlichen Erfolge günstig beeinflusst.

Am Lippenstift hält man heute wohl am überzeugtesten fest. (Uebrigens ist es ja nur der erste Kuß, der abfärbt, so daß sich der kleine Beigeschmack schnell verliert...)

✦

Man möchte im Allgemeinen folgendes behaupten: Wenn der Mann verliebt ist, so ist ihm alles Uebrige egal – und wenn er nicht verliebt ist, na, dann ist es ihm erst recht egal.

Der ungedeckte Tisch

Extreme berühren sich häufig – so ißt zum Beispiel äußerste Armut und äußerster Luxus am ungedeckten Tisch. Das traditionelle »blütenweiße Damasttuch« ist längst nicht mehr alleiniger Inbegriff der festlichen Tafel. Man milderte seine etwas beängstigende Starre durch gelbliche Spitzen, immer mehr Spitzen, und eines schönen Tages ließ man es einfach weg.

◆

Man entdeckte die Schönheit der unverhüllten Tischplatte, den Reiz des warmen, braunen Holzes, das so fein durch dünne Gewebe schimmert.

Aehnlich wie man jahrelang nicht wußte, daß eine Frau schöne Beine unter den Röcken verbarg, war man plötzlich erstaunt zu sehen, wie edel die Platte eines Tisches wirken konnte. Es galt nun, zu überlegen, auf welche Weise man einen ungedeckten Eßtisch benutzen und dabei die praktischen Hindernisse beseitigen konnte.

Das beliebteste Hilfsmittel sind Spitzendeckchen in verschiedenen Größen, die unter das Kuvert und zwischen die einzelnen Teller gelegt werden. Sie bezeichnen jedem Gast sein umgrenztes Gebiet, für dessen gute Instandhaltung er Sorge tragen muß.

In England sehr verbreitet ist die Sitte, den ganzen Tisch mit einer Glasplatte zu bedecken. Dazwischen kommen echte Spitzen zu schönster Geltung, das schützende Glas verhütet jede Gefahr von Seiten gelber Mayonnaisen und roter Weine.

Häufig werden auch schöne, alte Brokate untergelegt, oder selbst farbige Kupferstiche – das mag originell sein, wirkt aber in Verbindung mit Silber und Porzellan etwas unruhig.

Die Glasplatte ist sehr praktisch, aber nicht jedermanns Geschmack, da man den Eindruck von Hygiene, aber Kälte dabei hat.

Der ungedeckte Tisch erfordert weit mehr Pflege als der im landläufigen Sinne gedeckte, die Platte will sehr behutsam behandelt sein und alles muß aufs Feinste abgestimmt werden. Von schönster Wirkung sind silberne Leuchter mit matten Kerzen auf braunem Mahagoni.

Auch ländlich-sittlich gedeckte Tische können im Landhaus oder auf der sommerlichen Veranda sehr hübsch sein. Dann braucht die Tischplatte nicht poliert zu sein, nur schön säuberlich gewaschen, und die Teller werden auf buntkarierte oder sonstwie bemusterte Leinendeckchen gestellt.

Hier kann man mit billigsten Mitteln Effekte erzielen: Feldblumen in einer einfachen Keramikvase oder ein Band von lebhafter Farbe mitten über den Tisch. Selbst das im allgemeinen nicht salonfähige Wachstuch, weiß, mit einer dicken Klöppelspitze eingefaßt, kann unter die Teller der einzelnen Gedecke gelegt werden.

Für den täglichen Gebrauch wird das gute, alte Tischtuch in seinen vielen Varianten wohl bleiben.

✦

Denn, so paradox es klingt: der gedeckte Tisch ist viel einfacher zu decken als der ungedeckte.

Die Dame 1928

✦

Mondän ist nicht mehr modern

Das Wort klingt wie eine Fanfare. Die mondäne Frau, wie sie sich bis vor kurzem in der Phantasie der Umwelt spiegelte, war eine märchenhafte Erscheinung. Dieses Fabelwesen mußte dauernd auf der Höhe der Zeit sein. Alles, was sie trug, tat und dachte, war natürlich letzter Schrei.

Die mondäne Frau nahm morgens, in Valenciennes-Spitzen gehüllt, Schokolade und Grapefruit ein, während ihr die Kammerzofe auf dem historischen silbernen Tablett achtzehn duftende Billette; fünfunddreißig Einladungskarten und acht Telegramme darbot. Vormittags ist sie selbstverständlich bei Schneidern zur Anprobe, zwischendurch eröffnet sie eine Kunstausstellung. Sie luncht im jeweilig elegantesten Restaurant mit einigen führenden Persönlichkeiten von Adel, Kunst und Hochfinanz, eventuell noch mit einem jungen, namenlosen Künstler, der durch dieses Lunch ab morgen einen Namen haben wird. Zum 5 o' clock geht sie in ein Hotel oder empfängt in einem fließenden Teagown Freunde des Hauses zur Tasse Tee.

Vor dem Souper beugt sie sich in großer Abendtoilette über das Bettchen der schlummernden Kinder. Dann beginnt das reichausgefüllte Abendprogramm, bis sie zu früher Morgenstunde heimkehrt und von der todmüden Zofe, die auf sie gewartet hat, entkleidet wird. Die mondäne Frau würde eher auf der Stelle sterben, als eine vorjährige Knopflochblume tragen, oder nicht im richtigen Kleid am richtigen Platz sein. Hauptinhalt ihres Lebens hatte darin zu bestehen, daß sie jeder Tageszeit, jeder Strömung, jeder Stimmung, jedem Luftwechsel absolut stilgerecht entgegentrat. Möglicherweise gab es tatsächlich Frauen, deren Existenz tatsächlich so verlief, wie die vorgefaßte Meinung es forderte.

Roman und Kino bestärkten die große Masse in dieser Auffassung, und daher sind viele heute sich noch nicht klar, dass die mondäne Frau in jenem Sinne ja gar nicht mehr existiert. Man kann ruhig behaupten: Mondän ist nicht mehr modern.

✦

Vielleicht ist die Grundmischung noch vorhanden, die da heißt, ein Schuß Snobismus und viel Eitelkeit. Es kommen jedoch neue Ingredienzien hinzu, die etwas vollkommen Verändertes entstehen ließen, Bequemlichkeit, Sport, Natürlichkeit, Sachlichkeit.

Und dann: Unter der mondänen Frau *ancien regime* stellte man sich selten eine sehr junge Frau vor. Es gehöre dazu Erfahrung, Beherrschung und Sammlung, wie sie nur der etwas gereifteren Frau zur Verfügung stehen konnten. Heute kümmert man sich keinen Deut darum, ob man mondän wirkt, wenn man nur für jung gehalten wird. Allzu stilvoll aber kann niemals jugendlich wirken.

Man lebt jetzt viel zu schnell und viel zu improvisiert, um die kostbare Zeit mit ausgeklügelten Vorbereitungen zu verlieren. Daher immer größere Vereinfachung trotz Luxus und trotz gesteigerter Ansprüche. Man hat den überflüssigen Ballast der sogenannten mondänen Lebensführung völlig abgeworfen. Wenn man heute noch von der mondänen Frau spricht – denn der Begriff ist tief eingewurzelt – , muß man sich ein gründlich verändertes Wesen vor Augen halten.

Die moderne Frau letzter Ausgabe ist eine Art Weltwunder. Sie kann alles. Sie hat zwei bis vier Kinder, die sie alle genährt hat. Sie ficht, schwimmt, reitet, skit, hockeyt, tennist, golft und stept. Sie kann Rohkostplatten zusammenstellen und Wiener Apfelstrudel backen, ihr defektes Auto reparieren, Jumper häkeln, Kreuzworträtsel lösen. Sie kann auf dem Land, in der Stadt und auf Reisen leben. Sie hält sich nur das nötigste Personal und bestellt ihr Weekendhäuschen ganz allein. Eine Zofe würde sie nur nervös machen – in die Kombination kann sie wirklich ohne Hilfe schlüpfen. Sie mag ein paar

Dutzend Complets besitzen, sie trägt am liebsten zu allen Gelegenheiten ein zeitloses Jumperkleid. Sie will gar nicht repräsentieren, sie will sich ausleben. Wie sie es tut, ist ihre ganz private Angelegenheit. Es gibt keine mondänen Frauen mehr, es gibt nur noch moderne Frauen.

Die Dame 1928

Schönheitsideale in Zentimetern

In Grosberryjamtown bei Millstonefire im Staate Massachusetts wurde die diesjährige Schönheitskönigin unter großer Beteiligung des gesamten Badepublikums nach heftigem Kampfe gewählt. Miß Putsy Chilly ist 23½ Jahre alt, hat dunkles Haar und kobaltblaue Augen. Sie ißt nur Porridge zum Frühstück und hat noch niemals einen Tropfen Alkohol getrunken. Ihr Lieblingsfilm ist »Die Rose des sterbenden Banditen«. Im Beisein zahlreicher Sachverständiger wurden die gesamten Maße der mustergültigen Figur Miß Putsys festgestellt:

Höhe	1.68	Meter
Gewicht	114	Pfund
Hals	32	Zentimeter
Arm	25	"
Büste	85	"
Taille	68	"
Hüften	95	"
Schenkel	55	"
Knöchel	24	"

Wenn eine derartige Mitteilung in die Welt gesetzt wird, ist der Widerhall ungeheuer.

Hunderttausende von Frauen stürzen ins Ankleidezimmer und messen nach. Messen fieberhaft nach. Je näher das Resultat dem preisgekrönten Ideal kommt, desto höher steigt die Stimmungskurve. Im entgegengesetzten Falle stellt eiserner Wille einen Feldzugsplan für die Zukunft auf: jeder Zoll ein König – jeder Zentimeter eine Schönheitskönigin.

Man mißt sich selbst mit größter Genauigkeit, man mißt die Freundin (mit etwas gelockertem Zentimetermaß), man mißt die Großmutter, man mißt das Baby. Und für alle sind auf längere Zeit hinaus die Schönheitsproportionen der Miß Putsy Chilly aus Grosberryjamtown im Staate Massachusetts maßgebend.

Diese Meßwut gehört zu den zeitlosen Leidenschaften. Es liegt nahe, dem Geheimnis der Schönheit in ihren jeweilig anerkannten Offenbarungen sachlich auf den Grund zu gehen. Die Mode stellt dauernd neue Gesetze auf, und die Frauen machen die wellenartigen Strömungen schwimmend mit.

Immer wieder wird ein Teil des weiblichen Körpers ganz besonders ins Auge gefaßt und daraufhin ein mathematisches Ideal aufgestellt.

✦

Bei unseren Müttern war es die Taille, deren Umfang auf ein Minimum reduziert wurde, wobei man jeden Zentimeter weniger mit Hilfe unbarmherzigen Schnürens erkämpfte. Kaiserin Elisabeth von Oesterreich war auf ihre 48 Zentimeter Taillenweite stolzer als auf die Habsburgsche Krone.

Gleichzeitig spielte die Länge des Haares eine beträchtliche Rolle, und wenn Anna Czillag sich mit ihrem »1,85 Meter langen Riesen—Loreleyhaar« photographieren ließ, wurde im stillen Kämmerlein so mancher Zopf nachgemessen.

Dann kam die hüftenlose Zeit, und man schob wieder alles in die Taille hinauf, um nur unten herum jünglingsmäßig zu erscheinen. Schmalheit der Hüften wurde höchste Bestrebung.

Bis vor kurzem wurde alles fast ausschließlich auf die Beine gestellt und eine Frau ohne Weiteres rehabilitiert, wenn sie gute Beine hatte. Was sich sonst noch in ihr befand, war mehr oder weniger Nebensache.

In dieser jüngsten Zeit erreichte die Meßwut ihre Höhe. Denn hier gab es gleich mehrere Punkte von höchster Wichtigkeit: die Geradheit, die Schlankheit, die Rundung der Wade, die Zartheit der Knöchel.

Es sieht so aus, als hätte man die Beine jetzt etwas über. Die zum großen Teil – bei Abendkleidern – realisierten Bestrebungen, den Rock zu verlängern, liefern einen ziemlich deutlichen Beweis dafür. Noch ist es unentschieden, auf welchen Punkt sich das allerneueste Schönheitsideal kristallisieren wird.

Es ist nicht ausgeschlossen, daß man aus Widerspruchsgeist dem Gesicht plötzlich Wichtigkeit zuerkennt.

✦

Dann wird es wohl bald wieder ein eifriges Messen geben, denn keine will hier um eine Nasenlänge voraus sein.

Die Frauen sind nicht mehr launenhaft

E s wird allgemein konstatiert, dass die Frauen nicht mehr launenhaft sind. Wenn das auch nicht wahr ist – es könnte zumindest wahr sein. Launen machen nur dann Spaß, wenn sich jemand darüber ärgert oder ratlos wundert. Die Männer tun einem diesen Gefallen längst nicht mehr.

Launen waren von Zweck und Nutzen in einer Zeit, wo die Frau vom Manne abhängig war. Wo sie um ein neues Kleid, um eine Badereise, um ein Schmuckstück die »große Szene« brauchte.

◆

Von Schmollen, Grollen, Zanken, Erkranken, gell Auflachen, Krachen bis zur legendären Ohnmacht gab es eine ganze Reihe feiner Unterschiede.
So viel Arbeit ist jetzt glücklicherweise nicht mehr nötig.

Man nennt die Kleider Kleidchen, was so bescheiden klingt, daß man den Mann wirklich nicht erst behelligen will, der Schmuck braucht nicht echt zu sein, den kauft man einfach nebenbei, und um eine Erholungsreise bittet man nicht, sondern führt gleich den unwiderleglichen Grund dafür an.

Was die reellen Forderungen: Auto, Villa, Motorboot, Bungalow betrifft, so stellt man sie sachlich, einfach, selbstverständlich. Rationalisierung der Nerven.

Außer den Zwecklaunen gab es die grundlosen Launen, die man mit verzweifeltem Achselzucken Hysterie benamste. Seit der restlosen Freudschen Aufklärung kennt jetzt jede Frau, die etwas auf sich hält, die genaue Bezeichnung ihres Komplexes. Es wird einfach abreagiert – durch Massage, Seelenfreundschaft, Rohkost oder Golf. All dies ist viel unterhaltsamer, als die Laune an einem Mann auszutoben, der da herumsteht und sich nicht im Geringsten aufregt.

◆

Launenhaft bedeutet, wenn eine Frau nicht weiß, was sie will. Und heute weiß sie es – oft mehr, als manchem lieb ist.

Düfte

Duft gehört, wie alles sehr Schöne, zu den Dingen, die man nicht beschreiben kann und die darum ihren »Duft« nie verlieren. Duft appelliert an den empfindlichsten der Sinne und an die reizbarsten der Nerven. Menschen mit ausgeprägtem Geruchsinn haben größere Freuden und Leiden als andere. Menschen ohne jeden Geruchsinn gibt es wohl nicht, sollte es sie geben, so sind sie zu bemitleiden – und möglichst zu umgehen.

Blume, Duft, Parfüm sind uralte Assoziationen zum Begriff: Frau. Trotz völligen Außermodekommens der Poesie ist es erfreulicherweise so geblieben. Frauen brauchen Parfüm, sei es Blütenkränze im Haar, Salbeien, Vaporisateur oder – nicht zuletzt – Weihrauch.

Auch Frauen, die im konkretesten Sinne des Wortes kein Parfüm benutzen, sind davon abhängig. Ob ihre Seele auf Lavendel oder auf Chypre reagiert, ist im Prinzip gleich, in der Wirkung allerdings sehr verschieden.

Jede Haut hat ihren ganz eigenen Geruch und das gleiche Parfüm löst bei jedem Menschen eine andere Duftnuance aus. Zu einem bestimmten Typ passen bestimmte Gerüche, genau wie Farben. Es ist guter, alter Brauch, von einer Frau zu verlangen, daß sie ihrem einmal erwählten Duft treu bleibt.

Das schwere Wort Treue paßt aber nicht recht zu dem leichten Duft – es paßt wohl überhaupt zu den wenigsten Dingen. Man kann aber einer »Dichtung« treu bleiben, auch bei Parfüm. Kleine Veränderungen der Mischung sind gar nicht von der Hand zu weisen...

Bei der heutigen Normierung aller Begriffe und Gefühle ist es ja doch nicht mehr anzunehmen, daß ein aufgehobenes Taschentuch durch seinen Duft auf eine Einzige hinweist. Weil es ja überhaupt nicht mehr viel Einziges gibt.

✦

Die Prosa der Zeit drückt sich deutlich in der neuen Benennung der Parfüme aus. Früher war es »Ideal«, »cœur de Jeanette«, »un viendra«, »Illusion«, »Vertige«. In jedem dieser Namen war Tremolo fühlbar. Jetzt sind es sachliche Nummern geworden.

Große Schneider lassen große Flaschen Parfüm herstellen und bringen in jeder Saison eine neue Nummer heraus.

»Du riechst so gut nach ›fünf‹, darling«, sagt der heutige Liebhaber. Und er merkt sich die Nummer eventuell für das nächste Fälligwerden einer Aufmerksamkeit.

Es gibt natürlich herrliche Düfte, die nicht in Flaschen gezogen werden können. Der Geruch von schöner, gesunder Haut. Der Duft von warmer Erde nach einem Sommerregen, oder von sonnendurchglühtem Moos. Das Aroma einer Melone, eines Kalvilleapfels, einer Pfirsich.

Es gibt auch erdenschwere Düfte, die seltsam anregend und beglückend wirken. Der salzige Geruch des Meeres, oder von frisch gebackenem Brot, oder der Geruch eines Pferdestalles. Ohne von jenen Gerüchen zu reden, die sozusagen nur durch Assoziation wirken, wie z.B. der begeisterte Autofahrer sein Benzin liebt.

Am Anfang war der Duft. Parfüm wird niemals, niemals aus der Mode kommen. Es ist ja etwas ewig Vorhandenes, überall Schwebendes und Verborgenes. Es muß nur liebevoll zusammengetragen und sinnvoll verbunden werden. Die Möglichkeit neuer Kombinationen sind von geheimnisvoller Unendlichkeit.

✦

Blumen und Parfüm erfreuen jede Frau. Wenn sie sich nicht freut, ist sie keine Frau.

Die Dame 1928

Ultraviolett – die Strahlenmode

M an muß heute braune Farbe bekennen, wenn man mitzählen will. Braun sein bedeutet glücklich sein oder zumindest bis vor kurzem glücklich gewesen zu sein. Es bedeutet, daß man in sonnigen Gefilden die wunderbaren, seligmachenden, ultravioletten Strahlen genossen hat.

Sonne ist die Parole. Sonne als Heilmittel, Sonne als Genußmittel, Sonne als Verschönerungsmittel. Während bisher immer nur ein paar runde und ovale Stellen gebräunt werden konnten, weil Kleidung die üppige Fläche bedeckte, ist jetzt alles freigelegt worden. Die ultravioletten Strahlen können bis an die äußersten Punkte heran. Es ist ein Glück für die heutige Generation, daß sie sich das erlauben kann. Man fürchtet nicht mehr: die Sonne bringt es an den Tag – man fordert sie geradezu heraus. Die trainierten Körper wollen in Bronze gegossen werden.

Es ist ein schönes Bewußtsein, zu wissen – oder zu glauben – daß man nichts zu verbergen hat. Man trägt jetzt Gesundheit, man trägt Natur. Wer es sich leisten kann, in echt, die anderen in Imitation. Nur für den Kenner ist ersichtlich, ob die bronzebraune Haut von Juan-les-Pins oder vom Schönheitssalon stammt. Viertausend Kilometer Weltanschauung trennen uns von der Zeit, da zartester Teint und viel Bekleidung das Wesen der Vornehmheit ausmachten.

✦

Von Zeit zu Zeit ordnet die Mode Rückkehr zur Natur an. Seit Rousseau sind wir ein gutes Stück weitergekommen. Jetzt rückt man der Zivilisation zu Leibe, indem man Kultur im Urkult sucht. Sonnenanbeter müssen gutrassig sein. Wenn sie es nicht sind, nennt man sie Naturmenschen. Warum sollen nur die Wilden bessere Menschen sein? Wenn man jetzt in einem eleganten Badeort der Gold- oder Silberküste spazieren geht, glaubt man sich in paradiesisches Südafrika versetzt. Da ist z. B. jener schwarzbraune Hüne, der sich gerade in patinaglänzender Nacktheit vor einer höschenbekleideten Schönen verbeugt. Es ist aber nicht der Häuptling Mbawamba aus Taganika, sondern Lord Sunburnt, der sich der Marchesa Tuttabruna vorstellen läßt.

Die Dame 1928

✦

Rückkehr zum Kerzenlicht

Wenn es Abend wird, erwachen wieder die alten Ideale. Genug des Lichts. Man sehnt sich nach sanfter Beschattung. Nach weichen Konturen. Nach dem süßen Reiz des Mysteriums. Und da fand man, daß nichts diesen Zwecken dienlicher sei als Kerzenschein. – Eine technikberauschte Generation wird aus Eitelkeit reaktionär. Wie stolz war man auf das elektrische Licht! Man konnte bei festlichen Anlässen gar nicht genug davon haben, aus unzähligen Birnen mußte es strahlen. Aber irgendwie wurde man nicht warm dabei, es machte nicht glücklich. Und plötzlich merkte man voller Schrecken – daß es unkleidsam war.

Wie jetzt so oft reuig nach Hausmittelchen und verschönerndem Kräutertee à la grand' mère gegriffen wird und man die Kompetenz früherer Generationen in puncto Lebenskunst wieder anerkennt, entdeckt man die Kerzen von neuem.

✦

Die Frauen sind restlos Anhängerinnen der alten, neuen Beleuchtung. Nach Sport, kameradschaftlichem Gebaren, Prosa des Alltags und nicht mehr neuer Sachlichkeit ist es entzückend, sich wieder geheimnisvoll geben zu können. Brennende Kerzen sind in hohem Grade schönheitsfördernd und romantisch. Die braungebrannte Turnierspielerin mit dem gefürchteten drive sieht plötzlich wie ein Gainsborough-Pastell aus. Hände, die vielhundert Kilometer das Autosteuer hielten, liegen jetzt in zartester Marquisenhaftigkeit auf dem Schoß. Kerzen zaubern Zeitlosigkeit mitten in die selbstbewußteste Zeit.

✦

Die Ansichten der Männer sind viel geteilter. Wenn sie nicht den diskreten Kerzenschein persönlichen Angelegenheiten dienstbar machen können, sind sie zumeist gar nicht so begeistert davon. Diese poesielosen Wesen wollen sich alles bei richtigem Licht besehen. Sie wollen eine schöne Frau klipp und klar beleuchtet haben und bei minder schönen durch trügerische Schatten nicht getäuscht werden.

✦

Nur wenige von ihnen schwärmen für das clair-obscur, sie sind mehr für das eine oder das andere. – Zu Kerzen gehört stilgemäß Konversation und Galanterie. Flirt fällt schon etwas aus dem Rahmen. Stilvolle Menschen letzter Prägung müssen eben tagsüber und abends völlig verschieden eingestellt sein. »Halloh, old girl!« klingt am Vormittag sehr fesch. Für das Souper bei Kerzenschein ist es ratsam, über ein paar lyrische Ausdrücke zu verfügen.

Im Bois

Paris – Frühling – Bois – selbstverständliche Gedanken-Assoziation. Frühling im Pariser Bois, das ist hauchzarte Lyrik, feinste Ironie, urwüchsige Lebensbejahung, fröhliche Dekadenz, j' m' enfichisme. – Veilchen, Benzin, Pferdegetrappel, Luftballons, Parmabuketts auf Pelzen, hellgraue Schwesternhauben, langgliedrige Kinderbeine hinter bunten Reifen, Légion d' honneur, Sonnenflecke auf zartem Grün. Reinste Inkarnation von Großstadtfrühling.

✦

Man trifft sich im Bois. Es ist der leichte Sinn des Frühlings und der tiefere Sinn des Bois, daß man sich dort trifft. Und es gibt wirklich unwahrscheinlich viele Gelegenheiten dazu.

Man steht sehr früh auf in Paris. Große Kavalkaden reiten durch die morgenfrischen Alleen. Man erkennt einander, sofern man zur »Welt« gehört. Die Pferde galoppieren und die Autos fahren Schritt – 15 Kilometer ist überhaupt die höchste erlaubte Geschwindigkeit –, dadurch entsteht eine große Gemeinschaft, ein Freiluftsalon mit sportlich gefärbter Chronique scandaleuse.

Hier passieren alle royalistischen und imperialistischen Namen des republikanischen Frankreich allmorgendlich Revue. Herzoginnen, Marquisen, Vicomtessen mit langen Titeln und langen Beinen, junge Frauen mit alten Namen, ältere Frauen mit neuen Autos – alle auf die gleiche Art gekleidet und keine der anderen gleich.

✦

Ein Sich-Ueberbieten in jener raffiniertesten Einfachheit, die heute das Signum von höchstem Luxus ist. Die Rückenfalte eines Mantels hat den Modeschöpfer der Rue de la Paix fünf schlaflose Nächte gekostet. Der unerhört nachlässig umgeworfene Schal dort hat ein kubistisches Muster, das von einem unbezahlbaren Künstler entworfen wurde. Der Witz einer randlosen Filzkappe ist das Resultat angestrengtester Strategie eines genialen Modekonsortiums. Die Männer prüfen jedes weibliche Toilettendetail mit kundigen Blicken. Sie selbst sind von jener nachlässigen Eleganz der feinen älteren Franzosen, oder der sportlichen Unbekümmertheit, die nach anglikanischem Muster von der jungen Generation ostentativ salopp zur Schau getragen wird.

In den durchsonnten, zartgrünen Alleen mit den zahllosen Stühlen ein Fluten all der Namenlosen, die den Begriff Paris darstellen.

Die Pariserin beim »footing«. Kaum eine andere Stadt, wo alle Frauen in solchem Maße die Kunst des Gehens beherrschen. Sie beeinflussen dadurch den ganzen Rhythmus der Stadt. Man kommt kaum dazu, Einzelheiten zu bemerken, durch persönliche Züge frappiert zu werden. Es sind auch unschöne, banale Erscheinungen darunter, nicht einmal gut angezogen. Aber sie haben die Harmonie der Bewegungen, die Grazie des Ausdrucks.

✦

Es ist ein zartes Spiel von Silhouetten unter den uralten Frühlingsbäumen des Bois.

Und die Kinder – hier sieht man in großen Scharen die wohlbehüteten Kinder von Paris. Miniaturausgaben ihrer Väter und Mütter. Sie sagen höflich »Sie« zueinander und spielen ihre Spiele mit kultivierter Wildheit und überlegener Selbstsicherheit. Kleine rosafarbige Babys werden in sehr tiefen, amerikanischen Wagen von äußerst dekorativen Bonnen spazieren gefahren.

✦

Um zwölf Uhr ist die exklusive Vormittagsvorstellung zu Ende – (...)

DIE DAME 1929

―――――――――――― ✦ ――――――――――――

Schönheitspflege auf der Reise

Z uerst ist es immer wieder eine sehr aufregende Angelegenheit. Die Frauen von heute und morgen haben alle möglichen Fesseln gesprengt, wollen sich kaum noch vom rosenfingrigen Amor ketten lassen und singen laut und überzeugt die Freiheitsmarseillaise.

Aber gleichzeitig geben sie sich buchstäblich mit »Haut und Haar« in freiwillige Gefangenschaft. Sie unterwerfen sich bedingungslos der absoluten Macht eines Frisörs, einer Maniküre, einer Massörin. Sie umweben sie mit der Gloriole der Einzigartigkeit. Sie empfinden restlose Abhängigkeit als

Schicksalsfügung. Sie gehen so weit, daß sie jedes Kompliment über gutes Aussehen dem alleinigen Verdienst ihrer erlesenen Helfer zuschreiben. Und dann verreist man – und steht plötzlich einsam und verlassen da.

Mit traurig zweifelnden Blicken liest man in der fremden Stadt, im fremden Kurort das Schild: Coiffeur, hair-dresser – Frisör. Lange kämpft man mit stärkstem Mißtrauen, ehe man sich dazu entschließt, einzutreten. Dieser Frisör ist einem empfohlen worden – aber was kann schon an ihm dran sein? Ach, wenn er herzuzaubern wäre, Herr Ludolf oder Schulz, oder Benno oder wie sonst sein einmaliger Name und Begriff lautet. Genauso ergeht es einem mit der Gesichtspflege, mit der Maniküre, mit der Pediküre. Es ist ein Jammer.

✦

Aber – es geschehen doch Wunder. Kaum zu begreifen: man sieht trotz allem nicht verwahrlost, nicht abschreckend, nicht einmal entstellt aus. Das Haar ist geschnitten worden – von fremder, feindlich empfundener Hand – merkwürdig, es sieht eigentlich ganz gut aus. Die Nägel sind im Grunde genommen gar nicht so schlecht gemacht, den Nagellack muß man sich merken. Da versucht man sich nun das Wunder zu erklären. So ist es: das gütige Schicksal hält eben Filialgötter für seine Lieblinge bereit. Für die Dauer des mehrwöchigen Aufenthaltes sind nun Mr. Maurice, Mlle. Laurie und Frau Charlotte die einzigen, die für uns in Betracht kommen.

Die Fälle, wo man einsam weinend ohne kosmetische Hilfe elend verkommt, sind glücklicherweise immer seltener. Selbst mitten in der Wüste gibt es sicherlich Oaseninstitute für Schönheitspflege, und in jeder vorüberziehenden Karawane befindet sich zumindest ein preisgekrönter Frisör. Auf Reisen machen wir noch eine wichtige Entdeckung: die Macht der Selbsthilfe. Man erinnert sich gewisser Handgriffe, die man bei den »Einzigen« oft gesehen, man versucht die Seitenlocken aufzurollen, man traut sich schließlich an sich selbst heran. Und – es geht!

✦

Auch gibt es ja heutzutage in allen Orten über dreißig Einwohnerinnen alle Cremes und Wässer der Welt, auch die, an die man gewöhnt ist. Daneben erwählt man dann neue, auf die man von diesem Moment an schwört.

✦

Aber trotz allem: die ersten Tage Schönheitspflege auf der Reise sind sehr schwierig. Ein Mann kann das wieder einmal nicht verstehen.

Man fährt zur Kur

Jeder Mensch hat etwas, was zu einer Kur berechtigt. Irgendein Organ ist bestimmt nicht in Ordnung. Wenn es auch keine Beschwerden macht, stellt es sich doch heraus, daß es ganz anders sein sollte. Die Milz müßte nach neuesten Messungen größer sein, die Leber könnte besser sitzen, das Herz ist überanstrengt oder nicht genügend in Bewegung.

Wenn aber alles, alles durch ein Wunder der Natur völlig den geltenden medizinischen Ansichten entspricht – dann ist es erst recht nötig, etwaigen Vorkommnissen vorzubeugen und aus prophylaktischen Gründen eine Kur zu gebrauchen.

Sollte auch dies leichtsinnigerweise als überflüssig betrachtet werden, so hat man doch wenigstens einen nahestehenden Menschen, den man zur Kur begleiten muß.

Also fährt man zur Kur.

Die Vorbereitungen dauern eine ganze Weile. Wenn man sich für den Ort entschlossen hat, bestellt man sich als Frau einige Brunnenkleider und einen malerischen Hut, als Mann weiße Flanellhosen und eine Norfolkjacke. Dann nimmt man einen verschlossenen Brief des Hausarztes an den Badearzt mit. Es ist dringend zu empfehlen, diesen Brief nicht zu öffnen. Es gibt nämlich eine Sprache vom Arzt zum Patienten und eine ganz andere vom Mediziner zum Mediziner. Letztere verständigen sich über die meisten Fälle durch das Sammelwort Hysterie oder Hypochondrie. Auch wird dem Krankheitsbericht meist eine kurze Schilderung der Stadtwohnung des Patienten beigefügt.

✦

Der Kurort ist immer überfüllt, und man ist froh, auch ein minder gutes Zimmer zu bekommen. Angenehm wohnen kann man ja zu Hause, hier ist man zur Kur.

Zwei Stunden nach der Ankunft wird der Kurarzt konsultiert. Er ist sehr liebenswürdig, aber sehr kurz. Man bekommt einen Diätzettel, eine Bäderordnung und eine Brunnenvorschrift in die Hand gedrückt. Mit der Aufforderung, am fünften Tag wiederzukommen.

Erstes Glas Brunnen um sechs Uhr früh. Vor dem Frühstück zwei Stunden spazierengehen. Nach dem Bad fünf Minuten ruhen. Sodann eine Stunde turnen. Zu Mittag kein Fleisch, keine Hülsenfrüchte, keine Eier, kein rohes Obst, kein Brot, keine Mehlspeisen, nichts Gebackenes, wenig Gekochtes. Viel Rapunzelsalat und Rhabarberkompott.

Nach Tisch drei Stunden spazierengehen. Um fünf Uhr ein Glas Sauermilch trinken. Zum Abendbrot zwei Aepfel und ein Glas Joghurt. Um 9 Uhr zu Bett gehen. Vor dem Schlafen ein Abführmittel nehmen.

Im Kurort wird jede Verordnung auf das genaueste verfolgt. Weil man es wegen der Gesundheit tut, weil man dafür sehr viel bezahlt und weil man sich freut, wenn der Arzt alle fünf Tage konstatiert, daß ein deutlicher Fortschritt zu sehen ist. Im Kurort sieht man immer schlecht aus, weil eine Kur bekanntlich angreifen muß. Es kommt ja nur auf die Nachwirkung an. Die Erholung zeigt sich erst nach Monaten, wenn man wieder sein gewohntes Leben führt.

✦

Männer, die eine Kur gebrauchen, sind meist in verzweifelter Stimmung und befolgen alles mit angstvoller Gewissenhaftigkeit. Sie sind es nicht gewohnt, sich ununterbrochen mit sich selbst zu beschäftigen und dadurch völlig aus der Bahn gerissen. Man kann mit ihnen nichts, aber auch wirklich nichts anfangen. – Die Fakirnatur, die in jeder Frau steckt, fühlt sich völlig in ihrem Element. Eine Kur soll letzten Endes verschönernd wirken, und darum wird jede Verschärfung freudig begrüßt.

Ein Kurarzt, der Milde walten ließe, würde keine einzige Patientin behalten. Je strenger die Verordnungen, je karger das Lob, desto begeisterter wird alles durchgeführt. Die meisten Frauen machen sogar Ueberstunden.

In einem wirklichen Kurort ist es vollständig gleichgültig, wie die Landschaft aussieht. Sie ist nicht zum Bewundern da. Man ist nicht zum Spaß hier. Besonders auffällige Naturerscheinungen, als da sind Wasserfälle oder heiß sprudelnde Quellen, werden nur so weit beachtet, als ihre Nähe am Schlafen hindert und dadurch die Bedeutung der Kur erhöht.

Ebenso unwichtig wie die Landschaft ist das Aussehen der Menschen. Eine Frau kann vier Wochen lang im gleichen Wollrock und Jumper einhergehen, ohne daß man es merkt. Ebenso wenig würde sie bei fünfmal täglichem Toilettenwechsel auffallen. Männer können aussehen wie ein Gemisch von Menjou und Novarro – man beachtet sie nicht. Interesse erweckt höchstens die Kurliste, wo es sich angenehm herausstellt, wieviel Berühmtheiten ebenfalls reparaturbedürftige Milze und Lebern haben.

Man schaut keinem Auto nach. Man sieht keine Landschaft. Man weiß nicht, daß es zweierlei Geschlechter gibt. Man braucht die Kur.

Es gibt eine Sorte Menschen, die hier nicht übergangen werden dürfen. Nämlich die Gäste, die freiwillig in einen Kurort fahren, aber dort keinerlei Kur gebrauchen.

Es sind dies meist sadistisch angehauchte Naturen. Es macht ihnen ganz besonderes Vergnügen, mit legerem Lächeln die Schwerarbeit der wahren Kurgäste noch zu erschweren. Sie betonen, wie wohl sie sich fühlen. Nein, Wasser, Bäder, Diät – das wäre nichts für sie. Sie erzählen gern, wie gut ihnen das Frühstück im Bett geschmeckt hat. Sie legen sich an vielbegangenen Waldkreuzungen in die Sonne und sehen amüsiert zu, wie die anderen mit möglichst schnellen Schritten ihren Abmagerungsrun machen. Sie pfeifen sorglos – und es gibt nichts, was beschäftigte Leute so nervös macht.

Sie werden von den Kurgästen gehaßt und von den Hoteliers heimlich geliebt. Sie essen die guten, teuren Sachen. Abends klagen sie: Was soll man hier machen – ein fades Nest! Aber sie bleiben, denn sie fühlen sich äußerst wohl. Ihr besonderer Sport ist der Fang anderer Out-sider, respektive Out-siderinnen. Was täten sonst die armen Frauen, die ihren Mann zur Kur begleiten? Und arme verlassene Männer kurbedürftiger Frauen? Der Kurgast ohne Kur kommt immer auf seine Kosten.

✦

Wenn die Kur beendet ist, fängt die Erholung an. Nachkur ist eine Folge dionysischer Wochen. Man fährt in einen schönen Ort, man schläft in einem bequemen Bett. Ein gütig milder Arzt schüttelt den Kopf und empfiehlt lange Ruhe, reichliche, schmackhafte Kost, ein bißchen bequemen Sport. Tanz und Zerstreuung. »Wir werden Sie schon wieder hochkriegen!«

Es geht von Tag zu Tag besser. Es gibt wieder Männer und Frauen – sogar merkwürdig intensiv. Alle sind lieb und gut. Die Frauen tragen entzückende Chiffons. Männer, die etwas auf sich halten, haben immer eine nonchalante Nelke im Knopfloch. Mit jedem guten Bissen, mit jedem leichten Flirt, mit jedem neuen Klatsch atmet man Gesundheit und Glücksgefühl ein.

✦

– – – Später, zu Hause, erzählt man voll Begeisterung von der Kur. Das Wasser, die Bäder, der Arzt – fabelhaft. Alle guten Bekannten beschließen, im nächsten Jahr ebenfalls dort die Kur zu gebrauchen. Der Erfolg scheint ja verblüffend zu sein.

Der gutaussehende ältere Herr

Kein Mann sieht so aus, wie der gutaussehende ältere Herr. Sein Idealgebilde ist etwa folgendes: er ist außerordentlich gepflegt. Von lässiger, aber niemals nachlässiger Eleganz. Seine Bewegungen sind jugendlich. Das Haar grau, oder noch besser: weiß. Er ist sehr gut angezogen, mit einem ganz kleinen Stich ins Gestrige. Er hat herzerfreuend gute Manieren. Er sieht aus, als ob er immer Zeit hätte. Seine Mundwinkel sind abgeklärt.

Ein solcher Mann ist die ideale Folie für jede Frau.

✦

Wenn man vom typischen Gentleman spricht, denkt man eigentlich immer an den gut aussehenden älteren Herren. Die Eigenschaften, die zu diesem Begriff gehören, werden nur in seltenen Fällen von jungen Männern verkörpert.

Was die Frau am gut aussehenden, älteren Herrn besonders reizt und seinen Huldigungen so Schmeichlerisches verleiht, ist das Gefühl: ein Kenner! Man merkt es ihm an, daß er letztes Verständnis für Schönheit und Finessen hat. Daß er eine schöne Rückenlinie, ein apartes Profil ebenso anerkennt wie den besonderen Schnitt eines Kleides. Die Zahl seiner Jahre läßt auf viel Vergleichsmöglichkeiten schließen. Der bewundernde Blick drückt volle Sachkenntnis aus. Er ist kein Stümper, der sich durch ein billiges Lächeln oder zweitklassige Aufmachung täuschen lassen würde – denkt die Frau...

✦

Der gutaussehende ältere Herr pflegt die Kunst des feinen Kompliments, jenes Narkotikum, das einem die junge Generation so gründlich entzieht.

Der gutaussehende ältere Herr weiß alles Schöne, was große Geister aller Zeiten über die Frauen gesagt haben. Er bringt Zitate von Jean Paul, von Spinoza oder Grillparzer an, die so entzückend sind, als hätte er sie gerade selbst verfaßt.

✦

Der gutaussehende ältere Herr sagt mit abgeklärtem Lächeln, daß er fast keinen Sport mehr betreibt – aber manchmal nimmt er ein Rakett oder ein Klub zur Hand und bewegt es mit solcher Sachkenntnis, daß man bewundern denkt: der könnte immer noch besser als wir alle, wenn er wollte.

Der gutaussehende ältere Herr kann zuhören. Er hört so sympathisch, beruhigend, ermunternd, mitfühlend und bewundernd zu, daß einem wohl ums Herz wird und man sich richtig lieb bekommt.

Der gutaussehende ältere Herr läßt junge Männer mit fast ebenso höflich bewundernder Anerkennung gelten, wie Frauen. Das ist ein ausgezeichneter Trick, durch den er seine Position absolut festigt.

✦

Der gutaussehende ältere Herr ist manchmal nichts anderes als ein gutaussehender Herr. Aber auch dadurch hat er schon seine Meriten.

Die Dame 1929 ✦

Schönheit durch Wasser

Wasser ist als kosmetisches Hilfsmittel wieder neu entdeckt worden. Es hat ganze Epochen gegeben, wo man von Schönheit wegen ausgesprochen wasserscheu war. Man muss sogar gestehen, daß es zu solchen Zeiten – z. B. während der französischen Ludwige – berühmt schöne Frauen gab. Aber bei der überlieferten Beschreibung des damaligen hygienischen Niveaus stehen uns heute alle kurzen Haare zu Berge.

Wenn man in den Schlössern die Waschbecken der hochseligen Holdseligen sieht, wird man auch durch die Tatsache, daß alles echt Sèvres und echt Meißen ist, nicht beruhigt.

✦

In gewisser Beziehung war man aber noch vor sehr kurzer Zeit gegen Wasser mißtrauisch. Man badete in kompletter Rüstung – nicht nur aus anders eingestelltem Schamgefühl, sondern hauptsächlich, weil die zarte Haut tabu war.

Die Ansicht, daß Wasser für das Gesicht schädlich sei, herrscht sogar heute noch vielfach vor. Aber modernste Schönheitsmethode predigt: Wasser. Und zwar vor allem richtiggehend kaltes Wasser. Es verhilft zum Ideal der gestrafften gesunden Haut. Es stärkt die Glieder und verleiht Elastizität – kurzum: Wasser macht jung. Und darum stürzt man sich hinein, auch wenn es manchmal Heldenmut kostet, denn kaltes Wasser ist nicht für ein »reines« Vergnügen.

Sehr nervöse Menschen können es häufig nicht vertragen, und in solchen Fällen ist Abhärtung um jeden Preis nicht geraten. Wenn man aber zuerst heißes Wasser benutzt, verträgt fast jede Haut zumindest eine kalte Nachspülung und der Zweck ist ebenfalls erreicht. Heißes Wasser ist eine Art Kosmetik für sich, führt aber leicht zu Erschlaffung und Ueberempfindlichkeit der Haut.

✦

Einige große Schönheitsinstitute verzichten sogar neuerdings auf die beliebten, heißen Dampfpackungen und benutzen nur Eis zur Glättung und Kräftigung der Haut. Man hat auch ein neues, sehr einfaches Mittel erfunden, das zunächst recht gruselig aussieht und daher recht großen Erfolg hat: der Körper wird mit nassen, kalten Tüchern kräftig geschlagen. Das soll die Blutzirkulation außerordentlich anregen und eine glänzende Abhärtungsmethode sein. Nach dem ersten Schreckensschauer gewöhnt man sich auch sehr bald daran.

Schwimmen gilt heute als ideales Mittel zur Erhaltung eines schönen Körpers, nach glaubwürdigen Berichten verbringt jeder Filmstar von Hollywood einige Tageszeiten im Schwimmbassin. Und die amerikanischen Milliardäre bauen sich in ihren pompösen Villen keine Spiegelgalerien mehr, keine Tanzsäle und sonstigen steifen Repräsentationsgemächer – aber selbstverständlich ein Riesenbad mit allen erdenklichen Finessen. Sag' mir, wieviel Duschen du hast, und ich werde dir sagen, wie reich du bist... Eine englische Ministertochter gab sogar einen Empfang im Schwimmbad – was aber wohl weniger mit Gesundheit als mit Originalität zu tun hatte.

✦

Wasser von außen, so viel als möglich – aber auch Wasser von innen.

✦

Ein äußerst einfaches und erstaunlich wirksames Hausmittel wird jetzt immer wieder von Aerzten empfohlen: ein Glas kaltes Wasser morgens auf nüchternen Magen. Möglichst schluckweise getrunken, regelt es die Verdauung, und ist auf die Dauer das beste Mittel gegen Verhärtungsbeschwerden. In England ist die Sitte sehr verbreitet, abends vor dem Schlafengehen ein Glas heißes Wasser zu trinken. Damit sollen viele Sünden wieder gutgemacht werden – es gilt als beste Ausspülung des Magens, und man behauptet, es erhält schlank. Mehr kann man schließlich von einem Glas Wasser nicht verlangen.

Der eitle Mann

J eder Mann ist eitel. Selbstverständlich genauso eitel wie jede Frau. Aber es ist ein stillschweigendes Kompromiß, daß er es nicht zugeben will und daß wir so tun, als ob wir es nicht wüßten. Das erleichtert die Beziehungen ungemein. Zu den Eitelkeiten des Mannes gehört es nun einmal, nicht eitel scheinen zu wollen. Er glaubt nämlich immer noch, daß es seiner Glorie schadet. Es gab asiatische Kaiser, die immer nur ganz allein speisten, weil das Prestige ihrer Gottähnlichkeit erschüttert worden wäre, hätte man sie wie gewöhnliche Sterbliche essen sehen.

Es ist da noch ein Grund. Mit dem Wort Eitelkeit wird immer gleich unterbewußt der Begriff Crêpe-de-Chine, Bänder, Spiegel, Puderquaste verbunden. Man denkt rosafarben, überhaupt ausschließlich feminin. Darum kommt man aus erstem Instinkt heraus gar nicht auf den Gedanken, daß etwa auch der Mann... Immerhin hat es sich mittlerweile schon lange herumgesprochen, wie viel ebenbürtige männliche Eitelkeit es gibt. Dann setzt man gern erklärend hinzu: Zugegeben, aber beim Mann ist Eitelkeit doch etwas ganz anderes. Sie geht vom Intellekt und nicht vom Instinkt aus. sie basiert auf dem, was er ist, und nicht auf dem, was er scheinen will. Eine so gehobene Sorte von Eitelkeit kann man doch nicht mehr mit demselben Namen nennen. Das ist eine schöne erbauliche Geschichte für brave Kinder, aber die Kinder sind gar nicht mehr so brav und wollen nicht daran glauben.

✦

Man beobachte einen Mann, der sich einen neuen Hut gekauft hat. Er nimmt es schrecklich übel, wenn man es nicht sofort merkt. (Was notabene leicht passieren kann, denn, unter uns gesagt, sieht für weibliche Blicke ein Männerhut meist wie der andere aus.) Aber der Mann will hören: Ah, ein neuer Hut, sehr gut, sehr flotte Form, du wirkst – Sie wirken – darin typisch englisch.

Oder ein neuer Anzug! Unerhörte Modernität: die Revers sind $2\frac{1}{4}$ cm breiter als beim alten, und als pikante Abwechslung hat die Weste ein Knopfloch weniger.

Der Mann erwartet unbedingt, daß man sich dazu äußert. Es ist diesem höherstehenden, durchgeistigten Wesen gar nicht einerlei, ob man seinen neuen Anzug bemerkt oder nicht. Das gleiche spielt sich bei jeder neuen Krawatte, bei Schuhen, bei Manschettenknöpfen ab.

Der p.t. Mann kennt die primitivste Form der Eitelkeit genauso gut wie die Frau.

✦

Der Unterschied in Bezug auf Eitelkeit liegt überhaupt nur darin, daß der Mann auf der untersten Stufe stehengeblieben ist und die Frau mehr Zeit gehabt hat, anspruchsvoller zu werden. Der Grund dafür ist im Begriff, hinfällig zu werden.

Früher war es immer der Mann, der jene schönen Dinge sagte, die so leicht zu formulieren und so süß anzuhören sind. Er machte die »Komplimente«. Komplimente wecken die Eitelkeit nicht, sie befriedigen sie nur. Frauen, die gewohnt sind, viel Hübsches gesagt zu bekommen, sind darauf weniger eitel als solche, die es nur selten hören. Einfache Töne genügen dann nicht mehr, man muß schon zu machtvollen Moll-Akkorden oder zu abruptem Dur greifen, um eine Wirkung zu erzielen.

Männer, die ebenso eitel sind, aber mit deren Eitelkeit vorsätzlich nicht gerechnet wird, sind für das primitivste Kompliment daher dankbar.

Bei der augenblicklichen großen Verschiebung des Verhältnisses zwischen Mann und Frau ändert sich auch dieser Punkt. Seitdem die Frauen angefangen haben, die Männer zu hofieren, haben sie sich sehr schnell daran gewöhnt. Aber der klügste Mann ist immer noch erfreulich erfreut, wenn man die roten Pünktchen seiner Krawatte bemerkt.

✦

Es gibt eine angenehme und eine unangenehme männliche Eitelkeit. Die unangenehme besteht in der Sucht, nicht eitel zu erscheinen, sondern abgeklärt-genial, was gewöhnlich mit unrasiert identisch ist.

Die angenehme Form ist jene sympathische Eitelkeit, die sich von der eigenen Person auf die Umgebung erstreckt. Es ist eine sanfte, wohltuende Empfindung für jede Frau, zu wissen, daß der neue Pelzmantel ihr nicht nur ausgezeichnet steht und alle Blicke auf sie zieht, sondern daß er auch das Selbstbewußtsein des Mannes hebt, der an ihrer Seite geht. Frauen sind altruistisch.

✦

Die gegenseitige Eitelkeit des Mannes auf eine Frau, der Frau auf einen Mann pflegt man Liebe zu nennen.

Monolog 1930

Er versichert alle Tage,
Daß ich ihm ein Rätsel bin –
Grübelt ständig nach dem Sinn,
Fleht, daß ich die Lösung sage.

Damit quält er mich unendlich,
Männer sind doch sonderbar –
Unser Wesen liegt so klar,
Alles ist so selbstverständlich!

Daß man morgens sanft kokett ist,
Paßt zum Hemd aus Crêpe Satin,
Rosa selbst ein Lendemain ...
Wenn man schließlich noch im Bett ist.

Später heißt es: turnen, strecken,
Zu dem Trainingsanzug paßt dann
Keine Lyrik – das erfaßt man.
Denn hier gilt es ernsten Zwecken.

Danach heißt' s: in weiten Grenzen
Kameradschaftlich in Tweed sein.
Doch aus diesem Zustand zieht ein
Mann von Welt nie Konsequenzen.

Und in Samt, am Nachmittage
Paßt Gemüt zum Five-o'clock-tea,
Denn es stört beim läng'ren Rock nie,
Kommt selbst Leidenschaft in Frage.

Abends in den langen Spitzen
Ist man lächelnd abgeklärt –
Was man mit Distanz gewährt,
Kann den Partner sehr erhitzen.

Wie er sich aus jedem Zug irrt!
Spricht von kalter Politik –
Ach, es ist mein schönster Sieg,
Daß er niemals aus mir klug wird!

Was ich auf Kostümfesten nicht mehr sehen möchte

Damenspenden mit Schwergewicht

Es ist von der Balleitung gewiss sehr freundlich, die Gäste zu beschenken, aber man soll es auch nicht zu gut meinen.

Es kommt vor, daß einem bei Betreten des Festsaals gleichzeitig ein Buch, eine Grammophonplatte und ein Pfund Schokolade überreicht wird. Wenn man mit langem Kleid, gerafftem Ueberwurf, Täschchen und so viel Handgepäck in den Saal kommt, wird das obligate Eintrittslächeln etwas gezwungen werden.

Damenspenden sollten unbedingt klein sein – was ihren Wert nicht im Geringsten zu vermindern braucht.

Oder man müßte einfach »Ball«jungen zur Verfügung stellen.

◆

Besucher, die alles schrecklich finden

Es gibt viele Dinge, zu denen man gezwungen wird oder zu denen man sich zwingen muß. Wie es heißt, aus Gründen der gesellschaftlichen Ordnung und auch überhaupt. Aber es besteht kein Zwang, auf Kostümfeste zu gehen. Gegner solcher Veranstaltungen sollten nicht gerade auf Festen bekanntgeben, wie langweilig und wie trostlos es ist. Sie tragen dadurch wenig zur Hebung der allgemeinen Stimmung bei.

Man schimpfe zu Hause.

◆

Tätowierte Männer

Tätowierungen sind sicherlich etwas sehr Schönes. Bei den Zulus gelten sie sogar als unentbehrliches Signum des nackten Gentleman. Matrosen stempeln auf diese Weise Erinnerungen an schwere Kameradschaft auf einsamer See. Und bei manchen mag eine rätselhafte Tätowierung romantische Schauer ob dunkler Vergangenheit erwecken.

Aber auf Kostümfesten möchte ich sie nicht mehr sehen.

Tätowierungen auf einen Abend berechnet mögen stilecht, fesch, kühn wirken. Aber sie sind nicht appetitlich. Und es ist im heißen Saal nicht die Spur eines Vergnügens, mit einem tätowierten Mann zu tanzen.

Lieber – bedeutend lieber – mit einem unromantischen Frack.

✦

Zahnpasta als Tombolagewinn

Gegen Tombola an sich ist nichts zu sagen. Es ist eine äußerst rentable Einrichtung. Tombola ist ein guter, wenn auch teurer Anknüpfungspunkt. Sie zieht immer, weil die Frauen so gerne ziehen. Und Männer, die eine Frau anziehend finden, sie dann immer wieder ziehen lassen. Die Freude, nach zwanzig Nieten einen Treffer zu erringen, ist so groß, daß die glückliche Gewinnerin von allem begeistert ist, was ihr überreicht wird. (Während ihr Begleiter sich ausrechnet, daß 25 Papierservietten mit Goldrand siebzig Mark gekostet haben.)

Wenn aber die Tombola eines großen Festes so häufig mit – Zahnpasta und ähnlichem beschickt wird, ist es nicht nett. Es gibt auch eine Grenze für praktische Dinge. Ein merkwürdiger, jedoch häufiger Anblick, wenn Befrackte und Dekolletierte als Trophäe auf sektbeladenen Tischen ein paar Tuben Zahnpasta und eine Flasche Mundwasser aufstellen. Es ist nicht einmal so sehr witzig.

Die Dame 1930

✦

Schönheitsmassnahmen.
Wandlungen der Linie 1930

Von Zeit zu Zeit ändert die Frau ihren Körper. Es bleibt tatsächlich nur der Grundriß unberührt, im übrigen wird alles nach einem geheimnisvollen, ungeschriebenen Gesetz neu geformt. Da kommen die erstaunlichsten geographischen Verschiebungen zu Tage. Wo sanfte Hügel waren, dehnen sich plötzlich Ebenen. Ganze Gebiete werden neu umgrenzt. Man hat in den letzten Jahren den Hüften- und Büstenschwund und zuletzt den großen Taillenrutsch erlebt. Der Mann in seiner stabilisierten Immerwährung sieht sprachlos zu und versucht, hinter das Geheimnis zu kommen. Das liegt für unzählige in der Losung: wenig essen und viel messen.

Maßgebend im wahrsten Sinne sind die jeweiligen Stars. Es gibt keine wirkungsvollere Propaganda als die der Leinwand. Greta Garbo ist sicherlich viel bekannter als Einstein. Denn Hunderttausende schwanken, ob Einstein nicht der Erfinder des Grammophons, der Psychoanalyse oder des Frigidaires sei. Aber Millionen wissen, dass Greta Garbo die Frau mit der himmlischen Figur, mit den im Nacken gewellten Haaren und mit dem höchstbezahlten Sexappeal ist.

Und dann stehen in allen Ländern blonde, braune, schlanke und üppige Frauen vor dem Spiegel und messen das Zuviel nach, das sie noch von dem Greta-Ideal trennt.

✦

Die gerade Linie war endgültig langweilig geworden. Moderne Sachlichkeit mag für Beleuchtungskörper von gewissem Reiz sein, für weibliche Körper ist sie auf Dauer nichts. Einen Augenblick schien es, als kehre man ganz renegatisch zur Rundung zurück, aber das erwies sich sehr bald als falscher Alarm. Die neueste Mode schafft ein Ideal, das nicht sehr einfach zu verwirklichen ist: kleine (aber immerhin existente) Büste, schmale Taille, schmale Hüften. Die Beine müssen selbstverständlich schlank bleiben, da man sie tagsüber immer noch braucht.

Man darf sich also eigentlich an keiner Stelle gehen lassen. Durchgeführte Schlankheit – keine Magerkeit, aber auch keinerlei Fett. Gewaltmittel sind unmodern geworden, da man wieder liebliche Gesichter trägt und Fakirausdruck nicht mehr guter Ton ist.

Notwendig ist also dauernde, gemäßigte, beherrschte Lebensweise – eine sehr schwierige Methode, die viel mehr Training erfordert als die Parforcekuren. Man muss sozusagen alles mit Zeitlupentempo ausführen.

✦

Äußerst wichtig ist jetzt der Gang. Der Widerspruch gegen die langen Kleider erklärt sich hauptsächlich aus der Tatsache, dass es so viele Frauen nicht zu tragen verstehen. Das heißt, sie gehen nicht richtig. Weder der Nurmi-Sturmschritt, noch das klein-mädchenhafte Hüpfen passen zu den langen Abendkleidern. Erforderlich ist der rhythmische Gang, die schöne Schwingung, die beherrschte Bewegung. Es mag theatralisch klingen, aber es hilft uns alles nicht, – wir müssen wieder schreiten lernen. Königlich die große Mode.

Man munkelt wieder viel vom Mieder. Die Aufgeregten sprechen schon vom Schnürleib, die Modeadepten sagen, es handle sich nur um einen harmlosen Gürtel. Optimisten halten es nicht für möglich, daß die heutige, freie

Frau sich wieder in ein Mieder einpressen lässt. Sie irren. Die wirkliche Betonung liegt weder auf heutig, noch auf frei, sondern auf Frau. Wenn sie es schön findet, weil es eventuell – ach! – tatsächlich Mode wird, ist jede Frau imstande, festgeschnürt unter ihr Auto zu kriechen oder bei 40 Grad Réaumur Tennis zu spielen.

✦

Sie sind Heldinnen. Und Logik ersetzen sie eben durch Schick.

Die Dame 1930
✦

Lob des Hotels

H err und Frau X. lassen sich ein Haus bauen. Das einzig Wahre. Jede Ecke wird Persönlichkeit ausdrücken. Endlich Wände, die einen nicht nervös machen. Frau X. kann z. B. in einem Zimmer mit gemusterter Tapete kein Auge schließen. Herr X. ist unfähig, eine Zeile zu schreiben, wenn der Schreibtisch nicht in einem sieben Meter langen, fünfeinhalb Meter breiten, nach Südosten gelegenen Zimmer steht.

✦

Ein Badezimmer muß so geräumig sein, daß man in nassem Zustand einen kleinen Dauerlauf darin ausführen kann.

Dahingegen das Speisezimmer – nur klein, ganz klein und rund. Unerträglich, in einem Riesensaal speisen zu müssen. Wahre Eßkultur verlangt Konzentration.

Der Architekt ist genial. Man hat sich mit ihm über jedes Detail geeinigt, und das Haus wird fabelhaft werden. Ganz persönlich. Die Chinasammlung wird endlich zur Geltung kommen. Und das Gymnastikzimmer – man kann die täglichen Uebungen doch nur in einem sinnvoll konstruierten Raum richtig ausführen.

Ueberhaupt Hygiene. Ueberall besondere Lüftungsmöglichkeiten, die Böden mit Linoleum bedeckt. Furchtbar jeder Gedanke an Staubfänger.

Herr und Frau X. können erst in sechs Wochen ihr neues Haus einweihen. Bis dahin ziehen sie in ein Hotel.

✦

Zimmer mit Bad. Mit Telefon, Toilettentisch, Schreibtisch, Chaiselongue, Fauteuil. Erstaunlich, was alles in dem kleinen Raum Platz gefunden hat. Ein dicker, lautloser Teppich. Auf einmaliges Klingeln erscheint der Kellner, auf zweimaliges das Zimmermädchen. Sie scheinen immer vor der Tür zu warten. Sie sind immer freundlich.

Herr und Frau X. sind restlos glücklich. Sie fühlen sich so geborgen. Frau X. schläft wunderbar in dem alten, weichen Bett. Es ist ihr noch gar nicht aufgefallen, daß die Tapete bunt gemustert ist. Herr X. kann alle seine unterdrückten Wünsche aussprechen. Er ißt, wann er Lust hat, worauf er Lust hat. Er streut die Zigarettenasche wohin es ihm Spaß macht. Frau X. denkt: Wundervoll, ohne Dienstboten, ohne Küchenzettel, ohne Abrechnungen. Wie gemütlich, daß alles auf einem Fleck ist. Man fühlt sich wie in einer warmen Oase. Die dichten Samtvorhänge schließen so schön von der Welt ab. Vom Bett zum Schreibtisch ein lautloses Hinübergleiten. Kein Lieferant telefoniert, keine Rechnungen kommen. Es ist alles so einfach, so selbstverständlich, so beglückend unkompliziert.

Nach vierzehn Tagen restlosen Wohlbefindens raffen sich Herr und Frau X. auf und fangen an, sich gegenseitig die Freuden ihres neuen Heims auszumalen. Das wird doch etwas ganz anderes sein. Persönlich, modern, hygienisch. Und der neue Diener hat ja beste Zeugnisse. Die alte Köchin wird sich hoffentlich mit dem zweiten Stubenmädchen vertragen. Sie hat in letzter Zeit immer mehr Launen.

Hotelleben ist ja ganz nett für eine Weile, aber es ist höchste Zeit, damit Schluß zu machen, nicht wahr? Ach, wie sich Herr und Frau X. auf das neue Haus freuen.

Sonderbar, ihre Begeisterung klingt nicht restlos jubelnd.

✦

Ein gutes Hotel trägt ebensoviel zur Erholung bei wie ozonreiche Luft und kohlensaure Bäder.

Leiter eines erstklassigen Hotels zu sein, bedingt die diktatorischen Fähigkeiten eines Mussolini; die Philosophie eines Schopenhauer; die Diskretion eines Beichtvaters; die Augen eines Sperbers; die Ruhe eines indischen Weisen; das Temperament eines Csardasfürsten; die Verbindlichkeit von zehn Japanern.

In einem gutgeleiteten Hotel wundert sich die Leitung und das Personal über nichts. Man kann zum ersten Frühstück eine Prärie-Oyster bestellen, zum Abendessen nur Hummer mit Kamillentee oder nur Porridge mit Champagner. Kein Muskel im Gesicht des Kellners verrät, was in seinem Innern vorgeht. Man kann mitten in der Nacht ein anderes Zimmer verlangen, weil man in diesem schlechte Träume hatte. Der Nachtportier ordnet sofort die Uebersiedlung an. Man kann hysterisch, melancholisch, gesprächig, stumm sein, niemand grüßen, alle grüßen – das Hotel wundert sich über nichts. Man ist ein für allemal gegen alle Extravaganzen abgehärtet.

Solange der Gast seine Rechnung bezahlt (oder zumindest aussieht, als ob er sie bezahlen würde), kann er so ziemlich tun und lassen, was er will. Es wirkt höchstens auf die anderen Gäste, niemals auf die Hotelleitung.

✦

Im Hotel kommt man sich selbst neu vor. Das ist das Schöne und das Erholsame. Da alle äußeren Umstände aus dem Weg geräumt sind, ist man milde gegen sich gestimmt. Man ist geneigt, sich lieb zu gewinnen. Weil die Umgebung dem zahlenden Gast so täuschend vorspiegelt, daß er in allem recht hat.

Die Dame 1930

✦

Landhaus am See

Früher hieß es Week-end-Häuschen und war – auch im günstigsten Fall – sehr winzig und sehr primitiv. Dann entwickelte es sich immer stabiler, immer komfortabler. Jetzt gibt es bereits kluge Menschen, die lieber ein kleines Wochenhäuschen und ein großes Wochenendhaus haben.

✦

Es hat sich da ein neuer, unaufdringlicher Luxus herausgebildet. Privatsanatorien, mit Sonnenterrassen, ausgebauten Dächern. Liegehallen, Turnräumen, Duschen. Verwandlungskünste, die an Reinhardts Drehbühnen erinnern. Ein Druck – und Wände sinken in die Erde, wodurch der ganze Raum ins Freie gerückt scheint. Das Auge ruht nur auf glatten Flächen, auf edlen Hölzern. Alles ist eingebaut, Schränke, Waschgelegenheiten, Büfetts. Letzter Triumph der Technik: Unsichtbarkeit des Komforts. Die Böden sind mit abwaschbarem Gummibelag ausgeschlagen.

Und das ganze bis aufs letzte Raffinement auserdachte Haus paßt sich unauffällig und restlos der Landschaft an.

✦

Auch die kleinste Naturfiliale, die sich der Großstädter gründen kann, ist ein Füllhorn beglückender Tatsachen. Man weiß, wo man die Sonnabende und Sonntage verbringt.

Man nimmt die Wichtigkeiten der Woche nicht so wichtig.

Man steht mit jeder Begonie und mit jedem Radieschen auf du und du.

Man verachtet alle Leute, die auch sonntags so leben, wie man wochentags lebt. Man fühlt sich klüger, gesünder, jünger. Man spricht die ganze Woche vom Wochenende.

✦

Ein großes Wochenendhaus ist eine erstklassige Wohltätigkeitseinrichtung. Man beglückt eine stattliche Anzahl Menschen, die ein Riesenaufgebot an Gastfreundschaft, Mühe und Umständen mit begeisterten Ah's und Oh's belohnen. Es ist ein schönes Gebiet für Nächstenliebende.

Alle Badezimmer sind in Betrieb. Der Tennisplatz ist bevölkert. Schwimmtrikots werden dutzendweise verliehen, auf dem feinen Rasen wird Boccia gespielt, hier tanzt man nach Radio, dort döst man in der Sonne. Alle fünf Minuten wird ein Gast zum Telefon gerufen. Alle Stunde sagt sich jemand unerwartet zum Essen an. Bringt auch einen guten Freund oder eine gute Freundin mit – es stört doch nicht, nicht wahr?

Der Hausherr mixt Getränke. Die Hausfrau gibt Anordnungen in der Küche und telefoniert mit naheliegenden Restaurants.

Irgendein Gast hat immer einen kleinen Wagendefekt, und es muß ein Schlosser ausfindig gemacht werden, der sonntags frei ist. Wie schön, wenn dann alles klappt. Die Gäste sind glücklich und zufrieden. Und sie schreiben reizende Dinge ins Gästebuch.

✦

In England, wo das Wochenende zu Hause ist, liebt man die Improvisationen nicht. Die Gäste werden eingeladen, und auf den Karten steht deutlich lesbar: von wann bis wann. Auf diese Weise wissen die Wirte, auf wen sie gefaßt sein müssen und können sich trotzdem nebenbei erholen, da sich die von Freun-

den und Freundesfreunden mitgebrachten Gäste zu einer Landplage entwik-
kelt hatten. In England herrscht auch die schöne Auffassung, daß ein
gemeinsam verbrachtes Wochenende noch durchaus kein Grund zu äußeren
Intimitäten ist. (Was die inneren betrifft – aber das hat ja nichts mit Wochenende zu tun.) Man trifft sich pünktlich zu den Mahlzeiten, im übrigen mag
jeder zusehen, wie er mit sich fertig wird.

Leute, die man lieber nicht zum Wochenende einladen sollte:
Jung Verheiratete.
Sehr lang Verheiratete.
Magenleidende.
Leute mit Heuschnupfen.
Architekten.
Zoologen.

Das klassische Wochenendhaus ist die vielbesungene kleineste Hütte mit
dem Raum für ein glücklich liebend Paar. Dieses Ideal ist zeitlos, wenn auch
die Verwirklichung nicht immer ganz entsprechend ist.

Das glücklich liebend Paar besteht nämlich nicht nur aus Liebe, sondern
in immer verstärktem Maße auch aus Nerven. Es ist eine wunderbare Sache,
wenn zwei Menschen sich restlos zwei Tage der Woche genügen. Aber man
sollte das Experiment »wochenendlich allein« nicht systematisch alle acht
Tage wiederholen.

Es werden also auch in das kleinste Häuschen schließlich Gäste kommen. Hier muß die Auswahl noch viel vorsichtiger getroffen werden.

Wochenendgäste haben eine wahre Leidenschaft, helfen zu wollen. Man
beschäftige sie also in der Art, wo sie am wenigsten stören. Wer Brot geschnitten hat, die Gießkanne gefüllt, einen Streckstuhl aufgestellt oder gar eine
elektrische Sicherung eingesetzt hat, ist von seiner Hilfeleistung und seinem
ehrlich erworbenen Gastrecht wunderbar durchdrungen.

Ein Wochenendhaus kleinster bis größter Dimension schafft unendlich
viel Freude. Man freut sich des stillen, herrlichen Morgens und der beglük-
kenden Einsamkeit. Man freut sich, daß Gäste kommen. Man freut sich,
wenn Gäste wieder fort sind.

✦

**Seit das Wochenende erfunden wurde, gibt es keine hundertprozentigen
Städter mehr.**

Formlosigkeit als Gesellschaftsform

Der Begriff: gute Manieren läßt sich in China sehr viel einfacher definieren als bei uns. Da gibt es noch die säuberlich vorgeschriebenen Kotaus und Verbeugungen, die bis auf die höchste Spitze getriebene Höflichkeit der Anrede nebst Selbstverleugnung des wohlerzogenen Ich's. Bei uns sind die alten Formen längst zerbrochen, aber man amüsiert sich damit, aus ihren Scherben immer wieder neue Mosaiken zusammenzusetzen. Nationale Eigenarten werden zugunsten internationaler Art abgeschafft.

✦

Die Höflichkeit des guten Europäers soll aus den verschiedensten Substanzen bestehen. Aus dem Traditionsgefühl der Franzosen, der Traditionslosigkeit der Amerikaner, der Großzügigkeit der Russen, dem gezüchteten »laisser aller« der Engländer, der Pünktlichkeit der Deutschen, dem *Küss' die Hand* der Österreicher. Aus Demokratie und Aristokratie. Aus Skepsis und Sportlichkeit. Kurz, aus lauter heterogenen Bestandteilen. Man kann aber schwerlich Selfmademan sein und gleichzeitig einen seit 500 Jahren in der Familie gezüchteten Rasen besitzen.

✦

Früher legten ein paar Leute die Beine auf den Tisch. Die Zuschauer waren im Innersten chockiert, aber sie schüttelten nur den Kopf, weil es gewöhnlich Lordbeine waren. Jetzt legen sozusagen alle die Beine auf den Tisch, und aus diesem Grund sucht die Minderheit, die es eingeführt hat, nach einer neuen, wenn auch unbequemeren Position.

Gesellschaftsformen brauchen als unumgängliche Basis: Erziehung, Tradition, Geld, Zeit. Es gehört auch eine gute Portion Kastengeist dazu. – Theoretisch wäre es denkbar, daß noch viel bessere Formen durch die reine Verbindung von Natur und Geist entstehen würden. Aber in der Praxis war es bisher nie möglich.

✦

In der Geselligkeit herrscht heute ein vollkommenes Durcheinander. Man macht sich über die veralteten Formen lustig und gebraucht sie dennoch, indem man ein paar neue Ingredienzien hinzumixt. Gastfreundschaft blüht wieder auf, aber mehr als je erfordert es Takt und Herzensbildung, um Menschen zusammenzuhalten.

Es gibt kaum noch einen festen »Kreis« mit gleichem äußeren und inneren Lebensstandard. Die Voraussetzungen entbehren jeder Stabilität. Die allerwenigsten Menschen konnten eine organische Entwicklung durchmachen. Und es gibt mehr verwundbare Stellen, mehr Verschlossenheit als früher.

Geselligkeit unter verstärkten Individualitäten, interessanter, weil reifer gewordenen Menschen, könnte sehr schön sein, wenn – wenn man Zeit hätte. Aber niemand hat Zeit. Niemand hört zu. Es ist ein großer Jahrmarkt mit einem ewig drehenden Karussell. Die Musik muß lustig und laut sein, oder aber kondensiert sentimental. – Jung und Alt will dasselbe. Oder sie tun zumindest, als ob. Einziges Bindemittel, einzige Hilfe ist Sport. Ausschaltung des Gedanklichen. Einschaltung des Körperlichen.

✦

Wenn dreißig Menschen beisammen sind, geht es bereits wie beim Turmbau zu Babel zu. Sie verstehen ihre Sprachen nicht. Jeder ist heute mehr Outsider als je. Ein Glück, wenn das Radio ertönt und den genauen Bericht über das Sportereignis des Tages liefert.

Das Kartenspiel blüht. Große kritische Geister schwanken darüber zwischen den Bezeichnungen Idiotie und Weisheit. Bridge ist internationaler Verständigungscode.

✦

Die Tanzfreudigkeit hat sichtbarst nachgelassen. Was früher erotisches Hors d' oeuvre bedeutete, ist hinfällig geworden, seitdem kräftigere Kost à discrétion zur Verfügung steht. Auch hatte Tanz sich zum Zwecksport entwickelt, man tanzte, um schlank, um jung zu bleiben. Bälle haben keinen Reiz mehr. Man sehnt sich nach Vereinfachung auf jedem Gebiet. Daher die Beliebtheit echter – oder gut fingierter – Improvisationen.

Picknick, oder als letzte Form der Geselligkeit, der »Verlängerte Tee«. Von sechs Uhr an kommt die Gesellschaft zusammen, ein kaltes Büfett ist vorbereitet, jeder bedient sich selbst. Man erscheint wie man will. Im bequemen Anzug, im Abendkleid, im Sportdreß. Man spielt Bridge. Man unterhält sich. Man blödelt. Die Gespräche schwanken zwischen nüchterner Sachlichkeit und transzendentaler Mystik.

Es wird auch mit Originalität versucht. Englische Pairstöchter geben Gesellschaften im Schwimmbassin. Am Lido veranstaltet eine dekadente, klangvoll betitelte, innerlich verzweifelte Gesellschaft ein Vagabundenfest, auf dem die häßlichste Maske prämiert wird. Das sind ein paar letzte Auswüchse. Im allgemeinen ist der neueste Trick, die befriedigendste Lösung – Einfachheit.

Die Menschen, die eine Geselligkeit bilden, sind sich ihres Untergangs- oder Uebergangsstadiums bewußt. Daraus entwickelt sich eine gewisse Heiterkeit. Man nimmt nichts und niemand ernst. Inzwischen spielt man noch ein bißchen Vorkriegszeit. Im tiefsten Grunde sehnt man sich nach neuen, festen Formen.

◆

Aber bis dahin: »Herr und Frau X würden sich – immer noch – freuen ...«

Das geliebte Bett

Wir erleben jetzt eine Hochrenaissance des Bettes. Das Bett als Oase. Das Bett als Sanatorium. Das Bett als Nirvana. Eine Frau, die sich einen glücklichen Tag machen will, legt sich ins Bett. – Der trainierte, massierte, schikanierte Körper fordert sein Recht auf Ruhe. Auf Erholung nach soviel Arbeit – und soviel Pflege. Ganz plötzlich kam die selige Erkenntnis, daß man nicht in weite Ferne schweifen müsse, um das Glück zu suchen. Man fand es – im eigenen Bett.

◆

Ein Tag im Bett ist ein Quell reinster Freude. Man hat jenes unendliche Gefühl von Geborgenheit, wie es nur der Mutterschoß auf poetisch, die Daunendecke auf prosaisch vermittelt. Es kann einem nichts passieren. Wärme ringsum. Stille ringsum. Das Telefon zur Hand. Bücher und Zeitungen, die man nicht zu lesen braucht, in greifbarer Nähe. Es gibt keine feindliche Welt. Es gibt nur das Bett.

◆

Nachmittags kommt Besuch. Man ist ausgeruht, geglättet, in vorteilhaftester Beleuchtung, in rosa Laune und rosa Bettjäckchen. »Ach, Sie haben es gut!«, sagt unweigerlich jeder Besuch. Woraus zu schließen ist, daß es keinen beneidenswerteren Zustand gibt, als gesund im Bett zu liegen. Es gilt weder als shocking noch überhaupt als verwunderlich, wenn man gutbefreundete Menschen im Bett empfängt. Das gab es schon früher einmal – damals im 18. Jahrhundert, als die »Preziösen« an der sogenannten »ruelle«, der Bettkante, mit den furchtbar klugen Abbés konversierten. Seither haben wir es aber in puncto Komfort, wenn nicht im übrigen, viel weiter gebracht.

✦

Es ist eine ganze Industrie rund um das Bett entstanden. Alle Wohnkultur in Kondensform. Da gibt es kaum etwas, was nicht in zusammenklappbarem oder leicht transportablem Zustand hergestellt würde. Toilettentische, Schreibpulte, Stehlampen mit drehbaren Körbchen, bequeme Eßtische. Pyjamas und Bettjakken werden immer kleidsamer, Bettwäsche, Decken und Kissen immer phantastischer. Für diejenigen Frauen, die gern makellos aufgebahrt liegen, gibt es sogar »Tagesstreifen« – Spitzenvolants, die tagsüber angeknöpft werden. Und auch sonst allerlei Spitzenüberrieseltes, Besticktes und Bebändertes. – Aber das Prunkbett verpflichtet zu dauernder Haltung, wenn auch horizontaler. Man markiert immer ein bisschen historisches Bild. »Maria Theresias letzter Segen« oder »Nach der Geburt der Infantin Ines Annunciata«.

Von morgens bis mitternachts an der Blauen Küste. Tips für die Riviera

Die Riviera hat vier Jahreszeiten und eine durchgehende Saison. Der richtige Amerikaner kommt schon im Februar, die richtige Sonne erst im März. Der Mai soll hier am schönsten sein, obwohl es dann nur Einheimische gibt.

Kleidung

Man tut gut daran, folgende Kleidung mitzunehmen:

Damen. Einige Flaschen Oel und Tuben Creme für den Vormittag am Strand. Pyjamas, die wie Ballkleider aussehen, und Pyjamas, die wie Pyjamas aussehen. Verschiedene Abenddekolletés.

Besondere Bemerkungen: Für eine Frau, deren Mann offizieller Milliardär ist, gilt es als sehr schick, wochenlang ein und dasselbe Pyjama zu tragen.

Herren. Öl und Creme für den Vormittag am Strand. Kurze Höschen und schleppende Bademäntel. Weiße Gardenien für den Abend.

Besondere Bemerkungen: Für einen Mann, der nicht Herzog v. Alba, Vanderbilt jr. oder Borota heißt, ist es empfehlenswert, mehrere auffällige Fracks oder eine rotseidene Weste mitzunehmen.

Essen

Im Hotel ist es Sitte, volle Pension zu zahlen. Zum Lunch und zum Diner nimmt man dann Grape-fruit, Radieschen und Pfefferminztee.

Zwischendurch in Matrosenkneipen: 2- bis 3mal täglich Bouillabaisse, Speckomelette und Landbrot mit Käse. Austern und Krabben ißt man zwischendurch bei fliegenden Händlern.

Geschäfte

Wenn der Name des Ladeninhabers mit kleinen Buchstaben geschrieben ist, sind die Preise groß. Wenn im Schaufenster nur ein kleines Vergißmeinicht und ein kleines Taschentuch liegt, sind die Preise sehr groß.

Es gibt hier viele Geschäfte mit echten Juwelen. Sogar die Perlen sind echt. Herren werden dringend gewarnt, sich in Damengesellschaft davor aufzuhalten.

Verkehrswesen

Für die Corniche ist ein 200 PS am vorteilhaftesten. Oder aber ein einfacher Roller, der dann apart wirkt.

Es ist besser, einen Freund mit einer Jacht als eine Freundin und keine Jacht zu haben.

Wenn man die Eisenbahn benutzt, muß es der »train bleu« sein oder die 4. Klasse eines Bummelzuges. Bei Letzterem fügt man hinzu: es handelt sich um eine Wette. Sehr neu und lustig: zu Fuß gehen. Es gibt hier auch richtige Fußwege.

Kasino

Geht man ins Kasino (Echo: asino), so ist es ratsam, alles oder kein Geld, was man bei sich hat, auf eine Nummer zu setzen. Dann braucht man sich nicht mehr vor Taschendieben zu schützen.

Bevölkerung

Die eingeborene Bevölkerung ist von den Gästen deutlich zu unterscheiden. Sie ist immer vollständig bekleidet und macht einen zufriedenen Eindruck. Nach außen hin sprechen sie unverständliches Englisch, nach innen sehr deutliches Französisch.

Flora

Kandierte Veilchen und Rosen

Fauna

Gummitiere

✦

Besondere Bemerkungen: Die Leute, die viel Geld haben, leben hier so, als ob sie keins hätten, und die Leute, die kein Geld haben, leben hier so, als ob sie viel hätten.

Tischherren – die große Lotterie

Der Tischherr, mit dem einen die Vorsehung oder die Gastgeberin zusammengebracht hat, bedeutet eine Stunde Schicksal. Man bemüht sich, den Partner zu sondieren. Irgendeine Erkenntnis kommt zumeist heraus, und sei es auch nur: der Mensch ißt gut.

Es gibt zwei Kategorien Tischherren, die bekannten und die unbekannten. Die bekannten sind entweder eine Plage oder eine große Bequemlichkeit. Wenn sie eine Plage sind, handelt es sich gewöhnlich um einen Racheakt der Wirtin oder auch nur um heilige Einfalt. Da hilft ausschließlich Ergebung und Konzentration auf das Essen. (Das Weitere findet sich – bei der nächsten Revanchemöglichkeit.) Gute Bekannte, die man auswendig kennt, bieten selbstverständlich nichts spritzig Erwartungsvolles, aber sie haben ihre großen Vorzüge. Man braucht keinen Satz zu Ende zu sprechen und zu Ende zu hören. Man wirft sich Schlagworte zu und redet über An- und Abwesende. Man forcht sich nit. Es ist eine sichere Sache – und wie alle sicheren Sachen ein bißchen reizlos.

Die wahre Lotterie – das ist der unbekannte Tischherr.

✦

Er kann uns dem Namen nach bekannt sein, oder, in selteneren Fällen, völlig unbekannt. Gewöhnlich weiß man doch irgend etwas vom Hörensagen. Daß er Anwalt, Romanschriftsteller, dreimal geschieden, Tenniscrack, Chinasammler oder der bewußte Freund der bewußten Mora Murra ist. Wenn man nichts voneinander weiß, begibt man sich zunächst in jene Gefilde, die man Gemeinplätze nennt. Und so entsteht das Tischgespräch.

✦

Es gibt Tischherren, die bei der alten Tradition geblieben sind. Sie bauen ihr Thema in sauberer Reihenfolge auf: eröffnende Verbindlichkeiten, Theater, Kunst, Reisen, Sport – und wenn nach den dazu gehörigen fünf Gängen noch etwas serviert wird, kommt Liebe hinzu. Zumeist in die herkömmlich bekömmliche Art von legerem Zweifel gekleidet. Das zieht immer.

Diese Tischgesprächler sind angenehm flüssig. Während man sich mit ihnen über die Bergner oder über Baden-Baden unterhält, kann man nett essen und alles beobachten, was sonst am Tisch vor sich geht.

Eine häufige Erscheinung ist der Tischherr mit dem sarkastischen Einschlag. Der gleich beim ersten Zusammenprall etwas auffällig Unverbindliches sagt (»Sie müßten eigentlich eine ganz andere Frisur tragen, diese paßt absolut nicht zu ihrem Typ!«). Der sichtlich alles vermeidet, was von einem Tischherrn gewöhnlich erwartet wird. System: nil admirari. Nach zwei Gängen wird er gewöhnlich wieder normal, sogar nüchtern, um sich beim Dessert nochmals einen sarkastischen Abgang zu schaffen.

✦

Es gibt den Tischherrn, der alle Restaurants in Südfrankreich kennt, alle. Wirklich zu kochen versteht nur die mère Poupoule in St. Curedent – dort gibt es eine gestopfte Entenleber... Alle anderen sind Stümper.

... Den Tischherrn, der nach fünf Minuten anfängt, von seiner Frau und seinen Kindern zu erzählen. Hänschen ist das begabteste Kind in der Sexta, Elschen leidet an Drüsenschwellungen, sonderbar, seit sie an der Nordsee war, ist es wie weggeblasen. »Meine Frau sagte immer schon...«

... Den Tischherrn, der beim ersten Bissen bereits Seelenanalyse oder Chiromantie betreibt. »Ich habe es gleich an Ihren Händen gesehen, sehr typisch die Bewegung, mit der Sie das Glas heben – Sie haben sicher öfters Angstträume – ich kann Ihnen jetzt nicht alles erklären – darf ich nochmal Ihren Daumen sehen – sehr interessant...«

✦

Nieten: der Tischherr, mit dem man einmal verlobt war, was die Gastgeberin nicht wußte – oder wußte.

Der Tischherr, der in eine Frau auf der anderen Seite des Tisches verliebt ist und verzweifelt versucht, sich ihr bemerkbar zu machen.

...Der Tischherr, der ein Gallenleiden hat und Diät leben muß.

✦

Kleiner Treffer: der Tischherr, mit dem man sich in einer gemeinsamen Begeisterung trifft – der auch leidenschaftlich gerne Pilze sucht, oder reitet, oder Ping-Pong spielt, oder Karussell fährt, oder italienisches Landbrot liebt oder Morgenstern auswendig kann. Kurzum, der ein angenehmer Speisebegleiter für eine kurze Stunde ist.

✦

Das große Los: der Tischherr, mit dem man nach Tisch zusammenbleibt.

UHU

Ernst Dryden: Detail einer gedruckten Titelseite der »Dame«:
eine Frau in Autofahrerkleidung vor ihrem Bugatti, 1930.

Ernst Dryden: Zeichnung eines Volantkleids für »Die Dame«.
Guasch und Bleistift, um 1928.

Sex Appeal.
Ein neues Schlagwort für
eine alte Sache

Jede Generation hat ein Schlagwort für das Ideal ihrer Zeit. Wenn die Formel gefunden ist, verbreitet sie sich wie ein Lauffeuer, dann wird der
Begriff erläutert, analysiert und begeistert verflochten – bis er abgegriffen ist.

Diesmal hat man kein deutsches Wort für das neue Ideal gefunden. Es
gibt anscheinend Dinge zwischen Himmel und Erde, deren tiefsten Sinn nur
eine einzige Sprache restlos enthüllt, und die darum unübersetzt in den
Sprachschatz der Welt aufgenommen werden.

Den international gültigen Begriffen wie five o' clock, flirt, dancing, cock-
tail hat sich ein neuer, höchst wichtiger zugesellt: sex appeal. Jahre hindurch
nannte man es das gewisse Etwas. Gemeint war jener Zauber, der von Wesen
ausgeht, die man nicht einfach unter die Rubrik Schönheit einreihen konnte.

Und plötzlich kam es aus Amerika wie eine Erleuchtung – es war eben
sex appeal.

◆

Bis vor kurzem fragte man bei einer Frau ausschließlich: Hat sie schöne Beine? Jetzt lautet die brennende Frage: Hat sie sex appeal?

Um die Etymologie dieses Wortes zu geben, kann man nur zu Bildern
greifen und jene zeigen, die »es« haben. Aber was haben sie? Da fängt eben
die Schwierigkeit der Erklärung an.

»Une belle laide«, sagen die Franzosen. »Sie hat so was«, sagt der Volksmund. »Nicht schön, aber mehr als das« – alles Umschreibungen für sex appeal.

◆

Es ist die vollendete Inkarnation des Geschlechts, ob männlich oder weiblich –
denn, obwohl man dabei fast immer ausschließlich an Frauen denkt, müßte
der Begriff des »sex appeal« auch für den Mann gelten. Man redet nur weniger darüber – vielleicht, weil beim erfolgreichen Mann eo ipso hauptsächlich
sex appeal in Frage kommt. Bei der Frau haben die Faktoren Schönheit, Eleganz, Grazie noch ihre Sondergeltung.

Jede Generation hat ihren Ehrgeiz, ihre Schlagwörter als neues Patent anzumelden. Später, bei längerem Gebrauch, stellt es sich dann heraus, daß haargenau dasselbe bereits unter mehreren anderen Namen eingetragen war.

Sex appeal hat es natürlich schon zu Zeiten gegeben, in denen noch niemand Englisch sprach. Und im Mittelalter wurde man wegen allzu starken sex appeals einfach verbrannt – man nannte es damals Hexerei...

Wenn eine sehr schöne Frau auch noch sex appeal hat – da geschehen welterschütternde Dinge. Zumindest aber wird sie ein Filmstar, von dem fünf Erdteile träumen und eine ganze Generation Komplexe bezieht.

◆

Unsere sachliche Zeit sucht und findet für alles den technischen Ausdruck und die sachliche Erklärung. Bis sie an einen Punkt kommt, wo sie einstweilen nicht weiter kann. Dann heißt es eben Atom, Welle, sex appeal.

———————————————— ◆ ————————————————

Männer zu vermieten

M an ist längst wieder darauf gekommen, daß es mit der vielzitierten Sachlichkeit nicht weit her ist. Die Sehnsüchte haben sich trotz Technik und Wissenschaft im Grunde kaum verändert. Und die modernsten Frauen träumen von einer Ritterlichkeit und Galanterie, wie sie auch im besten Fall von ihren Ehe- und sonstigen Männern nicht aufgebracht wird. Denn dazu gehört Zeit, und welcher Mann hätte heute Zeit?

Man erfand wohl den »Kümmerer«, den netten Mann ohne Beschäftigung, dessen Lebensinhalt ist, hübsche Frauen überallhin zu begleiten, immer da zu sein, wenn andere versagen, und zu jeder Stunde angenehme Dinge zu sagen, wenn nicht zu tun. Aber solche Ersatzideale gibt es fast nur noch in der Phantasie. Männer ohne Beschäftigung sind größtenteils äußerst mißgestimmt und haben zu wenig Lust – und zu wenig Geld –, um liebenswürdige »Kümmerer« zu sein.

Da entstand für unbefriedigte Weiblichkeit etwas Neues: der Mann, den man stundenweise mieten kann. Der glänzend aussehende, gutgewachsene

Mann, der schwermütige Augen hat, göttlich tanzt, und der vielsagend schweigt. Außerdem bleibt er völlig anonym. Man darf ruhig annehmen, daß er ein vertriebener russischer Großfürst ist. Man kann ihn jederzeit auffordern: er verbeugt sich mit unendlicher Grazie, und während des Tanzens findet er bestimmt Gelegenheit, in kurzen, inhaltsschweren Worten zu flüstern: er hätte kaum jemals eine so ideale Partnerin gehabt.

Kurzum, der Eintänzer wurde erfunden.

◆

Männer zu vermieten – die unbefriedigte Frau kauft sich eine Stunde Traumerfüllung. Philosophie des »als ob...«

UHU 1931

◆

Die junge Engländerin

»Erlaubt ist, was gefällt...«

Es gibt für die junge Engländerin zwei Möglichkeiten zum Erfolg: entweder sie ist »sweet« oder sie ist »sporty«. Wenn sie hübsch ist, legt sie natürlich alles auf »sweet« ab. Es ist der Schlüssel zur großen Karriere. Zur Fotografie in den magazines, zur Vorstellung bei Hof, zur Heirat mit einem Lord, zur lebenslänglichen Namensnennung bei allen gesellschaftlichen Zeitungsberichten. Zur »sweetness« gehört ein engelhafter Augenaufschlag, ein tadellos gelockter Kopf, eine entzückende Figur, Kindermund – und ein gar nicht süßer Charakter. Das ist das Englische, sozusagen das Pikante daran. Und darum ist der Erfolg garantiert.

Das sweet girl ist von Anfang an völlig bewußt und steht mit beiden schlanken Beinen auf dem festen Boden der Realität. Bis zur Ehe muß sie sweet sein – nachher ist sie lady. Es ist beste englische Tradition, die dadurch gewahrt wird.

Wenn die junge Engländerin auf »sporty« angelegt ist, darf sie ruhig Sommersprossen, eine spitze Nase und große Füße haben. Sie kann schlampig sein. Sie ist ohne irgendeinen wollenen Sweater nicht denkbar. Aber sie ist sporty, das heißt: sie ist in Beruf, Kameradschaft, Wohltätigkeit, Kunst oder Sport auf irgendeine Weise hervorragend. Wenn die Engländerin sporty ist, gibt es kaum Frauen anderer Länder, die ihr an Tüchtigkeit gleichkommen. Politische Wahlkampagnen zum Beispiel sind ohne diese Frauen nicht denkbar. Alles, wobei man unbegrenzte Zeit auf den Füßen aushalten muß, leistet der sporty-Typ ganz unvergleichlich.

In England gibt es zwei schöne Begriffe: fair play und give a chance. Man gibt also auch der häßlichen Frau die Möglichkeit, the chance, zum Erfolg, indem man ihre Tüchtigkeit so hoch anrechnet wie der anderen das süße Gesicht. Dadurch gibt es in England wohl die wenigsten verbitterten Frauen, wenig Sitzengebliebene des Lebens. In diesem Land voll Tradition stehen gerade der Frau unbegrenzte Möglichkeiten offen. Denn alles wird ernst genommen und sachlich gewürdigt, und wenn sie ein home für entlaufene Kanarienvögel gründet.

◆

Wer als Fremder nach England kommt und in erster Begeisterung eine große Gesellschaft oder eine entzückende garden party mitmacht, steht vor einem Rätsel, auf welche Weise sich die Engländer wohl fortpflanzen mögen. Alles geht in reizender Harmlosigkeit vor sich hin. Die schönen jungen Leute in weißen Hosen schmachten die süßen jungen Mädchen in weißen Kleidern an. Manchmal legen sie den Arm um ihre Schulter oder den Kopf in ihren Schoß, aber das alles ist von größter Zartheit und fast erschreckender Höflichkeit. Bei näherer Betrachtung fällt es einem dann auf, daß die jungen Frauen sehr energisch flirten – während ihr Partner sich in korrektesten Grenzen zu verhalten scheint. Weiter kommt der fremde Besucher selten in seinen Erkenntnissen. Es scheint in England einen Geheimcode für zarte Beziehungen zu geben (zur Beruhigung: man kann den Schlüssel dazu bekommen).

Die junge Engländerin der Gesellschaft genießt eine beneidenswerte Sicherheit. Sie gibt unbedingt den Ton an. Sie kann totsicher auf gute Manieren ihres Partners rechnen. Wenn sie von diesen guten Manieren genug hat, gibt sie's ihm deutlich und klar zu verstehen. Später fühlt er sich ihr gegenüber dann schuldig, dankbar und zerknirscht, und das weibliche Prinzip ist gerettet. In englischen Romanen nennt er sich »a brute« und sie bleibt sweet. Diese romantische Auffassung ist in England Lebensbedürfnis. Es gehört zu den circenses, für die das Publikum gern seinen Eintritt bezahlt. Nirgends gibt es solch ein Interesse für Hochzeiten (denen die statistisch wohl größte Anzahl von Scheidungen folgt). Die Braut bietet an diesem Höhe- und

Schlußpunkt ihres »süßen« Daseins alles auf, was sie an Engelhaftigkeit darstellen kann. Sie trägt die raffiniertesten, gewagtesten Brautgewänder mit einem kindlich ahnungslosen Ausdruck.

Wenn die reizende junge Engländerin durch eine aufsehenerregende Schau-Hochzeit zur Lady X. geworden ist, gibt ihr das Publikum ein paar Monate Zeit für stilles Glück. Dann wird es gern gesehen, wenn ein aufsehenerregender Prozeß die Scheidung herbeiführt. So unberührt von allzu privater Neugier das erste Lebensstadium der gesellschaftlichen Engländerin ist, so restlos offen wird dann alles besprochen und vor allem gedruckt.

◆

Die junge Engländerin, die nicht auf dem Präsentierteller der ersten Gesellschaft liegt, kann absolut reizend sein. Sie ist gesund, lebendig, natürlich. Sie treibt jeden Sport mit Selbstverständlichkeit. Sie ist keine besonders gute Mutter, keine besonders gute Hausfrau. Aber sie ist dem Mann ein wirklich guter Kamerad.

◆

Was macht man bloß in diesem Winter?

Wir können nicht ohne Programm leben. Man ist so sehr daran gewöhnt. Was werden wir heute Abend essen? Wohin reisen wir nächsten Sommer? Was wünschen Sie sich zu Weihnachten?

Das nächstliegende Programm heißt: Was macht man bloß in diesem Winter? Vorgedruckte Formulare enthalten für den Sommer: Reisen, nackte Beine, Sonnenbrand, Rückkehr zur Natur, Erdbeeren mit Schlagsahne, Mondnächte.

Für den Winter: Träumereien am Kamin, Theater, Bälle, Reparaturen in der Wohnung, Stricken, Goethe lesen.

Diese Programme sind zeitlos, sozusagen Datum des Poststempels. Aber dazu kommen dann die Variationen, die sich aus den laufenden Verhältnissen ergeben.

Seit einiger Zeit ist nun diese Grundanschauung etwas erschüttert. Programme stimmen nicht mehr – nicht einmal im voraus.

Schlechte Zeiten hat es schon immer gegeben, dieser Seufzer gilt seit Erschaffung der Welt. Gute Zeiten sind immer nur die vergangenen. Die landläufigen Winterideale werden zum Teil hinfällig, zum Teil fraglich, wenn man an die besondere Note der jetzigen Not denkt – das ungewisse Schicksal vieler Millionen. Man kann durch diese Ungewißheit mit zu wenig Tatsachen rechnen. Die Begriffe verschieben und überstürzen sich täglich. Wir aber brauchen unser gedrucktes Programm.

Da wäre zunächst zu sagen: Schluß mit dem mechanisierten Vergnügen. Mit dem Vergnügen, das ja gar keins ist. Es gibt immer noch allzuviele Leute, denen saurer Sekt mehr imponiert als gutes Bier, weil das Etikett Sekt seit Generationen mit Heißa-Stimmung (von Lustigkeit bis Orgie) verbunden ist.

Rückkehr zum natürlichen Empfinden – schön ist, was mir gefällt. Die organisierten, auf einen Generalnenner gebrachten Freuden sind manchmal sehr traurig. Wenn die innere Stimmung fehlt, nutzt auch die jazzendste Kapelle nichts.

◆

Andererseits – warum nicht tanzen, wenn man sich nach Tanz sehnt, oder wenn die glückliche Stunde einer freudigen Laune Ausgelassenheit erweckt? Viele sagen: Die Zeiten sind nicht danach.

Die Zeiten sind aber weder für allgemeines Juchhu noch für allgemeine Trauer. Nur – für allgemeinen natürlichen Herzenstakt.

Es wäre schön, wenn in diesem Winter Neues aufkommen könnte. Neue Beziehungsmöglichkeiten zwischen Menschen, neue, weil echtere Vergnügungen, neue, weil wirksamere Hilfsbereitschaft.

Während der Kriegsjahre unseligen Angedenkens strickten Millionen Frauen Pulswärmer. Es kamen viel mehr Pulswärmer zustande als es Pulse gab. Das war ein Musterbeispiel mechanisierten guten Willens.

Man braucht heute nicht mehr Scharpie zu zupfen, weil diese seinerzeit sehr lobenswerte Nächstenhilfe heute völlig überholt wäre. Es wird aber in jeder Beziehung noch viel zuviel alte Scharpie verzupft.

◆

Trägheit des Herzens und Buchstabenmacht der Ueberlieferung. Sich und den andern kann man nur helfen, wenn man neu denkt, ohne Scheuklappen sieht und lebenswarm fühlt. (Das sagt sich natürlich sehr einfach und ist leider sehr kompliziert...)

Innerhalb allgemeiner wirtschaftlicher Schwierigkeiten wird es immer Unterschiede geben: Niemals geht es allen Menschen gleich schlecht oder gleich gut. Was nützen paradiesische Zeiten, wenn man Magenverstimmung oder Bronchitis hat. Warum soll man, wenn es einem einigermaßen gut geht, aus prinzipiellen Gründen jede Freude unterdrücken? Frohe Menschen helfen viel besser als unfrohe.

Nur kein Programm für diesen Winter. Kein ernstes und kein heiteres. Man versuche das zu tun, wonach einem zumute ist.

♦

Was machen wir bloß in diesem Winter? Was wir gern möchten und was uns nicht unmöglich gemacht werden kann...

UHU 1932
♦

Haben Sie nicht meine Tasche gesehen?

Der Mann hat 36 angewachsene Taschen. Die Frau hat eine einzige lose Handtasche. Auf diesem grundlegenden Unterschied bauen sich alle unglückseligen Mißverständnisse zwischen den Geschlechtern auf. In den festen Taschen des Mannes liegt das Geheimnis seiner Pünktlichkeit, seines Ordnungssinns, ja, seiner Logik.

Die ganze Frauenbewegung ist ein Fiasko, solange es Handtaschen gibt. Es sei denn, der Mann läßt alle seine Taschen zunähen und trüge ebenfalls sein Hab und Gut in der Hand. Das wäre solidarisch und anständig von ihm, – aber er macht keine Anstalten dazu.

♦

Die Handtasche einer Frau enthält sämtliche Schlüssel zu ihrem Wesen, zu ihrem Teint und zu ihrer Wohnung. Sie ist verloren ohne ihre Tasche, und doch verliert sie sie dauernd. Das hat gar nichts mit Zerstreutheit, gar nichts mit Unachtsamkeit zu tun. Es ist Schicksal. Ein gütiger Stern fügt es aber, daß die meisten Taschen doch schließlich ihren Weg zurückfinden. Wenn nicht die verlorengegangene, so doch die verlorengeglaubten.

Die Handtasche einer Frau stellt nämlich meist nur einen ideellen und keinen reellen Wert dar. Taschendiebe haben längst eingesehen, daß hier nicht viel zu holen ist. Sie stehlen sie eigentlich nur noch aus sportlichem Ehrgeiz. Geld ist fast niemals zu finden. Bestenfalls ein Umtauschschein für die Handschuhe.

Unschätzbar hingegen ist der abstrakte Wert. Der Blick in eine fremde Handtasche liefert alle Indiskretionen gratis. Wenn der Finder ein Mann ist, so lächelt er überlegen und schnuppert nur ein bißchen daran. Wenn eine Frau die Tasche findet, so liegen ängstlich gehütete Geheimnisse vor ihr ausgebreitet. Der Handtascheninhalt ist nur mit Hilfe eines bestimmten Frauencodes zu verstehen.

♦

Aha – doch roter Puder, und sie sagt immer, ihre frische Farbe hat sie von ihrer Großmutter her – und die Schneiderin wohnt in Pankow, Globusstr. 38 – und der Rahmen mit dem Bild – wer ist das nur, ich kenne den Mann doch von irgendwo her? Und die Seidenprobe – natürlich wieder ein neues Kleid (der Mann hat nichts zu lachen!) – und der Briefumschlag mit der ausländischen Marke – Italien – ja, natürlich die Bekanntschaft aus Bozen! Frau Emma Warnecke, Masseurin – interessant. – Johann Prezsczka, Pelze en gros – Lydia Malakoffka, Hellseherin, Sprechstunden Mo, Mi, So 4-6 – Ein Zettel: »Mein Bote war schon dreimal bei Ihnen, um den Betrag von Mark 17,45 einzukassieren. Wenn ich das Geld bis Sonnabend nicht bekomme, sehe ich mich genötigt, Klage zu erheben. Achtungsvoll...«

Es gibt Taschen jeglichen Formats: riesengroße, große, kleine, winzige, gebauschte, gestreckte. Das Format hat nicht das geringste mit der Tatsache des dauernden Verlustes zu tun. Auch der beliebte Reißverschluß ist kein Schutz dagegen.

♦

Es werden alljährlich soviel neue Patente angemeldet. Warum erfindet niemand eine magnetisch anhaftende Handtasche? Oder schicke Täschchen mit eingearbeitetem Bumerang?

Die Sonne von St. Moritz.
Innenaufnahmen von einem
Winterparadies

S tahlblauer Himmel, flimmernde Schneewelten, schweigende Berge. Und jeden, jeden Tag von 9 Uhr früh bis 4 Uhr nachmittags das unvergleichliche Wunder: die Sonne von St. Moritz.

Die Menschen, die sich in diesen paradiesischen Gefilden ergehen, gehören zu der mystischen Gemeinschaft jener oberen Zehntausend. Es sind die heimatlos – oder in günstigen Fällen nur thronlos – gewordenen Mitglieder europäischer Höfe, amerikanische Baumwoll-, Petroleum- bzw. Konservenkönige, argentinische Schwindsüchtige, italienische Marchesi, spanische Granden und zahlreiche anonyme Existenzen, die als Bindeglieder stillschweigend anerkannt und als dazugehörig betrachtet werden.

◆

Diese Menschen leben in ein paar Riesenhotels verstreut und erfüllen alle ein Programm. »Man« frühstückt gen 10 Uhr früh Porridge mit Sahne, weil hier der englische Code in allem maßgebend ist. Am Vormittage setzt »man« sich auf irgendeine Tribüne und sieht den Sporttreibenden zu. »Man« ist möglichst geschlechtslos in vielfarbige Wolle gewickelt und läßt immer wieder eine Schicht fallen, bis man sich schließlich dem märchenhaften Ultraviolett in sommerlicher Entblößtheit darbietet. Vereinzelte Sonderlinge gehen eigene Wege, sie biegen rechts oder links ein und finden zwei Minuten vom Getriebe entfernt ewige Einsamkeit. Aber Punkt zwölf geht eine elektrische Welle durch die Gefilde der Seligen. Es beginnt der Sturm auf die Dorfstraße. In einem Gewirr von heimkehrenden Skiläufern, Schneepflug-Autos und vierpferdig bespannten Schlitten, an denen vollbesetzte Bobs, Rodel und Skeletons hängen, geht »man« auf und ab, um in einer winzigen Konditorei zu landen. Denn der höchste Schick ist die Zwölf-Uhr-Stunde des Apéritifs. Engelsgeduldige Servierfräulein und ein paar Heilige hinter dem Büfett befriedigen den Heißhunger der Gäste, die sich programmäßig den Appetit zum Mittagessen verderben.

Mittags im Hotel ißt »man« ein paar Salatblättchen. Lebendiger wird es beim Mokka in der Halle, wo das weitere Tagesprogramm festgelegt wird. Aber abends um 9 Uhr – da sitzen in den Hallen der großen Hotels Häuflein gut gebadeter, gut rasierter, gut gekleideter Menschen. Da sitzt der Großfürst Dimitri Alexei Romanoff, den so viele Geheimnisse umraunen, dort Mr. Moneymaker aus Chikago, drüben der Ex-Khedive von Aegypten, die Vicomtesse Omachère, Lady Mockturtle, die beiden Misses Darling, die reichsten Erbinnen von Massachusetts, der wunderschöne Mann mit den Valentino-Augen in ihrer Gesellschaft ist der Marchese Filottino di Filotto-Lotto, augenblicklich als Eintänzer tätig. Es wird Bridge gespielt, getanzt, gelächelt. Verabredungen werden getroffen, Zimmernummern genannt, Worte hingeworfen. Alles leise, gedämpft. Die gleichen Menschen, die sich um 12 Uhr vormittags bei Hanselmann ausgelassen um Butterbrezel rauften, bewegen sich jetzt mit abgeklärter Gelassenheit. Alles zu seiner Zeit.

♦

Sonderbar – diese gepflegten, tiefgebräunten Menschen, die hier 1800 Meter hoch den Platz an der Sonne erobert haben, sehen alle müde aus. Unheilbar einsam. Gespenstisch. Sie führen ein Schattendasein – auch an der leuchtenden Sonne von St. Moritz.

UHU 1932

♦

Das höchste Glück für Frauen

E in Modehaus, in dem es keine Verkäufer gibt, in dem man alles anprobieren kann, in dem teure Dinge billig sind, und in dem man alles umtauschen kann.

♦

Männer glauben immer, das größte Glück der Frauen sei – Einkaufen. Das ist ein Irrtum. Die Frauen wollen gar nicht so viel kaufen. Ihre wahre Leidenschaft ist das Herumwühlen in den Dingen. Das Spielen mit dem Gedanken an Besitz. Das Sehen. Das Befassen. Und natürlich – das Anprobieren. Es ist sehr schwer, einem Mann klarzumachen, daß man nach einer Stunde Spazierengehen in frischer Luft müde werden kann, und daß man sich nach drei Stunden Stehen, Drängeln und Anprobieren im heißen Warenhaus völlig frisch fühlt.

◆

Eine echte Frau, also Millionen echter Frauen, sind einfach unermüdlich, wenn sie sich inmitten von Kleidern befinden. Es ist sehr schön, die neuesten Modelle von ätherischen Mannequins an sich vorüberschweben zu lassen. Aber körperlose Kleider, die gepreßt an Stangen hängen, leicht angestaubt, leicht zerknüllt, üben eine seltsame Anziehungskraft aus. Ganz besonders, wenn ein kleiner Zettel an ihnen haftet, der ein paar kabbalistische, nur Frauen verständliche Zeichen trägt und darüber in roten Lettern das Wunder wirkende Wort »Ausverkaufspreis« oder schlicht »Jetzt...«.

In jeder Frau schlummern zwei Seelen – die praktische Vernunft und die Sehnsucht nach dem Wunderbaren. Sowohl die praktische Vernunft wie das Wunderbare aber sind mit Kleidern identisch.

Eine Frau, die sich ein wollenes Strickkostüm kaufen will, weil es hübsch und warm ist und ein paar Jahre durchhalten kann, sieht sich gleichzeitig spinnwebfeine Chiffongebilde mit perlengestickter Schleppe an – für den Fall, daß der Märchenprinz käme. Denn jede Frau rechnet (voller Berechtigung) mit dem Wunder. Es vollzieht sich täglich. Früher wurde bekanntlich aus der kleinen Gänsehüterin die Prinzessin im goldenen Wagen. Jetzt kann aus der kleinen Verkäuferin der Filmstar im Rolls Royce werden. Die Wunder sind geblieben – nur die Art der Karriere verändert sich...

Die Wachträume der Frauen erblühen angesichts eines großen Durcheinanders von Kleidern. Sie wollen ein Kleid kaufen, aber sie wollen sich in tausend Kleider hineindenken. Jedes einzelne das Kapitel eines Romans mit happy end.

◆

Durch jedes neue Kleid kann jede Frau ihren Typ unterstreichen oder verändern. Im weißen Waschkleid war sie soeben Sportgirl, im hochgeschlossenen schwarzen Samt steht plötzlich ein Vamp da – im geblümten Krepp ein bildhaftes Gretchen. Nur ein paar Meter Stoff, und ein neuer Mensch ist geboren. Der wahre Pygmalion ist ein Schneiderkünstler. Die großen Warenhäuser ziehen die Psyche der Frauen genau in Betracht. Sie appellieren an alle Eva-Instinkte und krönen ihren Erfolg durch die jährliche Schluß-Apotheose der Ausverkäufe.

Aber die Frage ist noch nicht restlos glücklich gelöst.

Die Kundin stößt gewöhnlich auf einen Feind – auf den Verkäufer oder auf die Verkäuferin.

»Werden Sie schon bedient?« »Bitte, was wünschen Sie?«

◆

Diese dauernd gestellten Fragen wirken wie eine kalte Dusche auf jede schaulustige Kundin. Sie will ungestört wühlen, wägen, wählen. Sie muß das Gefühl haben, selig allein unter Kleidern zu wandeln.

Leider ist bei uns noch keine praktische Durchführung dieses Kunden-Ideals möglich. In Amerika ist es an einer Stelle erreicht worden.

Es gibt in New York ein absolutes Frauen-Paradies. Man stelle sich vor: ein Warenhaus im Osten der Stadt. Ein riesiges Lager von Kleidern. Mänteln. Blusen. Und auf weiter Flur keine Verkäuferin.

Die Kundin wird in Freiheit dressiert hereingelassen. Sie darf an alle Ständer gehen. Sie darf alles anprobieren, was da gedrängt gehängt ist. Sie darf, wenn es ihr Spaß macht, den ganzen Tag damit verbringen, Kleider an- und auszuziehen. Sie darf wieder weggehen, ohne das Geringste gekauft zu haben. Und wenn sie etwas gekauft hat, darf sie es fünf Tage später zurückbringen und bekommt ihr Geld wieder.

Durch dieses paradiesische System werden Millionen Frauen glücklich und ein Mann millionenreich...

Dieser Mann namens S. Klein fing als kleiner Schneidergehilfe an. Jetzt ist er an der Spitze eines vielleicht in der ganzen Welt einzig dastehenden Unternehmens. Seine Verkaufsräume befinden sich im hinteren Teil eines Häuserkomplexes des East End. Alle unnötigen Spesen werden streng vermieden. Er braucht keine Reklame. Als er noch in den Zeitungen inserierte, mußte ein Riesenaufgebot von Polizei den Ansturm kauflustiger Frauen bewältigen. Jetzt zeigt er in den Zeitungen nur noch die Tage an, an denen sein Geschäft geschlossen ist...

◆

Dieser Mann hat bewiesen, daß man mit Optimismus, Menschenfreundlichkeit und Vertrauen ausgezeichnete Geschäfte machen kann.

Trotzdem kommt es natürlich vor, daß täglich ein paar Kleider gestohlen werden. Wenn die schuldigen Frauen erwischt sind, erweist sich Klein als salomonischer Ritter. Er hat eine besonders menschliche Sühnevorrichtung:

das Zimmer zum Ausweinen... Er geht von dem Prinzip aus, daß eine Frau, die ein Kleid stiehlt, in den allermeisten Fällen keine Berufsdiebin ist, sondern vielleicht nur ein durch unerfüllte Begierde verleitetes armes Wesen. Statt sie sofort der strafenden Gerechtigkeit zu übergeben, nimmt er sie sich persönlich vor. Läßt sie zunächst »sich ausweinen«. Dann erkundigt er sich genau nach allen häuslichen Verhältnissen und entläßt sie schließlich, nachdem er ihr freundlich ins Gewissen geredet hat. Nur im Wiederholungsfalle übergibt er sie der Polizei.

In diesem Warenhaus gilt geschäftlich als oberstes Prinzip – niemals Ware zurückzubehalten. Wenn ein Posten Kleider trotz des unwahrscheinlich niedrigen Verkaufspreises zurückbleibt, wird er nach 14 Tagen wieder um die Hälfte im Preise herabgesetzt. Trotz dieser Verkaufsart, die nach dauerndem Verlust aussieht, wird ein sehr beträchtlicher Reingewinn erzielt. In diesem Fall kann wirklich gesagt werden: die Masse macht es.

◆

Die Kleider und Mäntel kosten durchschnittlich 5,4,3, Dollar. Jeder Frau wird die Möglichkeit gegeben, sich ein modernes Kleid zu kaufen und unter unbegrenzten Möglichkeiten Mengen das für sie richtige zu wählen (sollte es sich doch nicht als das richtige erweisen, kann sie es ja jederzeit zurückbringen). Selbstverständlich gibt es hier keine Probierräume und keinerlei elegante Bequemlichkeiten. Nur zahllose, zahllose Spiegel. An jedem Kleidungsstück hängt der Preis, die Kundin trägt jeden Einkauf selbst zur Kasse, wo er bezahlt und eingepackt wird.

Hier gilt strengstes Vermeiden von allem, was den Betrieb verteuern würde. Die Ware wird immer bar bezahlt und durch die ungeheuren Mengen der Abnahme vom Hersteller zu ermäßigten Preisen abgegeben. Alles zum Vorteil des Käufers und dadurch, wie es sich herausstellt – zum Vorteil des Verkäufers.

Während die anderen Warenhäuser Warteräume für Kinder haben, nimmt man mit Recht an, daß kaum eine Mutter ihr Baby in dieses Kleiderlabyrinth mitnehmen wird. Dagegen gibt es Warteräume, wo engelsgeduldige Ehemänner stundenlang parken können. Häufig einen Säugling im Arm...

Alle Frauen, die in dieses Geschäft kommen, verlassen es beglückt. Beglückt durch den Einkauf, aber vor allem durch die platonische Freude ziellosen, ungehinderten Anprobierens.

◆

Alle haben ein paar Stunden lang ein bißchen im Glück gewühlt.

Das Tagesgesicht und das Abendgesicht.
Eine Beobachtung bei Frauen von heute

Folgendes ereignet sich häufig:

Ein Mann führt eine Frau bei einer Abendgesellschaft zu Tisch. Er unterhält sich mit ihr, er tanzt mit ihr, sie hat am Schluß des Abends jede Ursache zu glauben, daß sie ihm Eindruck gemacht hat. An einem der nächsten Tage trifft sie ihn auf der Straße und – er grüßt sie nicht. Die Frau ist sehr empört, zumindest verletzt. – Mit Unrecht. Der Mann war sicherlich weder ungezogen, noch blind, noch irre. Er hat sie ganz einfach nicht wiedererkannt, weil – er nur ihr Abendgesicht kannte.

◆

Nie war der Unterschied zwischen dem Tages- und dem Abendgesicht der Frau so groß wie jetzt. Am Tag ist sie gestreng und gespannt – am Abend gelockert und gelockt.

Männer fragen sich manchmal verwundert: welches ist nur ihr wahres Gesicht? Wahr ist das eine und das andere – wie eben der Tag wahr ist und die Nacht. Man könnte sagen, ein Tagesgesicht trägt mehr die Prägung des äußeren Lebens, das Abendgesicht verrät mehr vom Innern.

Die Zweiteilung des Gesichts ist ein besonderes Merkmal unserer Zeit.

Die Frau geht mit möglichst kleidsamer Unauffälligkeit und Sachlichkeit durch die neuen Pflichten des Alltags. Aber abends findet sie wieder ihre eigenste Ausdrucksfähigkeit – oder zumindest den Abglanz eines Wunschbildes.

Gespanntheit verleiht oft eine ganz eigene Art von Schönheit, Entspanntheit eine andere. Darum sehen die jungen Frauen von heute so grundverschieden aus.

◆

Die Mode hat diesen Tatbestand längst erkannt. Wenn man in ein paar hundert Jahren zufällig einen Garderobenschrank unserer Zeit ausgraben wird, dürfte man staunen, daß diese kurzen, gestrickten Aschenputtelkittel und diese schleppenden, gebauschten Seidenkleider für ein und dieselbe Frau bestimmt waren.

Was Hollywood aus schönen Frauen macht

Schöne Frauen aus der ganzen Welt landen in Hollywood. Sie kommen blond, braun oder schwarz, temperamentvoll oder ätherisch, mädchenhaft oder damenhaft, mit der Sicherheit ihrer in der Heimat erworbenen Erfolge. Und aus der Enge dieses geographisch begrenzten Erfolges wollen sie nun die Welt erobern. Ausgangsstation: Hollywood.

Hier werden nun diese Frauen auf Weltruhm gemodelt. Hier wird nach geheimnisvollen Gesetzen geprüft. Mit strengster Sachlichkeit und gleichzeitig mit visionärer Kraft. Mit Röntgenblicken werden verborgene Fähigkeiten erkannt, falsche Entwicklungen gebremst. Die Filmgötter von Hollywood wissen, was sie brauchen. Sie wissen, was die Welt von ihnen erwartet. Und so schaffen sie aus irgendeiner schönen Frau – den Star.

◆

Da kommt so ein zaghaftes blondes Wesen – sie knickst beinahe, sie ist blumenhaft schüchtern. Alles falsch – sie muß ein Vamp werden. Die Gewaltigen haben in einem Augenleuchten, in einem Nasenflügelbeben, an einer Kopfbewegung erkannt, daß in dem blonden Backfisch das Zeug zu einer Messalina steckt. Eine strenge, damenhafte Schöne wird zu einer verführerischen Koketten umgemodelt, eine wuschlige junge Dame zu einer glattgekämmten Lady. Aus Braun wird Blond, aus Blond Platin, aus Schwarz Rot.

In Hollywood werden Individualitäten geschaffen. Jeder Star muß sich Millionen Zuschauern unauslöschlich einprägen. Aber die Fabrikmarke Hollywood ist trotzdem immer sichtbar. Eine Grundrichtung ist immer erkennbar: Verführerisch, geheimnisvoll.

Dieser Hollywoodstempel der Weltschönheit muß schwer errungen werden. Die Anwartschaft zum Star erfordert hingebungsvolle Arbeit, unendliche Geduld, Selbstdisziplin, Verzicht. Verbot für Erregungen, für Privatbeschäftigungen, Privatgefühle, Privatträume.

Die Liebe spielt nur auf der Leinwand eine Hauptrolle. Die vielen Ehen und Scheidungen der Stars konzentrieren sich auf die kurzen Urlaubszeiten – und dienen im übrigen der Reklame.

Jedes Glied, jeder Ausdruck eines Stars ist Millionen wert. Beine, Lächeln, Hände, Haar. Zähne werden (aus Reklamegründen) für Hunderttausende versichert. Beamte kontrollieren genau, ob die höchstversicherten Stars streng nach den Vorschriften leben.

◆

In Hollywood wird den Frauen eine neue Seele in den neuen Körper gehaucht. Sie müssen ihre alte Seele abgeben. Sie holen sie sich erst wieder, wenn sie – manchmal – vor lauter Schönheit und Weltberühmtheit davonlaufen...

UHU 1933

◆

Warum ist der Prinz von Wales immer so traurig?

S chöner Prinz zu sein, ist gar nicht so einfach. Es ist noch schwerer, wenn man nebenbei nett, sportliebend und über alle Maßen populär ist. Der Prinz von Wales erfreut sich einer geradezu beängstigenden Beliebtheit. Er leidet schwer an der natürlichen Einfachheit seines Wesens. Denn diese Natürlichkeit ist es, die ihn für die Engländer so »charming« macht, und weil er so charming ist, kann man nicht genug von ihm haben. – Der Prinz von Wales wird seit 38 Jahren ununterbrochen fotografiert. In hellen Hosen, in dunklen Hosen, im offenen Klubjackett, im geschlossenen Regenmantel, einem Indianerhäuptling die Hand schüttelnd, ein Quäkerbaby taufend, ein Shetlandpony streichelnd, Zitronenlimonade trinkend a) mit Strohhalm, b) in vollen Zügen, einem alten Mütterchen über den Damm helfend, ein junges Mädchen im Walzer wiegend, die »Times« lesend, ein Kreuzworträtsel lösend, ein Parlament eröffnend, eine Hühnerausstellung beschließend, am Kamin lehnend, aufwinkend, am Arbeitstisch unterschreibend, 746 verschiedene Uniformen tragend, bei Ministern weekendend, seine 360. präsumptive Braut begrüßend, ein Krokodil erlegend usw.

Auf allen diesen Bildern sieht der schöne, sympathische, blonde, charmante, schüchterne Prinz sehr traurig aus.

◆

Warum sollte er auch nicht traurig sein?

AUFBAU

★

Ernst Dryden: Illustration für »Die Dame«. Guasch,
Bleistift und Wasserfarbe auf Papier, 1930.

Ernst Dryden: Illustration aus der Zeitung oder Zeitschrift »T W Rundschau«.
Guasch und Bleistift auf Papier, Winter 1928.

Lebensraum

Lebensraum ist der Raum des anderen für das Leben des einen.Seit man von Lebensraum spricht, gibt es für allzuviele, die nicht davon sprechen, keinen Raum mehr zum Leben.

Früher hiess es warnend: von Luft und Liebe allein kann man nicht leben. Es gehört auch ein Einkommen dazu. Nun wird man wohl auch noch Lebensraum dazu brauchen.

Je grösser der offizielle Drang nach Lebensraum ist, desto kleiner wird der Raum zum persönlichen Leben. Man findet ihn wieder in der kleinsten Hütte, die jetzt nicht mehr Hütte heisst, sondern Bungalow, Chalet, Camping, Einzimmer-Wohnung, Studio.

Ja, das war ein herrliches Leben, als wir noch nicht wussten, dass man Lebensraum braucht...!

★

»Was ist: Le-ben-sraum, Pappi?«, fragte ein kleiner Junge, der aus der Zeitung buchstabierte. »Frag nicht so dumm«, antwortete der Vater.

Soll man Briefe zerreissen?

Es ist für viele Menschen unendlich schwer, sich von Briefen zu trennen. Von Briefen überhaupt und von bestimmten Briefen ganz besonders. Es ist gar nicht immer eine Herzensangelegenheit. Manchem widerstrebt es einfach, einen schönen, säuberlichen Brief mit ein paar netten Zeilen auf gutem Papier (vielleicht sogar mit geprägtem Monogramm) ritsch-ratsch zu zerreißen und in den Papierkorb zu werfen. Er legt ihn also »zunächst« weg. Dann beginnt das Malheur – die Briefe häufen sich an.

Andere heben nur solche Briefe auf, die von geliebter oder auch nur lieber Hand stammen. Sie werden selbstverständlich beiseitegelegt – und sie häufen sich an... Von Rechnungen, Mahnungen, Quittungen gar nicht zu reden. Sie erscheinen alle leider in Briefform, *müssen* (respektive *müßten*) bewahrt werden, und – häufen sich an. Welche Briefe soll man aufbewahren? Wie lange soll man sie aufbewahren? Und vor allem: *wo* soll man sie aufbewahren?

Die meisten Gefühle sind zeitlos oder doch nicht zeitgemäß. Das Herz ist irgendwo im achtzehnten Jahrhundert stehengeblieben und der übrige Körper bewegt sich im zwanzigsten Jahrhundert. Sentimentalitäten und Technik stehen sich feindlich gegenüber.

★

Der Briefmarkensammler träumt von gewölbten Truhen, von verschwiegenen Bodenkammern – und lebt in einer Zweizimmerwohnung mit flach eingebauten Schränken ohne Rumpelkammer und Böden.

Wenn er es trotzdem zunächst fertigbringt, alle Briefe aufzubewahren, muß er, um weiter atmen zu können, von Zeit zu Zeit eine Razzia veranstalten. Er *muß* Briefe zerreißen, und wenn es ihm das Herz zerreißt. Eine Stunde später wird er sich beträchtlich erleichtert fühlen.

Eigentlich sollte man die meisten Briefe sofort zerreißen, wenn man sie beantwortet hat – oder wenn man sie nicht beantworten will. Viele, viele Briefe, die schön sein könnten, sind ja längst nicht mehr schön. Die Schreibmaschinenbriefe mit den unpersönlichen Zeichen, die alle persönlichen Gefühle geschäftlich camouflieren. Die engbeschriebenen Flugpostbriefe auf dem dünnen Papier, wo der Drang nach Portoersparnis jede Gefühlswärme beschattet.

Und Liebesbriefe? Ein junges Mädchen, deren Verlobung in die Brüche gegangen war, wurde gefragt, ob sie sich gegenseitig schon ihre Briefe zurückgegeben hätten. Sie sagte erstaunt: »Unsere Briefe? Wir haben immer nur telephoniert...«

★

Der Sinn aufbewahrter Briefe liegt im Bündeln, im Sammeln mit dem Endzweck, die Briefe später einmal, nach Jahren, in Ruhe wiederzulesen. Nach Jahren? In Ruhe? Es gibt immer weniger Menschen, die sich den ungeheuren Luxus solcher Perspektive leisten können. Der Mensch dieser Zeit muß auf leichtes Gepäck eingestellt sein. Er kann sich die Zukunft nicht ausmalen, weil sie dichter verhüllt scheint als je. Programme sind abgeschafft. Er muß sich alle Mühe geben, um sein Herz nicht an Dinge zu heften. Es wird ihm nie ganz gelingen, aber immerhin –

»Halte deinen Gang schwebender, Eulalia!« heißt es in irgendeiner alten Posse. Ja, man muß sich schwebender halten, elastisch bleiben, Ballast abwerfen.

★

Das sind alles schöne Worte, die sich leicht hersagen. Aber wie schwer ist es schon, zum Beispiel, Briefe zu zerreißen.

★

Übertreibungen

Menschen, die heute noch eine Neigung zum Übertreiben haben, sind Menschen ohne Phantasie. Sie sehen nicht, dass die Wirklichkeit ein Superlativ ist, den sie nicht erreichen können.

★

Jeder Mensch hat die Gewohnheit, unangenehme Nachrichten für übertreiben zu halten. Es ist der Rettungsgürtel, mit dem man weiterschwimmt.

★

Alles, was beim Nachbarn geschieht, ist »sicher übertrieben« – solange man sich selbst für übertrieben sicher hält.

★

Übertriebene Forderungen: der Gegner. Geforderte Übertreibungen: Propaganda.

★

»Sie übertreiben!« sagt eine Frau, wenn man ihr ein Kompliment macht. Aber sie glaubt das Kompliment, nicht die Übertreibung...

★

Die Übertreibungen gewisser Schriftsteller sind oft nur: früher erfasste Tatsachen. Jules Verne ist heute ein nüchterner Realist ohne Phantasie.

Manche Leute glauben durch Übertreibungen wie durch hohe Absätze grösser zu wirken.

★

Ein wahrer Dichter übertreibt nie – er strömt über.

★

Der Mensch empfindet manchmal Pech, das er hat, als übertrieben. Niemals Glück.

★

Für echte Liebe und leider auch für echten Hass, gibt es keine Übertreibung.

★

Güte kann nie übertrieben sein. Höchstens Gutmütigkeit.

Aufbau 1941

---★---

Zeit

Zeit ist Leid, Zeit ist Hoffnung, Zeit ist Einkehr. Aber nicht mehr: Geld.

★

Zeit ist der neue Reichtum verarmter Menschen. Es gibt Parvenus der Zeit, wie es Parvenus des Geldes gibt. Beide Seiten wissen nichts Rechtes damit anzufangen – sie vergeuden. Zur richtigen Verwendung der Zeit gehört mindestens so viel Erziehung wie zur richtigen Verwendung des Geldes.

★

Man protzt viel lieber mit Zeitmangel als mit Geldmangel. »Ich habe keine Zeit« ist eine offizielle Erklärung. »Ich habe kein Geld« ist ein privates Zugeständnis. Dennoch fehlt es viel weniger Menschen an Zeit als an Geld.

★

Wer kein Geld hat, dem kann es geborgt, geschenkt werden. Wer keine Zeit hat, dem ist nicht zu helfen.

Man kann eine verlorene Zehn-Dollar-Note wiederfinden. Niemals eine verlorene Stunde.

★

Wer die Minute nicht ehrt, ist der Stunde nicht wert.

★

Von Zeit zu Zeit muss man Zeit bewusst verschwenden. Es gibt ein angenehmes Gefühl grossen Reichtums.

★

Geld allein macht nicht glücklich. Zeit allein auch nicht...

★

**Zeit und Geld haben eine grosse Ähnlichkeit: wer von ihnen besessen ist,
besitzt sie nicht.**

Aufbau 1942

★

Vor einem neuen Jahr

Von einem kleinen Kind und von einem neuen Jahr kann man immer
wieder alles erhoffen. Leider sieht das Kind später allen Erwachsenen
ähnlich und das neue Jahr allen alten Jahren.

Ende Januar ist der erste Januar längst vergessen. Ein neues Jahr wird
sehr schnell alt.

Es gibt Leute, die gern in der Zugrichtung fahren und andere, die lieber
rückwärts schauen. Solche, die immer in die Zukunft blicken und solche, die
zäh an der Vergangenheit haften. Das ist Veranlagung.

Je abgestoßener das alte Jahr war, desto heftiger will man auf das neue
anstoßen.

★

**Ein Glück, daß das Fernsehen noch nicht ganz fertig erfunden ist. So kann
man einander doch unbelastet ein frohes neues Jahr wünschen.**

Hochzeit in Vermont

I n dem entzückend am Silvery Lake liegenden Dörfchen Barnard in Vermont, herrschte dieser Tage beträchtliche Aufregung: Dorothy Thompson wurde in der Dorfkirche mit dem tschechischen Maler Maxim Kopf getraut. Eine schöne Liebesgeschichte, vor einem Jahr in Vermont begonnen, fand hier ein happy end.

Dorothy Thompson, die seit vielen Jahren jeden freien Tag auf ihrem Landsitz »Twin Farms« verlebt, ist in der ganzen Gegend äusserst beliebt. Es war allen eine große Freude, dass ihre Hochzeit hier stattfand. Die Feier war einfach und sehr würdig. Ein junger Pfarrer der Universalist Church segnete die dritte Ehe beider Partner ein. Die Braut im grauen Seidenkleid mit Rosenhütchen und Rosenbouquet sah so schön und freudig erregt aus, wie sich die Zuschauer eine Braut nur wünschen können. Das war keine berühmte Columnistin, keine gefürchtete und bewunderte Journalistin, keine politische Grösse – nur noch eine sehr glückliche Frau, die mit leiser, ergriffener Stimme ihr Ja! sagte und die ehelichen Gelübde nachsprach. Um so kräftiger klangen die deutlichst nachgesprochenen Worte des Bräutigams, Maxim Kopf. Er erfreut sich hier bereits grosser Beliebtheit, was im reservierten Vermont viel heissen will!

★

Etwa fünfzig Gäste waren zur Hochzeit aus New York, Boston, Chicago gekommen. Die übrigen, die die Kirche füllten, waren Eingeborene. Sogar ein sechs Monate altes Baby wohnte im Arm der Mutter der Feier bei, ohne ein einziges Mal von seinem Schreirecht Gebrauch zu machen.

Nach der Trauung fand ein Empfang im Hause Dorothy Thompsons statt. Das kalte Buffet war im Grünen aufgestellt – bei herrlichstem Wetter und in der Lieblichkeit der Landschaft von Vermont. Später bot die Pianistin Ania Dorfman (die auch in der Kirche gespielt hatte) ihre wunderbare Kunst dar. Der Dichter Carl Zuckmayer, jetzt Vermonter Farmer und Nachbar der Dorothy Thompson, sang österreichische Lieder zur Laute, die grosse Stimmung auslösten. Auch seine Frau Liccie, prächtig in Gelb-Schwarz anzusehen, sang Grotesken und Sentimentales von drüben zur Freude der amerikanischen Zuhörer. Michael Lewis, Dorothy Thompsons 13jähriger Sohn aus der Ehe mit Sinclair Lewis, erschien in immer neuen Verkleidungen – mit ausgesprochenem Schauspieler-Talent. Alle Gäste waren in bester Stimmung. Elli Marcus, die als einziger Photograph eingeladen war, bewegte sich mit ihrer Kamera unter den amerikanischen Prominenten von Berlin und Paris. Sehr spät am Abend ging man auseinander. Die Stadtgäste fuhren mit dem Nachtzug nach New York zurück. Mr. und Mrs. Kopf verbringen die Flitterwochen auf ihrer Farm. Was nicht hindern wird, dass Dorothy Thompson, die unermüdliche Kämpferin, ihre Arbeit für Millionen Zeitungsleser und Radiohörer ohne Unterbrechung fortsetzt.

Aufbau 1944

★

Die Take-it-Easysten

Menschen, die in einen neuen Erdteil verschlagen werden, müssen zunächst ungeheuer viel Neues aufnehmen. Später, viel später, stellt sich heraus, wie viel sie davon auch annehmen.

Jede terra incognita schliesst sich dem fremden Besucher nur langsam und parzellenweise auf. Aber im Rausch der ersten Umarmung scheint es manchem Liebenden, als hielte er das ganze Wesen umfasst. Nachher, in der Ehe, wird ihm der große Irrtum klar. Wenn es gilt, sich an fremdes Klima, fremde Sitten und fremde Sprache zu gewöhnen, nimmt der Neuling das auf, was am leichtesten scheint: die kalten Drinks, die Höflichkeiten im Fahrstuhl und die saloppen Redensarten. Somit kommt er sich dann akklimatisiert vor – sich, wenn auch nicht den anderen.

★

Merkwürdigerweise müssen gerade diese Schaumblasen der Kultur von festem Boden aufsteigen, um fröhlich zu glitzern. Wer nur den Schaum auffängt, hält etwas Leeres in Händen.

Es ist immer peinlich, wenn ein fremder Gast nach kurzer Zeit die Hausfrau oder deren Hündchen mit dem Kosenamen anspricht, den er von den Intimen des Hauses hört. Er wirkt dadurch nicht intimer. Im Gegenteil. Und der familiäre Kosename bekommt für alle plötzlich einen Nachgeschmack.

So ist es auch, wenn einer mit fremder Zunge eine eingefrorene Redensart nachspricht. Es gibt jedes Mal einen kleinen Stich. Aber da sind Redensarten, die Lebensarten bedeuten. Die in bequemer Form eine wichtige Grundeinstellung bezeichnen. Es ist unvermeidlich, dass solche Weisheitsslogans sich im Bewusstsein des Neu-Ankömmlings einnisten. Und dass er sich bemüht, sie zu verstehen und möglichst – zu befolgen.

»Take it easy!« Das hat einen scheinbar legeren, heiteren Klang, es schmettert sich leicht heraus, es ist ein lächelndes Diktum, ein Auf-die-Schulter-Klopfen ohne die Hand bewegen zu müssen.

Man hatte davon schon drüben in Europa gehört – aber wirklich, die amerikanischen Spatzen pfeifen es von den Dächern herab, die Amerikaner befolgen es und die Eingewanderten – sagen es.

★

»Take it easy!« ist eine frisch-fröhliche Abart vom russischen Nitchevo und eine un-zynische Version vom französischen je-m'en-fichisme.

Es ist eine sehr wohltuende und wirklich allgemein verbreitete Eigenschaft amerikanischer Großstädter. Wie erleichternd, dass im größten Gewirr und Gestoss der rush hour in der Subway oder dem Bus niemand, niemand je schimpft! Niemand niemandem übel nimmt! Wie schön verlaufen im gewaltigen New York Monster-Paraden oder die Neujahrsnacht oder sonst eine beängstigende Kundgebung von Masse Mensch. Take it easy! Steht überall auf unsichtbarem Transparent geschrieben und es scheint hier vom Himmel, der ja auch nicht immer voller Geigen ist, vernehmlich zu tönen.

Take it easy ist aber sehr leicht misszuverstehen. Es soll die belastende Schwere von den kleinen Dingen des Alltags nehmen. Aber es bedeutet nicht eine Bagatellisierung grosser Dinge. Es ist vor allem als Losungswort für den Einzelnen gedacht – zum eigenen Gebrauch. Nicht aber – und darin liegt das Missverständnis – als Schutzgewehr gegen das Erleben des Nebenmenschen.

★

Die meisten Europäer sind keine Meister im Take it easy. They don't. Aber sie nehmen anderer Menschen Schicksal gern easy… es ist wahrscheinlich Selbsterhaltungstrieb, Abstumpfung gegen zu viel Gelebtes, Gelesenes, Gehörtes, Geahntes.

Take it easy soll eigentlich heissen: Verliere deine Ruhe nicht. Aber Take it easy à l' europienne könnte man mit: lass mich in Ruh! übersetzen. Es gibt immer mehr Take-it-Easyisten – für andere. Wenn mancher den Andern schwerer nähme und sich selbst leichter, wäre oft beiden geholfen.

Jeder kennt jene Menschen, die einem lächelnd auf die Schulter klopfen und überzeugend sagen: um Sie ist mir nicht bange! Merkwürdigerweise ist nie jemand um den Andern bange. Nur um sich selbst.

Und trotz fortgeschrittener Körperkultur und sportlichem Training sind die allerwenigsten Menschen imstand, sich selbst auf die Schulter zu klopfen.

Aufbau 1944

★

Premieren-Stimmung

Nicht alle Premieren sind erfreulich. Die erste Liebe und die erste Zigarette zum Beispiel werden von Kennern oft nicht als Hochgenüsse betrachtet.

Es gibt eben mancherlei Dinge, deren Reiz erst in gewisser Kontinuität ausgekostet wird. So muss es auch mit dem Frieden sein – aber leider sind wir darin zu keiner Erfahrung gekommen.

Im grossen Allgemeinen hat jedes erstmalige Erleben die Kraft, ungeahnte Gefühle auszulösen. Die Sinne so anzuregen, dass man ihrer beglückt gewahr wird. Starkes, blitzartig erhelltes Sehen mit neuen Augen, schärferes Hören, aufgewühltes Empfinden, verfeinertes Riechen und Schmecken. Jede Premiere des Erlebens ist ein Neugeborensein. Wer viele Premieren zu erleben versteht, bleibt ewig jung.

★

Leider verfliegt die Premierenstimmung sehr schnell. Der Absturz von Höchstspannung zur Indifferenz geht so rasch wie die Degeneration bei Neureichen. Nichts ist so schwer und nichts ist so wunderbar wie das Durchhalten.

Wir erleben am laufenden Band so unendlich viel, dass wir jenen Grad der Abstumpfung erreicht haben, in dem man nur noch vor dem Allereinfachsten Ah! sagt. Alle Höhepunkte tausendjähriger Historie spielen sich kondensiert vor vor unseren Augen ab. Wir sind auf du und du mit Millionen Verlusten, mit Billionenzahlen, mit Stratosphären-Plänen.

So etwas rächt sich.

Ein Mann, der in Europa alle Unwahrscheinlichkeit der Zeit miterlebt hatte, kam vor kurzem nach ebenfalls unwahrscheinlicher Rettung hierher. Er wurde natürlich mit flash-lights ausgefragt, was ihn zuerst am stärksten in Amerika beeindruckt habe.

Es war nicht die sky-line und nicht die free country. Es waren Kisten voller Eier, die da irgendwo einfach herumstanden...

Die Poesie der Premierenstimmung nimmt oft prosaische Formen an. Niemand erlebt ungestraft eine non-stop Vorstellung von Helden-Saga.

★

Wer nicht gewohnt ist, am sehr frühen Morgen durch den Central Park zu spazieren, kann eine reizende Premiere erleben: das gemeinsame Frühstück einer Gruppe von Eichhörnchen. Da hocken sie wahrhaftig im Kreis – acht oder zehn, knabbern ungestört an Erdnüssen und sind augenscheinlich irgendwie verabredet. Es ist entzückend und märchenhaft und man ist den ganzen Tag in besserer Stimmung.

Es gibt nun Menschen, die so viel Qualitäten besitzen, dass sie tagtäglich einen ganz frühen Spaziergang durch den Central Park machen. Ich nehme an, dass sie die Eichhörnchen kaum mehr sehen – nun ja, was ist dabei, sie hocken eben im Kreis und frühstücken...

★

Jetzt ist der General de Gaulle hier gewesen und ein Mythus hat feste Formen angenommen. Es war wieder einmal grosse Premieren-Stimmung – »starring General de Gaulle« – und es war gut.

Das gewaltige Problem Frankreich stand plötzlich für alle lebendig da – in der eindrucksvollen Gestalt des Mannes, der zum Begriff eines Losungswortes geworden ist. Eines Mannes, der gestern am beachhead der Normandie stand, heute von jubelnden New Yorkern beklatscht wurde und morgen Frankreich aufbauen will. »Some man« immerhin...

★

Manchen Menschen wird jede Premiere dadurch abgeschwächt, dass sie ihren eigenen Gefühlen und Sinnen nicht trauen. Sie sind ohne die Krücke der Kritik unsicher und müssen erst abwarten, was »man« dazu sagt. Sie wissen erst nach dem Erleben, ob es das wirklich war. Es sind die »second hand« Naturen.

Aber wer will, braucht niemals ohne Premieren-Stimmung zu leben. Heute weniger denn je. Es genügt, eine einzige Zeitungsnachricht bewusst nachzufühlen.

Die Schaubühne unserer Zeit ist auf Tragödien eingestellt. Aber es muss nicht jede Premiere ein Drama sein – Gott sei Dank.

Es ist, zum Beispiel, sehr empfehlenswert, ein kleines Kind an die Hand zu nehmen und sein unbegrenztes Wundern zu teilen.

Aufbau 1945

★

Der Mann, der »headlines« machte

Der Werdegang vom polnischen Bauernjungen Antek Cierplikowski zum weltberühmten Friseur Antoine ist eine schöne, wahre success story. Darum hat sie – in angenehm unterhaltender Form – durchaus Daseinsberechtigung als erfolgreiches Buch. Die Tatsache, dass es in dieser Autobiografie von Königinnen, Herzoginnen, Comtessen und Stars wimmelt, ändert nichts an der ehrlichen Lebensleistung eines Idealisten besonderer Art: ein Mann, der es sich in den Kopf gesetzt hat, jeder Frau zu ihrem eigenen Kopf zu verhelfen. – Ein Künstler auf eigenem Gebiet, das von der hohen Kritik nicht gewürdigt wird, weil es statt Stein und Leinwand nur lebende Frauen zu Kunstwerken macht...

★

Der Bauernjunge Antek, der achtzehnjährig nach Paris kam und im Weltmode-Zentrum unumschränkter Coiffeur-Diktator Antoine wurde, lebt jetzt in New York. Erfolgreich wie je. Eine so dauerhafte Karriere lässt sich nicht billig mit Achselzucken über Snobismus und Modetorheit abtun. Dahinter steckt eine umrissene Persönlichkeit, ein Können auf seinem Spezialgebiet und ein Lebensbejaher. Es ist gar nicht so einfach, sich aus einem Dschungel von Haaren zu einer Berühmtheit zu entwickeln. Die Lebenserinnerungen von Antoine sind grösstenteils mit einer Welt verbunden, die im grossen Erdbeben dieses Krieges untergegangen ist – auch wenn sie teilweise noch zufällig lebt. Die Wichtigkeit, die Marchesa X. zu ihrer Wohltätigkeitsféte genauestens à la Botticelli zu frisieren, Lady Mendl die richtige Farbe für ergrautes Haar zu mixen oder die Hochzeitsfrisur der Duchess of Windsor aufzustecken, kann uns nicht tief erschüttern. Aber zwischen den Zeilen dieser »haargenauen« Schilderungen sind hübsche Streiflichter auf Menschen und Umgebungen. Es ist ein amüsantes Buch. Und der Autor Antoine strahlt etwas sehr Seltenes aus: Zufriedenheit. Zufriedenheit mit seinem Leben, seiner Ehe, seinem Glashaus in Paris, seiner Zweizimmerwohnung im schönsten Teile New Yorks. Er blickt optimistisch seiner Zukunft entgegen. Die Frauen, die er immer wieder erneut und verschönt, sind ihm dankbar. Und darum sollten auch die Männer ein gutes Haar an ihm lassen...

AUFBAU 1945

★

Arnhem Lift

The Diary of a Glider Pilot, by Sgt. Louis E. Hagen (Farrar and Rinehart Inc., N.Y.) Dieses kleine Buch wird in die große Literatur eingehen. Es schildert – in den Rahmen einer einzigen Woche gespannt – die tollkühn dramatische Episode von Armhem. Von Montag zu Montag.

★

Ein junger Glider-Pilot gibt den Bericht. In einer Sprache und einer Fassung von so wunderbarer Klarheit, wie sie nur wenigen Auserwählten zur Verfügung steht. Als das kleine Buch – anonym – in England erschien, wurde es der grösste Erfolg des Jahres. Die Kritiker überboten sich in lobender Bewunderung und eine Oxforder Zeitung schrieb: »Arnhem Lift renews our belief in the future of a country that can produce such men as this.« Nun hat ein grosser amerikanischer Verlag das Buch mit vollem Namen des Verfassers herausgebracht. Der junge Flieger, dessen Gesinnung und Haltung die Engländer so stolz und zukunftssicher machte, ist ein deutscher Refugee... Sohn eines Berliner Bankiers – wegen anti-Hitlerscher Auesserungen als 16jähriger fünf Wochen im Konzentrationslager – dann Freiwilliger in England – nach heldenhaften Taten in Arnhem vom König persönlich dekoriert – zu weiterem Kriegsdienst nach Indien gesandt und – noch immer nicht englischer Staatsbürger... In diesem klassisch schönen kleinen Buch offenbart sich ein Schriftsteller von seltenen Gaben. Und ein liebenswerter, freier, gerader, prachtvoller Mensch. Einer, der durch die Tatsache seines Daseins der Sache vieler dienen kann. Weil er so klar beweist: es kommt nicht auf die Rasse, es kommt nur auf die Klasse Mensch an.

Besuch bei Madame Felix Gouin

W aldorf-Astoria, 36. Stock – an vielen Polizisten vorbei – in einem hellen Hotelzimmer, dessen Fenster den schönsten Blick über New York bieten, neben einem Tisch, auf dem ein Riesenstrauss bunter Frühlingsblumen steht – eine zarte, schwarzgekleidete Frau. Blonde Haare, ein nicht mehr junges, ausdrucksvolles Gesicht mit warmherzigen und witzigen Augen – eine Erscheinung von diskreter Eleganz, mit dem besten Stempel französischen Charmes versehen: natürlicher Anmut. Es ist Madame Felix Gouin, Gattin des Präsidenten der provisorischen Regierung der französischen Republik.

★

Madame Gouin ist auf kurzem Besuch in Amerika. Nach zwei Tagen Washington, als Gast im Weissen Haus, und einigen Tagen New York, hat sie so viel neue Eindrücke gewonnen, dass ihr der Kopf schwirrt... Hier hielt sie die erste Pressekonferenz ihres Lebens – und es ging ausgezeichnet, wenn auch mit Hilfe einer Übersetzerin, da Madame Gouin zu ihrem Bedauern nur ihr Schul-Englisch, »also«, wie sie sagt, »gar kein Englisch!« spricht.

Eine Zigarette nach der anderen in der Hand, ein bisschen übermüdet aussehend, aber liebenswürdig und lebhaft, antwortet sie mit grosser Natürlichkeit auf die Fragen, die an sie gestellt werden. Diese Fragen gingen von Hilfswerken und Spitälern über die unvermeidlichen Nylonstrümpfe bis zum Benehmen amerikanischer Soldaten in Paris... Zu diesem letzteren heiklen Thema meinte Madame Gouin, die Klagen seien sehr übertrieben worden! Die meisten Amerikaner wären ausserordentlich beliebt – ganz besonders übrigens bei den französischen Kindern, denen sie in reizendster Art viel englisch beigebracht hätten... Wahr ist es, dass die Franzosen »truppenmüde« seien – nach der langen deutschen Besetzung und der folgenden amerikanischen Besatzung käme die natürliche Sehnsucht danach, endlich wieder ungestört unter sich zu bleiben...

Hauptzweck von Mme. Gouins Besuch hier war, den Dank der französischen Frauen für das grosse amerikanische Hilfswerk auszudrücken und um weitere, dringendst benötigte Hilfe zu bitten. Dieser Winter sei härter gewesen, als alle vorherigen; eine erschreckend grosse Anzahl von Kindern leidet an Tuberkulose und es fehlt an Medizin, an Schuhen, an Nahrung. Sie gab konkrete Ratschläge für besonders erwünschte Gaben: Zum Beispiel jede Art von »spread« für Sandwiches, damit die Kinder, die mit trostlosem Kaffee-Ersatz (ohne Milch und ohne Zucker) in die Schule gehen, ein schmackhafteres und nahrhafteres Lunch mitnehmen können. Auch bat sie alle, die Pakete schicken, jeder Sendung einen kleinen Brief beizulegen, um ein persönliches Verhältnis zwischen dem Absender und dem Empfänger herzustellen.

Madame Gouin, die mit ihrem Mann viele Reisen unternommen hat – sie war in Russland, in Skandinavien, in Indien, in Süd-Afrika – ist gar nicht politisch, aber sehr intensiv sozial tätig. Ihr Spezialgebiet ist Kinderfürsorge.

Auf Fragen nach ihren persönlichen Eindrücken hier, war sie besonders begeistert von den Museen, den sozialen Einrichtungen, den Haushalts-»Gadgets«, den Blumenhütchen, den »hot dogs«... Sie hat sich auch den Zirkus angesehen.

Madame Gouin drückte die Hoffnung aus, dass viele amerikanische Frauen nach Paris kommen sollten, um die gegenseitige »compréhension« zu verstärken. Leider könnten die Französinnen ihre Sehnsucht nach Amerika noch nicht erfüllen – die Reisen wären noch viel zu teuer.

★

Die Frau des französischen Präsidenten repräsentiert einen besonders guten Typ der Französin: die anmutige, kluge, taktvolle, stark mitarbeitende, aber niemals selbstständig auftretende Gefährtin des Mannes. Diese Frauen gehören zu den besten Kräften Frankreichs.

Aufbau 1947

★

Glück im Winkel. Schrebergarten – der Stolz der New Yorker Millionäre

Die Rückkehr zur Natur ist manchmal sehr umständlich – und kostspielig. Die Sehnsucht nach dem eigenen Garten ist so alt, wie die Sehnsucht selbst. Garten ist grünes Glück, wo immer es sei. Wie erst inmitten von Wolkenkratzern und im Herzen einer Stadt, in der Parzellen immer rarer und deren Wohnungsnöte immer grösser werden. Es gibt in New York die einzigartigen Penthouse-Gärten – hoch aufgestocktes Grün, das mager und teuer in den Himmel ragt. Nicht ganz die hängenden Gärten der Semiramis – eher Natur aus der Konservenbüchse. Immerhin für heisse Sommerabende recht angenehm. Es ist sehr nett und sehr »sophisticated«, im 39. Stock von grünen Büschen umrahmt zu sein. Aber die wahre Freude ist ja doch nur der gute alte Garten auf der guten alten Erde. Und darum sind alle diejenigen beglückt und beneidet, die eine solche Oase besitzen – sei sie auch noch so winzig. Der City Gardens Club veranstaltete kürzlich eine Führung durch »outstanding gardens around town«.

★

Da sah man schöne alte Häuser mit Stilmöbeln, teuren Bildern, kostbaren Porzellanen gefüllt. Aber die Bewunderung der Besucher galt nicht jenen Dingen. Sie galt dem einzigen Ziel: dem Anblick eines Hinterhöfchens, das den »Garten« bedeutete. Bei einigen – z. B. im Hause von Mrs. Roger W. Straus – gab es den erfreuenden Anblick eines prallblühenden Kirschbaumes, vieler Margueriten, und einer kleinen, umrankten Laube. Bei Miss Rose Cummings, in einem mit Schätzen gefüllten, museumsartigen Stadthaus, einen mit exotischen Gewächsen und Schlingpflanzen dicht bewachsenen, leicht grusligen Hofgarten. Bei Mrs. Thomas Blake gab es die Sehenswürdigkeit eines kleinen Swimmingpools – beim Anblick der hohen Häuser mit hunderten von Fenstern ringsum, nicht ganz klar, wie und wann er zu benutzen war... Bei den meisten war wirklich und wahrhaftig nichts anderes zu sehen als die Tatsache eines eigenen Hinterhöfchens, mit der Möglichkeit, im Freien zu lesen, zu liegen, zu frühstücken. Sehr, sehr angenehm in New York – aber »outstanding gardens«?! Trotzdem waren die Besucher hingerissen. Eine Dame in kolossalem Nerzpelz rief ekstatisch aus: »Look here – a real tree!!« Man kam zu einer sonderbaren Feststellung: das, was man drüben »Schrebergärtchen« nannte, das Sonntagsvergnügen der Proletarier, ist hier (in sehr bescheidener Form) der grösste Stolz der Millionäre... Die wahren Freuden der Menschen sind letzten Endes immer die gleichen. Und sehr simpel.

Lebensfreude auf Stoffen. Ilza Hahlo stellt ihre Entwürfe aus

E ine junge Frau mit blonder Zopfkrone führt in einem New Yorker Hotelzimmer ihre neuesten Arbeiten vor: Entwürfe für Stoffe. An den Wänden, auf den Tischen, in den Mappen eine Welt von rauschender Lebensfreude.

★

Ilza Hahlo, künstlerisches Vollblut und vielseitigst begabt, hat sich mit eiserner Selbstdisziplin auf ihr jetziges Gebiet konzentriert. Sie leistet darin einzigartiges und es ist kein Wunder, dass Zeitungsreporter, Photographen, Modevertreter und Verleger die junge Künstlerin während ihres kurzen New Yorker Aufenthalts belagern.

Ilza Hahlo singt, tanzt, schwimmt, reitet, malt. Ihre Entwürfe sind für Stoffe gedacht, aber es sind vollendete kleine Kunstwerke in sich. Sie tragen Namen: Desert at Dawn – San Francisco Golden Gate – Sunburst – Laguna Beach – Jingle Jungle.

Es strömt eine seltsam starke Lebensbejahung aus allen diesen Bildern. Sie atmen das aus, was ihre Schöpferin im höchsten Masse besitzt: Wille zum Leben, Begeisterung für die Natur, für Licht, für Rhythmus.

Ilza Hahlo ist in Wien geboren, hat in Paris und in der Schweiz auf vielen Kunstgebieten gewirkt. Sie lebt jetzt in Californien und liebt es über alles. Dort führt sie ein Freiluftleben – abseits vom grossen Storm und arbeitet intensiv.

★

Die Ideen – fast möchte man sagen die Visionen – sind so reich in ihr aufgespeichert, dass sie rastlos schöpferisch tätig ist. Sie sagt: »Ich will 100 Jahre alt werden...« und man glaubt es ihr. Diese dynamische junge Frau ist von einem Optimismus beseelt, der überzeugend wirkt. Der Drang nach Schönheit ist so lebendig in ihr, dass sie alles andere ausschalten kann. Sie sagt es selber: »Wenn man mich in ein leeres Zimmer einsperrt, entdecke ich interessante Dinge in den Fussbodenritzen und phantastische Gebilde in den

Sprüngen an der Wand... Man muss nur sehen und horchen können – überall gibt es etwas Schönes zu entdecken!«

★

Ilza Halo ist Vegetarierin; sie trinkt nicht, raucht nicht – sie braucht keinerlei Stimulanz dieser Art. Aber sie kann ohne Sonne und Luft nicht leben. Ihre Entwürfe werden ihr aus der Hand gerissen. Die grossen Stoff-Firmen sind von den herrlichen, neuartigen Mustern begeistert. Ilza Hahlo ist »a great success«.

AUFBAU 1947
★

Die neueste Therapie:
Malen

Schlaflosigkeit? Keinen Appetit? Depressionen? Versuchen Sie es doch mit Malen...« Unsere Mitbürger sind von einer neuen Leidenschaft ergriffen worden – Junge, Aeltere, Alte, Uralte fangen an zu malen.

Jedem gelingt zumindest die technische Prozedur in irgendeiner Weise und jeder ist darüber im höchsten Grade erstaunt und entzückt. Es ist ein Rausch des neuen Erlebens, eine Wiedergeburt, ein Ziel, eine unerschöpfliche Fundgrube, ein Gesundbrunnen. Und darum steht jetzt Malen auf der obersten Liste der Heilmittel gegen jene Krankheiten, die man nicht mit Sulfa oder Penicillin brechen kann. Gegen Depressionen, Neurosen, »frustrations« und sonstige zeitgemässe Störungen, die auf deutliche Abneigung gegen den Alltag hinweisen.

★

Malen hilft fast ausnahmslos und sofort. Es hebt das Ego, es schwellt die Brust, es fördert die Blutzirkulation. Zumindest aber ist es die schnellste, beste Anästhesie. Malen hat das mit Golf gemeinsam, dass man es jederzeit anfangen kann – dem Alter ist keine Grenze gesetzt. Aber man kann die Pinsel noch viel länger in der Hand halten als die Golfschläger.

Ein leuchtendes Beispiel ist »Grandma Moses«, die mit 76 Jahren erstmalig zu malen anfing und jetzt, als 84jährige, 3000 bis 5000 Dollars für ihre

Bilder erzielt... Diese prächtige Frau, Mrs. Moses, hat ihr Lebtag lang schwer auf dem Land gearbeitet, viele Kinder geboren, nie richtig schreiben gelernt und bestimmt niemals von Ex- und Impressionismus, von Natural- und Surrealismus gehört. Als sie durch Krankheit am körperlichen Arbeiten gehindert war, setzte sie sich hin und malte, was sie so sah – Kühe und Pferde und Häuschen und Bäume und Hühner und Himmel. Und sieh da – Grandma Moses wurde mit eben diesen Dingen so berühmt, dass man sich um ihre Bilder reisst.

★

Nun, Grandma Moses ist ein Ausnahmefall. Nicht jeder, der mit sechsundsiebzig Jahren (oder auch sehr viel früher) zu malen anfängt, bringt es so weit. Aber Tatsache ist, dass ein jeder, der zu malen anfängt, zum Künstler von eigenen Gnaden wird und nunmehr mit einer nimbusumflossenen Tarnkappe durch den Alltag wandelt.

Nichts fehlt dem heutigen Menschen so sehr, so bitterlich wie Zufriedenheit mit sich selbst. Er verliert sich im komplexen Wirrwarr der Umwelt, er fühlt, dass er nicht mitgehen kann und tröstet sich damit, dass er nicht mitgehen will. Die Technik raubt ihm die Ruhe, er hat den alten Glauben verloren, den neuen noch nicht gefunden. Je mehr er über sich aufgeklärt wird, desto unverständlicher werden ihm Lebenszweck und Umwelt.

»Warum versuchen Sie es nicht mit Malen?« sagt der Doktor.

Nach dem ersten Schreck – »ich habe doch noch nie einen Pinsel in der Hand gehalten«, usw. – werden Farben gekauft und das Abenteuer wird riskiert. Und dann kommt langsam, immer stärker, immer umfassender – die grosse Wandlung...

★

Das Herrliche beim Malen: man sieht so viel Schönes, anstatt so viel Schlechtes zu hören – und man entdeckt die nimmer endenden Wunder der Dinge zwischen den Dingen... Linien, Lichter, Schattenspiele und die atemberaubende Vollkommenheit der winzigsten Gebilde. Wer die kleinste Blume zu malen versucht, entdeckt die ganze grosse Schöpfung. Die Heilkraft des Malens liegt im Konzentrationszwang. In der beruhigenden Abkehr vom Chaos und Einkehr in das geordnete Detail. Nichts fördert die Erkenntnis der letzten Dinge so sehr wie die Betrachtung der kleinsten Lebewesen, der geringsten Kundgebungen der Natur. Manch einer, der sich einbildete, das Gras wachsen zu hören, wird plötzlich ganz bescheiden, wenn er einmal einen Grashalm richtig wachsen sieht...

Wer zu malen anfängt, fühlt sich aus dem engsten Lebenskreis gehoben und in den höheren Kreis der Kunst versetzt. Er mag noch so bescheiden ängstlich die Bezeichnung Künstler vermeiden – jeder, der sieht, dass er wahrhaftig einen Baum, ein Haus, einen Apfel zustande gebracht hat, oder auch nur einen Farbfleck, wie ihn ähnlich sogar Picasso einmal verwendete, oder irgend, irgend etwas, das weisses Papier zu einem Bild verwandelte –, wer dieses Wunder erstmalig erlebt, fühlt sich in die Gilde der Kunst aufgerückt. Und nun wird der Fall schwieriger...

Es gibt die Frischfröhlichen, die predigen: na seht ihr, Malen ist ja gar keine Kunst, jeder kann's! Dann gibt es die Leichtbegabten, die eine Nettigkeit zustande bringen und damit die Begeisterung der liebenden Umwelt erwecken. So lange die neugebackene Kunst im engeren Rahmen der Familie bleibt, und nicht im vergoldeten Rahmen ausgestellt wird, ist es harmlos.

Leider hat man Malen als neuen Beruf entdeckt. Es gibt Ausstellungen über Ausstellungen und »Art-shops« blühen in allen Ecken. Es wird nicht nur gemalt, es wird, dem Himmel sei's geklagt, alles bemalt. Gute, edle Holztabletts werden durch Rosen und Vergissmeinicht verdorben und verteuert – Vasen, Aschenbecher, Lampenschirme, Papierkörbe, Blusen, Schuhe – alles »handpainted«. Und Geschenkläden, hier »gift-shops« genannt, haben alle jene Dinge, die man nie besitzen möchte, und von denen man daher annimmt, dass sie als Geschenk geeignet seien... Dreiviertel aller ausgestellten Geschenke sind bemalt... So artet die individuelle Beglückung des Malens in Bedrohung der Massen aus.

★

Am Cape Cods, dem bezaubernden Küstenstrich von New England, gibt es unzählige Malschulen. Nicht nur solche zum Abreagieren, sondern sehr ernsthafte. Da kommen Gruppen von Menschen aller Art, aller Berufe zusammen. Sie lernen sehen, sie lernen zeichnen, und malen, sie lernen Kritik üben. Sie sind sehr, sehr glücklich. Viele bringen wirklich Schönes zustande, das sind dann diejenigen, die weniger glücklich sind, weil in ihnen wirklich der Künstler steckt...

★

Die Comtesse de Noailles hat einmal als bestes Hilfsmittel gegen Melancholie empfohlen: eine Rose nach der Natur zu zeichnen. Sie war eben eine Dichterin. Heute empfiehlt man gegen Depression (Melancholie ist ein sehr veraltetes Wort) irgend, irgend etwas zu malen. Es braucht keine blühende Rose zu sein – eine wehende Hose ist als Arznei genau so wirksam (und als Malerei moderner).

Malen ist überdies eine stille Beschäftigung die den Nachbar nicht stört. Man denkt mit Schaudern daran, welche Folgen es hätte, wenn plötzlich Musik als Heilmittel gepredigt würde! –

Grosses Musterbeispiel für die gesunde Therapie des Malens ist Mr. Churchill. er reagiert die ganze bittere Bürde der Politik in seinen reizenden, beschaulichen Aquarellen ab. Der man in the street hat es nicht so gut – er sieht nur die Politik.–

★

Was immer man über Malerei als Heilmittel denkt: es ist bestimmt gesünder, bunte Bilder der Gegenwart zu malen, als sich die Zukunft in düsteren Farben auszumalen...

AUFBAU 1947

★

Martin Gumpert zum 50. Geburtstag

M artin Gumpert war immer hundert Jahre alt und er wird immer siebzig Jahre alt sein. Nun feiert er auch noch seinen 50. Geburtstag... Der Arzt Martin Gumpert glaubt fest an die Möglichkeit, Methusalems am laufenden Band zu züchten – er glaubt nicht an altern müssen, nur an: reifen dürfen. Aber es braucht die Voraussetzungen dazu – Glauben, Vertrauen, Lebensfreude, Lebensneugier und innere Bescheidenheit. Martin Gumpert wird, so hoffen seine Freunde mit Bestimmtheit, uralt werden. Denn er erfüllt die nötigen Bedingungen und er liebt das Dasein in allen seinen schillernden Farben. Er hat bereits viele Leben gelebt, sehr schwere und sehr schöne. Er hat es nie leicht gehabt und er hat nichts leicht genommen. Aber er behielt aus jedem Stadium seiner schicksalreichen Jahre das Wesentliche, Bereichernde, Erleuchtende. Niemals wurde er zum kleinlichen »Uebelnehmer« des Lebens. Dagegen schützt ihn sein alles überragender »sense of humor« und seine unerschöpfliche Lebensneugier.

Diese Neugier verlässt ihn niemals – sie half ihm schwere Krankheit wunderbar zu überwinden, und sie macht jeden Tag für ihn zu einem neuen Tag. Martin Gumpert ist kein Phantast – sondern er hat Phantasie. Er träumt nicht resigniert von unerreichbaren Dingen – er führt alle irgendwie erreichbaren aus. Planmässig, mit dem Ziel vor Augen. Aber auf dem Weg zum Ziel entgeht ihm kein noch so kleines Detail...

★

Martin Gumpert, erfolgreicher Arzt und Autor vieler Bücher, ist ursprünglich und eigentlich Dichter. Das ist seine Weisheit und sein Jugendgeheimnis. Dichter werden nie alt.

Aufbau 1947

★

Kümmerer gesucht

Kümmerer« ist der poesielose, geringschätzige Name für ein unendlich wichtiges Wesen. Das Wort war ursprünglich von beschäftigten Ehemännern für unbeschäftigte Nicht-Ehemänner geprägt worden. Jeder Mann, der etwas auf sich hält, ist voller Verachtung für jeden anderen Mann, von dem die Frau etwas hält – weil er sich um sie kümmert. Aber es ist Tatsache, dass mancher theoretisch wertvolle Mann von einem theoretisch wertlosen verdrängt wird – aus dem einzigen Grund, dass er ein »Kümmerer« ist. Das heisst: er zahlt dauernd mit kleiner, klingender Münze, anstatt nur von Zeit zu Zeit mit einem papiernen Check...

Männer brauchen ganz genau dasselbe. Aber man setzt bei der Frau einfach voraus, dass sie sich um den Mann, den sie liebt, »kümmert«. Wenn sie es nicht tut, wird sich früher oder später ein anderes weibliches Wesen finden, das die Kümmerer-Rolle übernimmt –

★

Kleine Aufmerksamkeiten bedeuten bestimmt weniger als grosse Liebe. Aber grosse Liebe ist selten ein Dauerzustand. Stabilisierte Gefühle, die in Gewohnheit übergehen, genügen nicht für den Alltag, wenn sie nicht in kleinen Strahlen immer wieder aufleuchten.

Es ist fast ergreifend, wie dankbar alle Menschen sind für jene kleinsten Aufmerksamkeiten, die oft nichts weiter kosten als ein bisschen Nachdenken.

Mehr denn je hungert die Menschheit nach Freundlichkeit, nach Herzlichkeit, nach Wärme. Nach jemand, der einem zuhört – nach jemand, der einen wichtig nimmt – eben nach einem »Kümmerer«.

Es gibt immer weniger von der Art. Sogar Mütter, die Kümmerer par excellence, müssen jetzt in vielen Fällen versagen. Sie haben keine Zeit. Unzählige Pflichten, immer seltener von bezahlten Kräften geteilt, nehmen ihnen die Ruhe, die nötig ist, um wirklich zuzuhören. Um ihren Kindern das Beste zu sein, was es gibt: Oase in der grossen Wüste des Lebens.

Was waren die guten, alten Kinderfrauen – herrliche Kümmerer bis oft ins sehr erwachsene Alter ihrer Schutzbefohlenen hinein. Die Grossmütter, als sie noch Grossmütter waren und nicht so unerbittlich jugendlich blieben. Die Menschen, die keinen Beruf hatten, aber Zeit und Interesse und genug Geld, um sich aus Neigung um andere zu kümmern und sie zu erfreuen.

Jetzt ist jeder mit sich selbst beschäftigt. Das Interesse am Nebenmenschen als Individuum schwindet immer mehr. Es gibt zu viel Drama, zu viel Geschehen, zu viel Zukunftsangst. Die Welt hat sich nicht verändert. Aber unser Wissen um die Dinge in der Welt hat sich erschreckend vergrössert. Und so verliert man sich im All, anstatt sich im Raum zu finden.

Je egoistischer die Menschen werden, desto ärmer werden sie. Der ärmste Mensch auf der Welt ist einer, der sich nur um sich kümmert.

★

Es gibt glücklicherweise eine grosse Anzahl Menschen, die sich ganz nur andern widmen. Die das ungeheure Leid der Zeit mildern helfen, das ungeheure Unrecht an Unschuldigen gutmachen wollen. Sie leisten Wunderbares. Aber sie können sich beim besten Willen nur en gros kümmern, nicht en detail. Und es ist nur menschlich, wenn sie Hilfe Suchenden, die ihre Sorgen auskramen, die Sorgen anderer vorhalten. Als Beweis dafür, dass es Mitleidende gibt, denen es vielleicht noch schlechter geht –

Das aber ist es, was jeder Mensch ersehnt: einmal als Einzelfall zu gelten, einmal nur gehört, nicht belehrt zu werden – einmal so wichtig genommen zu werden, als gäbe es nur ihn auf der Welt. Mit anderen Worten – einfach geliebt zu werden. Nur Liebe bringt es zustande, die ganze Welt um einen Einzelnen willen zu ignorieren.

Heute gibt es nur die Psychoanalytiker als Kümmerer von Beruf. Man muss sie leider bezahlen, und daher können sie sich nur um schwache, aber kapitalkräftige Naturen kümmern – die anderen müssen sich schon so durchs Leben schlagen...

Zum Kümmern gehört Zeit und Raum – zwei Begriffe, die immer mehr verschwinden, obwohl es gar nicht nötig wäre. Denn es gibt viel Zeit und so viel Raum auf der Welt – durch wachsende Missverständnisse merkt man es leider nicht. Und so leben die Menschen immer vereinsamter in immer dichteren Mengen und träumen von einem Wesen, das sich um sie »kümmert«... Nicht als Nummer, nicht als Truppe, nicht als Gruppe, nicht als Körperschaft, nicht als Siedler, nicht als Emigrant, nicht als displaced person, nicht als Verband, nicht als Schizophrener. Sie sehnen sich ganz, ganz einfach nach jemand, der sie nirgendwo einreiht und sich für sie interessiert – wenigstens gelegentlich, stundenweise –

★

Es gibt geborene »Kümmerer« – aber man kann es auch erlernen. Da sind z.B. Menschen, die sich's zur Aufgabe gemacht haben, jedem, den sie kennen, zum Geburtstag zu gratulieren. Es sind gar nicht immer die besten Menschen, die das tun – eher die ordentlichsten – , aber sie stiften sehr viel Gutes. Denn zum Unterschied von Weihachten oder Neujahr ist ein Geburtstag strikt persönlich, und werden solche Wünsche viel dankbarer anerkannt.

Viele Sender von Lebensmittelpaketen legen einen Brief an den zunächst fremden Empfänger bei. Diese herzensfreundliche Geste hat schon manchem neuen Lebensmut gegeben. Briefwechsel mit Unbekannten – ganz besonders mit den liebeleeren Opfern des Krieges, den verwaisten Kindern. Es kümmert sich jemand um sie... – kann unendlich hilfreich sein. Wünsche des Menschen um uns herum, das Wissen um des anderen individuelle Vorliebe für Farben, Essen, Bücher – Anerkennung des Aussehens und vor allem, immer wieder, echtes Zuhören – lauter durchaus erlernbare Dinge. Und schenken – ohne kalendarischen Grund, viel mehr schenken.

Man sollte sich um Menschen besonders kümmern an Tagen, wo es einem gut geht, wo man Freude ausstrahlen und weiterpflanzen kann. Viele kümmern sich um andre nur zu Zeiten, wo es ihnen selbst schlecht geht – sie finden eine gewisse Erlösung darin. Aber ein bekümmerter Kümmerer ist nicht das Wahre. Es gehört komplette Ausschaltung der eigenen, komplette Einschaltung der anderen Person dazu – nebenbei, eine sehr gesunde Uebung.

★

Im grossen Elend der Welt ist sehr viel Platz übrig für die kleinen Handlanger des Glücks, die »Kümmerer«.

Photo-Graphologie – ein neuer Begriff

»An unusual approach to portraiture – Combination of graphology with photography is basis of Elli Marcus' new technique.«

★

U nter dieser headline widmet das führende amerikanische Fachblatt für Photographie: »U.S. Camera« zwei Seiten der neuesten Erfindung auf dem Gebiet der Portrait-Photographie. Sie zeigen ausserordentlich interessante Portraits berühmter Amerikaner mitsamt ihren jeweiligen Schriftproben – an der Spitze das Bild des grossen Photographen Alfred Stieglitz, der dies Portrait von Elli Marcus für eines der besten hielt, die je von ihm gemacht wurden.

Photographie und Graphologie verbunden – das ist die sehr neue Methode der einst in Berlin so erfolgreichen Photographin Elli Marcus. Sie erzählt:

»Es war zuerst in Paris – nach Ausbruch des Hitler-Regimes. Ich hatte mit den grössten inneren Schwierigkeiten zu kämpfen, um in der neuen, fremden Umgebung das fortzusetzen, womit ich mir in Berlin einen Namen gemacht hatte: Charakter-Portraits. Die französische Mentalität war eine so ganz andere – ich war unsicher in der Beurteilung der Menschen, die ich photographierte. Es fehlte die Vertrautheit mit dem Typ Mensch, die instinktive Sicherheit, die ich in Deutschland besass. Dieses Gefühl quälte mich so, dass ich oft nahe daran war, meinen Beruf an den Nagel zu hängen – dann kam ich nach New York. Wieder eine völlig andere Atmosphäre. Menschen, die durch Erziehung, Selbstdisziplin und Gewohnheit eine Maske tragen, die für den Photographen sehr irreführend ist. Auch hat hier niemand Zeit – selbst ein Portrait soll schnell gemacht werden, da eine Menge anderer appointments eingehalten werden wollen…

★

Als weitere Erschwerung bringt jede Frau, die sich photographieren lassen will, ein paar Freundinnen mit – sie sitzen im Atelier herum und bedeuten für den Photographen, der sich ganz auf den Kunden konzentrieren will, eine grosse Störung.

Ich suche und suchte nach einem Schlüssel, der mir auch in der Fremde den *wahren* Menschen eröffnen würde – den Charakter, den ich auf dem Bild festhalten will. Durch einen Zufall habe ich diesen Schlüssel gefunden…

Ich überlegte immer intensiver, auf welche Weise ich meine intuitive Begabung für Graphologie verwenden könnte und fing mit langwieriger »research«-Arbeit an. Ich bat eine Reihe bekannter Leute um Schriftproben – und entdeckte, dass ich in manchen Fällen den Beruf oder besser die wahre Berufung geradezu leibhaftig vor mir sah. Ich bitte jeden, der sich bei mir photographieren lässt, zunächst um eine Schriftprobe. Dann sag ich ihm, was ich darin finde – und erlebe immer wieder das Gleiche: die sich ergebende Unterhaltung löst alle Steifheit des »Patienten«...

Wenn er dann vor der Kamera sitzt, hat er keine Maske mehr für mich – der Kontakt ist hergestellt und die Gefahr der falschen »Pose« vermieden – nebenbei gesagt, nicht nur die Hemmungen meiner Kunden verschwinden, sondern auch die mitgebrachten Freundinnen – wer seine graphologische Deutung hören will, besteht darauf, allein zu bleiben...«

★

Elli Marcus ist es dank der Graphologie gelungen, wirklich ungewöhnliche Portraits zu machen. Sie ist zutiefst fasziniert von der neuen Form ihrer Photographie, die Hingabe, Konzentration und sehr ernste Arbeit erfordert.

Aufbau 1948
★

Zeitersparnis wozu?

Ein grosser Teil aller neuen Erfindungen beruht auf dem Ideal der Zeitersparnis. Das ist vor allem das Verkehrswesen – man fliegt immer schneller, immer schneller, das erspart so viel Zeit. Die grossen Expresszüge halten überhaupt nirgends mehr, nur um keine Zeit zu verlieren. Im Haushalt werden täglich neue Dinge herausgebracht, die unendlich viel Zeit und Mühe ersparen. Man ist darin bei uns von phantastischem Eifer. Waschmaschinen werden immer wieder vervollkommnet – eine Hausfrau kann mit den allermodernsten Modellen die Wäsche so schnell waschen, dass der Wäsche gar keine Zeit mehr bleibt, schmutzig zu sein... »Il faut laver son linge sale en famille« ist nur noch Literatur. Kochrezepte neuesten Stils sind auf Minuten berechnet. Alles ist »dehydrated«, »frozen« oder in Büchsen vorbereitet –

hopp, hopp, lasst uns essen. Wer keine Teller reinigen will (trotz neuester Express-Dampf-Trocknungs-Methode), kann auf appetitlicher Pappe speisen und nachher alles wegwerfen. Was immer erfunden oder verbessert wird, ist hauptsächlich auf eines berechnet: auf Zeitersparnis.

Dicke Bücher werden kondensiert, damit man weniger Zeit dabei verliert. In der Columbia-University gibt es einen stark besuchten Kursus zum Schneller-Lesen-Lernen. Eine neue Methode: die Augen werden dazu trainiert, ganze Seiten zu überfliegen, ohne Wort für Wort oder Zeile für Zeile zu lesen. Trotzdem soll man bei dieser Methode den ganzen Sinn erfassen – wie die Lehrer behaupten, sogar viel besser als beim altmodischen langsamen Lesen.

Die Kinder werden daran gewöhnt, während der Schularbeit gleichzeitig Radio zu hören.

★

Eine neueste Kaffeemaschine kocht gleichzeitig Eier – welche Zeitersparnis! Immer mehr Worte werden verkürzt. Die Satzungen der N.F.G. werden zugunsten der P.L.R. umgestossen. Die A.L.D. streiken, weil die G.P.Z. sich nicht mit ihnen einigen wollen. Man versteht sehr häufig nicht, worum es sich handelt, aber es ist eine grosse Zeitersparnis.

Zeitsparende Scheidungen in Reno, um mehr Heiraten zu ermöglichen. Manchmal möchte es sogar scheinen, als gäbe es jetzt mehr Drillinge und Vierlinge als je zuvor. Zeitersparnis.

Was geschieht nur mit der vielen, vielen ersparten Zeit? Es scheint, dass es einem vor allem erlaubt, immer mehr zeitsparende Dinge zu tun und zu kaufen. Und vor lauter Zeitersparnis ist man dann abends so müde, dass man es nur noch fertigbringt, drei Stunden im Kino zu sitzen und lange, ungekürzte Filme zu sehen. Dann hier will man für sein Geld möglichst viel Zeit verbringen. –

Leider bleibt vor lauter Zeitersparnis so wenig übrig zum Glücklichsein – denn dazu gehört absolut und unbedingt Zeit. Glück will langsam vorbereitet und langsam geschlürft werden. Auch eine Weltanschauung lässt kein Expresstempo zu. Und gar das Nabelbetrachten nimmt endlos viel Zeit in Anspruch – mit einem eiligen Seitenblick auf den Nabel wird leider nichts erreicht – auch nicht die dünnste Philosophie.

★

Mit der Weisheit ist es wie mit dem gutem Essen – sehr langsam, auf kleinem Feuer. »Laisser mijoter«, sagen die guten, guten französischen Kochbücher. Nur durch das »mijoter« sammelt sich die Würze an.

Immer noch gehört zu jedem wahren Genuss Zeit. Gewiss, die Zentralheizung wärmt den Körper. Aber wenn im Kamin langsam knisternd die Scheite verglühen, wärmt es die Seele.

Wenn ein pot-au-feu kräutergetränkt, Düfte und Dämpfe entsendend, stundenlang kocht, entsteht eine häusliche Atmosphäre, die auch das lobenswert schnelle Steak nie schafft. Und alle Kinder können einem leid tun, die nicht mehr das zeitraubende Einkochen von Früchten miterleben und ihre Konfitüren nur noch aus der gekauften Büchse kennen – – –

Aber vor allem tun einem die Frauen leid – die Frauen, die immerzu Zeit sparen müssen, um andere zeitsparende Dinge zu tun – und die daher so furchtbar viel versäumen. Denn es stellt sich seltsamerweise heraus, dass die meiste Zeitersparnis grösste Zeitverschwendung ist.

★

Es ist sehr seltsam, festzustellen, wie viel, wie unglaublich viel Menschen leisten können, wenn es gar nichts Zeitersparendes gibt.

Wenn Goethe nach Italien geflogen wäre und alles am Diktaphon heruntердiktiert hätte, wäre seine »Italienische Reise« vermutlich nicht zustande gekommen – auch seine anderen Werke nur zum geringsten Teil.

Die Frauen hatten früher ein Dutzend und mehr Kinder und zogen sie gross. Während man sich jetzt vor lauter Zeitersparnis kaum um zwei kümmern kann.

★

Krankheiten waren früher für viele schwerarbeitende Menschen eine Zeit der Muße und der inneren Erneuerung. Landläufige Krankheiten brauchten zwei bis drei Wochen zum Heilen. Jetzt wird man dank Penicillin und allen möglichen Injektionen mit Dampf gesund gemacht und der Patient nach zwei, drei Tagen entlassen. Er braucht keine Zeit zu verlieren – ach, er darf keine Zeit gewinnen... Mit Pillen, Vitaminen und Injektionen versehen, fliegen und rasen die modernsten Menschen herum, es geht immer schneller, immer schneller – bis es zum Veitstanz wird.

★

Und man hat keine Zeit, darüber nachzudenken, woher es kommt, dass ein nicht fliegender, nie eiliger, am Spinnrad hockender alter Inder der heutigen Menschheit so viel bedeuten konnte, dass sein Tod eine ganze Welt erschütterte.

Liebeslehren gegen Liebesleere

U nter den vielen neuen Entdeckungen unserer Zeit ist auch die, dass Liebe notwendig ist. Beinahe will es scheinen, so nötig wie fliessendes Wasser, elektrische Trockenmaschinen, Auto und Radio. Selbst Television kann dafür nicht ganz entschädigen. Während aber alle diese guten Dinge zahlender und abzahlender Weise zu haben sind, ist es mit der Liebe sehr viel schwerer. Nicht nur mit Feld-, Wald- und Wiesenliebe, von der die Lerchen singen, von der die Literatur lebt und von der so viel in neuester Form von Aufklärung gesprochen wird. (Dabei wäre es für die Menschen oft besser, wenn sie abgeklärt, statt aufgeklärt würden.)

In dem seit einem Jahr an erster Stelle der best-seller-Liste stehenden Buch »Peace of mind« – Seelenfrieden – sagt der Verfasser, Rabbi Lieberman, etwas Verblüffendes: »Liebe deinen Nächsten wie dich selbst – ja, aber ist das möglich, wenn du dich selbst nicht liebst?« Es scheint, dass heutzutage die meisten Menschen mit sich unzufrieden sind, dass sie immer zweifeln, bereuen, Minderwertigkeitsgefühle haben, mit sich hadern. Und der Autor empfiehlt dringend – und sehr einleuchtend – danach zu streben, sich selbst möglichst liebenswert zu werden, sich über sich selbst zu freuen – wenn's auch schwer fällt. Man liebt sich nicht, um wieviel weniger also jenen Nächsten, den man so lieben sollte wie sich selbst?

★

Es gibt heute genau wie einstmals, und jetzt wie immer in sehr beschränkter Zahl – Heilige, die nur ihren Nächsten lieben, unter völligem Vergessen ihrer selbst. Es gibt sie überall verstreut, und man erfährt nicht viel von ihnen, weil sie absolut keine Reklame machen. Sie sind keine Vereinsmitglieder, sie bilden keine Komitees, sie tragen keine Abzeichen. Sie opfern sich sang- und klanglos auf. Wenn sie tot sind, findet sich vielleicht jemand, der berühmt wird, weil er die Biographie des unbekannten Heiligen schreibt. Aber mit Ausnahme jener société anonyme von Heiligen, sind die erfreulichsten Menschen die, die sich und das Leben lieben. Denn sie lieben – und darauf kommt es an. Ein Mensch, der irgendjemand oder irgendetwas liebt, sendet Wärme-Wellen aus.

Das Unheil unserer Zeit ist die furchtbare Liebesleere. Der Mangel an Lebensfreude – die immer mit Liebe irgendeiner Art verknüpft ist. Der Mangel an Genussfähigkeit. Wer geniesst, liebt. Und von der kleinsten Liebe führt ein Weg zur grossen Liebe. Nicht jeder benützt ihn – aber er ist jedenfalls da.

Es gibt natürlich, von aussen besehen, was wir die »Liebe am falschen Objekt« nennen. Man wünschte oft, die einem Hund, einer Katze , einem Kanarienvogel, einer Briefmarkensammlung, einem Auto erwiesene Liebe, möchte sich Kindern, leidenden Menschen, guten Zwecken zuwenden. Aber das alles ist immerhin besser als gar keine Liebe...

Das Motto: leben und leben lassen ist eigentlich die mundgerechteste Form von praktischer Nächstenliebe. Es klingt salbungsvoll, dafür aber leichter befolgbar. Jedoch die Lebenskünstler, d.h. die das Leben Liebenden, werden immer seltener. Trotzdem sich im Grunde seit Urzeiten nichts verändert hat, was die Glücksbegriffe bildet. Wenn wir es nur einsehen könnten – ein grosser französischer Missionar hat gesagt: aimer, c'est vouloir aimer...

★

Es werden jetzt dicke Bücher mit Methoden für Liebe jeder Art geschrieben. Aber Liebe hat lange vor Gutenberg existiert. Man kann sie aus keinem bestseller lernen, nur aus sich heraus. Unsere innere Unwissenheit wächst leider mit dem äusseren Wissen. Besonders mit dem jetzt verbreiteten Halb-, Viertel- und Achtel-Wissen. Wir sind entsetzlich dumm geworden, wenn es sich um die Kunst zu leben und zu lieben handelt. Schade...

Aufbau 1948
★

Pariserinnen 1948

Sagt man: die Frauen von Paris – dann denkt man an die Revolution, an die femmes de la Halle – an die Stürmerinnen und Kämpferinnen – an Marianne und Marseillaise.

Sagt man: die Pariserin – sieht jeder gleich eine fröhliche Feder – spürt einen Duft und ein Prickeln... die »parisienne« ist ein liebevoll gehüteter Begriff der ganzen Welt, das Urbild modischer Grazie und echter Koketterie. Und jedwede Frau jeglichen Alters fasst es als Kompliment auf, wenn man sie dafür hält. Augenblicklich sieht man hier viel, viel weniger Parisierinnen als Frauen von

Paris. Sie fechten den schweren Kampf des Alltags. Für die Familie, für das tägliche Brot im wahrsten Sinne, für den bescheidenen Leckerbissen, für Wolle und Wärme. Sie sind furchtbar müde und man sieht es ihnen an. Bewundernswert und ergreifend, dass sie ihr Lächeln nicht verloren haben und jene unnachahmliche Grazie der Geste, die jeden alten Fetzen verzaubert, den sie auf dem Leibe haben. Die Pariserin hat ihren sicheren weiblichen Instinkt bewahrt – und somit ihre stärkste Waffe. Aber die berühmte Eleganz von Paris ist verschwunden. Es gibt gute Gründe dafür – oder vielmehr: so traurige Gründe – dass man es gar nicht erwähnen würde, wenn die Eleganz hier nicht von so ungeheurer wirtschaftlicher Wichtigkeit wäre. Und darum wird um sie gekämpft und alles versucht, was ihr ein neues Aufflackern ermöglichen könnte. Pariserische Eleganz ist momentan nur in den Schaufenstern zu sehen, wo sie echt ist, und an den fremden Besucherinnen, an denen sie meist verloren geht. Denn nur die Pariserin versteht die von ihr geschaffene Mode zu wirklichem Leben zu erwecken. Die anderen tragen die schönen teuren Kleider ordentlich und korrekt. Die Pariserin fügt ihnen den spontanen persönlichen Witz bei, den man eben »chick« nennt. Es ist wie mit dem geheimnisvollen Kräutlein »Nies mit Lust« im Märchen vom Zwerg Nase...

★

Wenn man in den Strassen von Paris eine elegant angezogene Frau sieht, kann man mit Sicherheit annehmen, dass es eine Ausländerin ist. Schon das Tragen eines Hutes stempelt sie darauf hin. Denn tagsüber (und überhaupt meist) gehen die Pariserinnen alle hutlos, mit unverändert hübsch frisierten Köpfen, die meist kurz gelockt oder glatt und gepflegt sind. Oder aber sie tragen die zeitlose Kopfbedeckung aller schwierigen Zeiten: das Tuch, das unter dem Kinn gebunden ist. Die Frauen hier haben zuviel Sorgen im Kopf, um sich darum zu sorgen, was sie auf dem Kopfe haben sollen.

Man sieht natürlich immer wieder einige Exemplare von echt Pariser Eleganz. Aber ihre Trägerinnen gehören dann entweder der Minorität von altem Reichtum oder Diplomatie an – wenn nicht der recht grossen Minorität der sogenannten »bof« – wie der Volksmund die durch beurre, oeufs, fromage am Schwarzen Markt Reichgewordenen nennt, also die nouveau riches...

Oder aber bei sensationellen Angelegenheiten, wie kürzlich beim »Bal de petits lits blancs« in der Grossen Oper. Es war ein seltsam unzeitgemässes Bild von prunkvoller Pracht und goldener Vorspiegelung eines Paris, das es nicht mehr gibt, einer Sorglosigkeit, die es nicht mehr gibt und einer Gesellschaft, die es nicht mehr gibt. Eine Modenschau aus allen Jahrhunderten – Schlussszene eines letzten Aktes, wo alle Darsteller sich noch einmal gemeinsam verbeugen... Paillettenbesäte Nacktheit, engste Schleppröcke, weiteste Krinolinen. Reiherbüschel auf hohen Lockengebilden – alles sehr schön und sehr unecht. Pour épater le bourgeois – in diesem speziellen Falle die vollzählig erschienenen Mitglieder der UN... Aber wieder ein wunderbarer Beweis dafür, mit welcher Hingabe die schlechtgenährten, frierenden, versorgten Arbeiterinnen der Haute Couture jene Schöpfungen ausführen, denen Paris seinen Ruf verdankt und die dem Staat viel Geld einbringen sollen.

★

Darum wird der Kampf um die Eleganz wieder mit allen Kräften geführt. Man versucht (bisher mit wenig Erfolg) dies der Pariserin als ihre Staatspflicht vorzuhalten. Kürzlich wurde mit grossem Gala ein Modeatelier eröffnet, das unter neuer Devise segelt: seulement pour la parisienne. Es soll bilden – alles sehr schön und hier – offiziell – nichts an Ausländerinnen verkauft werden. Ein heldenhafter, wenn nicht eiserner Entschluss... Aber die Preise für elegante Mode sind zwar um ein Drittel billiger als anderswo, jedoch immer noch zehnmal zu hoch für die normale Pariserin. »On s'en f... de l'élègance quand on n'a à bouffer...«, wie sich eine temperamentvolle junge Frau ausdrückte.

Trotzdem – ein kleiner Silberstreifen am wenig silbernen Horizont, und die Pariserin würde beweisen, dass sie, im Gegensatz zu den Bourbonen, zwar viel gelernt, aber nichts vergessen hat. Der Chic ist hier wirklich angeboren und die Sehnsucht nach Eleganz ist so lebendig, wie alle Sehnsüchte –

Es braucht ja nicht die verstaubte Eleganz der Louis XIV.-Zeit zu sein. Aber Schönheit, Zartheit, Duftigkeit. – Es macht keiner Frau Spass, auf Höhlenbewohnertum zu trainieren.

★

Die Pariserinnen sind jetzt einfach: die Frauen von Paris. Sie sind bewundernswerter als viele andere, weil sie auf so vieles Verzicht leisten, was ihrer Natur und ihrer Tradition entspricht. Die echte Pariserin war immer elegant und sparsam – beides wird ihr unmöglich gemacht. Aus dem sorgsam gehüteten »sou« ist der wertlose Hundert-Franc-Schein geworden. Das französische Ideal des »juste mileu« hat unfranzösischer Uferlosigkeit weichen müssen. Trotz allem: die Frauen hier halten durch und haben ihr Lächeln nicht ganz verloren. Eine Leistung, auf die Frankreich stolz sein sollte.

Salat für Liberia

An der Spitze der »New York Times« steht bekanntlich das stolze Motto: »All the news that's it to print«. Man ist immer wieder voll Bewunderung darüber, was alles unter diese Bezeichnung fällt – und jeder Morgen stellt uns New Yorker vor die Herkulesaufgabe, so viel Interessantes zu schlucken und möglichst zu verdauen.

Man füllt sich also täglich mit den Sorgen der Welt in allen, allen Schattierungen – denn auf die Freuden wird zunächst nur im Annoncenteil Rücksicht genommen. Dabei wird einem immer deutlicher bewusst, dass unser Mass an Mitempfinden längst übergelaufen ist. Wir können den grossen Jammer der Welt nicht mehr erfühlen, weil man uns mit so viel kleinem und kleinstem Jammer noch dazu kommt.

★

Dieses Ueberspannen des Bogens erzeugt ein bedauerliches Resultat: wir werden abgestumpft. Oder aber, wir wenden uns dem kleinen Jammer zu, den leichten Leiden, die sympathischer sind, denen man abhelfen kann und die einem dann ein gutes Gefühl der Befriedigung geben.

Millionen Menschen hungern und leiden allüberall – in Griechenland, in China. In Italien, in Afrika – es ist furchtbar... Aber der einzelne liest schliesslich darüber hinweg, als wäre es die Sturmflut oder der Vulkanausbruch gegen die er ohnmächtig ist.

Aber einem Kind ist der Dackel überfahren worden, ein Pressephotograph hat es weinend auf der Strasse geknipst. Die Geschichte kommt in die Zeitung – und nun regnet es Dackel in die Wohnung des Kindes – Eine Dorfkirche braucht eine neue Orgel. Ein junger Mann hat seine Brieftasche mit dem Testament seiner Erbtante verloren – es waren genau 728 Dollar... Die Kirche wird zwei Orgeln bekommen und der junge Mann die doppelte Summe plus vielleicht eine blonde Millionärstochter, die sich in sein Bild verliebt hat. –

Die natürliche Gutmütigkeit und die Hilfsbereitschaft unserer Mitbürger wird durch solche Nachrichten in höchstem Masse angeregt. Man predigt immer wieder: eine Welt – und man sieht doch nur wirklich den eigenen Ameisenhaufen. Oder man hört den separaten Notschrei irgendeines anderen Ameisenhaufens – und überhört den Zusammensturz der Säulen gemeinsamer Tempel. Da liest man in der »Times« z. B. einen ausführlichen Bericht mit der Aufschrift »Liberia leidet unter Mangel an Kopfsalat«. Man liest zunächst noch einmal: leiden und Mangel – dann aber ist man sehr erleichtert. Es handelt sich darum, dass die erste und bisher einzige Ernährungsspezialistin Liberias nach dreijährigem Aufenthalt in unserem Lande, den hohen Nährwert von grünem Kopfsalat erkannt und gleichzeitig die beunruhigende Feststellung gemacht hat, dass es in ihrer Heimat Liberia keinen solchen Salat gibt. Darauf stützt sie allerlei hygienische Misstände dort, und sie legt nun den Fall der Öffentlichkeit vor.

★

Es besteht kein Zweifel, dass dieser Bericht früher oder später Erfolge zeitigen wird – Liberia wird bald von Kopfsalat überschwemmt werden. Dafür werden schon die vegetarischen Vereine sorgen. Und viele einzelne werden gern ihr Scherflein beitragen, wenn es um so etwas Einleuchtendes und Greifbares geht. »Salat für Liberia« wird ebenso gross gedruckt wie »Wohnungselend in Süd-Italien«. Aber es ist sympathischer zum Mitfühlen, weil es nicht so grau klingt, sondern grün, und weil es im Bereich einer möglichen Hilfsaktion liegt.

Aufbau 1949
★

It's smart to be old.
Fortschritte der Greisologie

Alte Leute sind augenblicklich große Mode hierzulande. Man schreibt über sie, man redet von ihnen, man lässt sie am Radio sprechen, man zeigt sie in Television, man beschäftigt sich mit ihren Problemen. Dabei kommt man zu allerlei Schlüssen – man entdeckt, dass Alter keine Ursache ist, alt zu sein...

Unserem Land der Jugendverehrung ist das Wort »alt« lange Tabu gewesen. Es war wohl etwas, was man gelegentlich anderen an den Kopf warf oder sachlich vorhielt, aber eine eigene Erkenntnis, die man ängstlich verbarg. Es gab keine Diskussionen über das Alter – alles öffentliche Interesse war auf Jugend konzentriert.

Dem Begriff Jugend wird nach unten kaum eine Grenze gesetzt, dagegen eine sehr deutliche nach oben. »Too old for the job« ist man erstaunlich früh, »too young for the job« anscheinend nie. So kommt es, dass unzählige Menschen in den besten Jahren, und noch mehr Menschen in den »zweitbesten« Jahren vor grossen Problemen stehen.

Jetzt geht man mit Schwung daran, neue Lebensgebiete urbar zu machen – indem man die vielen aktiven und passiven Möglichkeiten reifen und reifsten Alters entdeckt. Plötzlich hört man überall von »gerontology« – eigentlich »Greisologie« – dem bisher von der Öffentlichkeit wenig bekannten medizinischen Gebiet. Der Dichter und Schriftsteller-Arzt Dr. Martin Gumpert, dessen Erfolgsbuch »You are younger than you think« neue optimistisch-realistische Wege wies, hielt kürzlich einen vielbeachteten Vortrag über den »Schock des Alterns«. Er empfiehlt eine natürliche, unbekümmerte Einstellung zum Altern und ist der felsenfesten Überzeugung, dass niemand je »alt« wird, der sich seine Lebensneugier erhält, der immer weiter arbeitet und ständig neue Interessen sammelt. Er findet, die meisten Menschen lernen nicht genug und sind nicht neugierig genug... nur so bliebe man im höchsten Sinne »jung«. Genau so, wie es Säuglingskrankheiten gibt, gibt es Alterserscheinungen – bei vernünftiger Einsicht und selbstverständlichen Hinnahmen unvermeidlicher Veränderungen kann man sich immer weiter entwickeln. Nur kein tatenloses Altern, nur kein Dahinvegetieren...

★

Das Alter wird insofern neu entdeckt, dass es wirklich den Freuden der Reife gilt. Nicht mehr das auf Jugend camouflierte, das ängstlich verborgene, das peinlich übertünchte Alter, sondern das ganz reife – mit seinen natürlichen Entsagungen und seinen grossen Kompensationen für den, der sinnvoll und harmonisch altert. Die neue Strömung führt weiter: sie weist auf Glücksmöglichkeiten des Alters, die denen der Jugend weit über sein können. Der berühmte Ausspruch Bernard Shaws »Jugend ist eine herrliche Sache – zu schade, dass sie an die Jugend verschwendet wird...« trifft den Kernpunkt einer Wahrheit. Jugend ist selten bewusst glücklich. Je bewusster man alles geniesst, desto weniger jung ist man...

Der neuverbreitete Standpunkt ist: Altern heisst nicht verzichten – es heisst Besitzergreifen anderer, gleichwertiger Güter, vor allem des grössten Schatzes – Lebensweisheit. Dieses philosophische Axiom wird natürlich in viele muntere Mäntelchen gehüllt. In unserem Land der Zahlen-Rekorde ist jetzt ein neuer Superlativ gebräuchlich: der älteste, die älteste – man überbietet sich an Jahren. Ausser den beliebten Interviews mit Hundertjährigen, die ihre Lebensdauer teils dem ständigen Trinken und Rauchen, teils der ständigen Enthaltsamkeit von beidem zuschreiben – werden jetzt immer mehr fröhliche Jahresjubilare photographiert und interpelliert. Zu den populärsten Radiostunden gehört das wöchentliche »Breakfast in Hollywood«, wo die ältesten Frauen prämiert werden. Sie bekommen eine Orchidee zum Anstecken, werden mit einem Blumenhütchen beschenkt und treten vor das Mikrophon, um über ihr Leben zu berichten. Es handelt sich immer um Frauen zwischen 80 und 90 Jahren. –

Aber neben diesen circenses gibt es ernsthafte neue Einrichtungen, die dem Zweck der Rehabilitierung des Alters dienen. Eine kürzlich gegründete Gesellschaft nennt sich »Association for Successful Aging«, erfolgreiches Altern. Die Mitglieder gehören allen Jahrgängen an – von 26 bis 86 Jahren. Jeden Monat treffen sie sich zu einem gemeinsamen Essen und geselligen Zusammensein und diskutieren ihre Probleme. Irgendein Vortrag auf künstlerischem, wissenschaftlichen oder sonstigem Gebiet wirft jeweils eine interessante Spezialfrage auf. Der Erfolg ist ganz aussergewöhnlich, und es werden bereits neue Vereinigungen dieser Art gegründet.

Bücher und Zeitschriften über Altern und Alter mehren sich zusehends. Ein »magazine« mit Millionen Leserinnen heisst: »Best Years«. Es sind keine »saure Trauben«-Angelegenheiten – sondern neu-mutige Zugeständnisse an die Tatsache des Alterns, ohne den bisherigen Kotau vor der Jugend. Viele der Glücksrezepte für das reife Leben muten wohl etwas simpel an – aber die offene Einstellung und Umstellung älterer Menschen löst manche Hemmungen und regt neuen Lebensschwung an. Und ein unsichtbares Transparent mit dem Slogan: es ist smart, alt zu sein – scheint über allem zu schweben...

Unter populärer, oft kitschig wirkender Flagge werden grosse Umwälzungen vollzogen. Wahrscheinlich ist, dass sich aus den populär propagandistischen Strömungen auch bessere wirtschaftliche Möglichkeiten für ältere Leute entwickeln werden. Die Tatsache, dass ein kluger erfahrener Mann in hohen Lebensjahren nützlicher sein kann, als ein wenig kluger von jungen Jahren, ist zwar unbestritten, doch zieht man daraus noch zu wenig Konsequenzen. Auch die mütterliche und wirtschaftliche Erfahrung sowie gesunde Kraft älterer Frauen könnte in viel grösserem Masse ausgenützt werden.

★

Das Prinzip ist: wer unverbittert ist, wer Phantasie und Willen hat, wird sich immer durchsetzen können. Ob jung, ob alt. Das ist die ungeheure Stimulanz unseres Landes. Man weiss, dass es unzählige unbeschrittene Wege zum Erfolg gibt – und immer wieder gibt es neue Wegweiser. Auch für eine so alte Erkenntnis wie die Erkenntnis des Alters.

Goethe in Colorado

A spen, im Juli. Als Thornton Wilder hier seine wunderbare Goethe-Rede hielt – ein Meisterstück an Tiefe, Geist und olympischer Heiterkeit – warf er auch die Frage auf, wie wohl Goethe selbst über Aspen gedacht hätte?

Er malte sein Tagesprogramm aus: wie er morgens freundlich mit der waitress gescherzt hätte, die ihm coffee and cereals brächte, wie er von der roten Farbe der Felsen fasziniert gewesen wäre, wie er Blumen und Steine studiert, die Wolkenbildung betrachtet, mit den Bergwerksleuten über die Mineralien diskutiert und die herrliche Landschaft bedichtet hätte. »He would have loved Aspen...«

Tatsächlich scheint dieser Ort ganz besonders glücklich gewählt, um dem fremden Genius Goethe neue Heimaterde zu bieten. Es ist gutes Land zum Säen neuer Gedanken. –

Aspen liegt abseits von den grossen Strassen. Es hat keine Nightclubs, keine pompösen Hotels, keine Geschäfte, nicht einmal Reklamen von Pepsi Cola oder Büstenhaltern an den Häuserwänden. Dem alten Gasthaus, Hotel Jerome, ist der einfache viktorianische Stil gelassen worden. Es gibt viele baumbewachsene Wege mit kleinen Häusern am Rand – nicht eng nebeneinander, sondern natürlich hingelagert in einem lieblichen Tal mit bewaldeten Bergen.

★

Aspen heisst schlicht: Espen – und hat seinen Namen von den vitalen Espenwäldern, deren berühmt zitterndes Laub jedem Windhauch nachgibt. Es fallen dauernd weisse Blütenflocken von sogenannten cottonweed-Blumen und tapezieren die Luft mit friedlicher Geborgenheit.

Der fremde Besucher, dem etwas angst geworden war von dem publizierten Begriff »amerikanisches Salzburg«, »grösstes Kulturzentrum« etc. – ist höchst angenehm überrascht. Wie gerne nimmt man kleine Organisationsmängel und Fehlen mancher gewohnter Kommoditäten in den Kauf – wenn nur nichts, wie befürchtet, über-organisiert oder gar hollywoodisch superlativ ist. Nein, Aspen ist durchaus kein Salzburg und auch sonst kein Gipsabdruck klassischer Kulturstätten. Es ist etwas eigenes – und es ist liebenswert echt.

Am Rande des Örtchens, auf einer prachtvollen Wiese, ist ein großes Zelt aufgestellt, wie ein Zirkuszelt. Es überdeckt ein Amphitheater, in dem 2000 Personen Platz haben, und dessen Akustik so tadellos ist, dass man von überall gut hört. Überraschend, um wieviel intensiver der Kunstgenuss in diesem schmucken Zelt ist, als in so vielen missverstandenen Konzerthallen und Prunksälen. Und es vermittelt eine deutlich fühlbare Verbindung vom Redner zum Hörer – es schwingt etwas Höheres mit in diesem Zelt – vielleicht, weil durch die offenen Spalten der Zelttüren Himmel, Wolken und Berge hineindringen.

★

Das Programm dieses »Goethe Bicentennial Festival« war sehr reichhaltig. Täglich ein Morgen-Vortrag, ein Nachmittags-Konzert und ein Abend-Vortrag – dazwischen noch (für Unersättliche...) Diskussionen und Vorlesungen von Goetheschen Gedichten. In langen Reihen gehen die Zuhörer durch die Wiesenwege zum Zelt – sprechen miteinander, tauschen ihre Eindrücke aus.

Die Redner und die Musiker bilden den internationalen Teil Aspens, das Publikum ist fast ausschließlich amerikanisch. – Viele Professoren, viele junge Studenten, rüstige alte Damen mit kulturellen Neigungen, junge Künstlerinnen. Das Zwanglose von Aspen äussert sich auch in der Kleidung – jeder kommt wie er mag oder wie es ihr gefällt. Die meisten college girls tragen sehr enge blaue Hosen, bis zum Knie aufgekrempelt, mit bunter Bluse oder Sweater, die Studenten bevorzugen lange karierte Hemden. So schwingen sie sich nachher auch auf die Pferde – denn alles reitet hier vorzüglich und ohne Formalität. Mit Hingabe und tiefem Ernst folgen die Zuhörer allen Reden. Und die würdigen Professoren, die von allen Weltenden in dieses ferne Bergdorf angeflogen kamen, sind sehr beeindruckt von der Herzlichkeit und der Dankbarkeit, mit der sie aufgenommen werden. Aspen ist unbedingt ein gelungenes Experiment.

★

Die Väter der Idee sind Robert Hutchins, der vielbesprochene geniale Chancellor der Universität Chicago, und Paul Walter Paepcke, President of the American Container Corporation. Beide, der Gelehrte und der Grossindustrielle, sind Goethe-Verehrer und beide haben Unternehmungsgeist. Mr. Paepcke hatte aus Aspen, der einstigen mining town, die später zur trostlosen ghost town wurde, ein blühendes Ski-Zentrum geschaffen. Der Skisprung zu Goethe war zunächst unerwartet – but why not? Es galt, die Konkurrenz anderer Colorado-Orte auszuschalten, die sich für würdiger hielten, das Goethe-Festival zu veranstalten, weil sie bessere Unterkunft und auch sonst allerlei zu bieten hatten. Aber die Aspen-Adepten wollten keinen allzu leicht erreichbaren oder gar mondänen Ort – die Festspiele sollten ein Pilgerziel werden... und so siegte schliesslich der ungemein tüchtige Mr. Paepcke, und Goethe kam nach Aspen...

★

Bei der Ankunft ist man zunächst etwas bestürzt, den Namen Goethe auf allen Autobussen, Gasolinstationen, Drugstores, Bäckereien zu lesen. Es sieht wie eine Reklame von Seifenflocken oder Putzpulver aus. Bei näherer Besichtigung liest man, dass es: »Welcome to the Goethe Festival« heisst. Aber nur das Wort Goethe ist gross und dick gedruckt und wirbt wie eine Fanfare.

Die Eingeborenen – meist Minen-Arbeiter, Pferde-Züchter, Handwerker – schauen gutmütig indifferent dem Ansturm der Goethe-Gäste zu und man hört sie in den einheimischen Läden und Bars immer wieder lachen: »... That fellow Gossi – or what's his name...?«

★

Mittelpunkt des geistigen Aspen ist das Hotel Jerome. Hier sieht es wie auf dem Bahnhof eines Eisenbahn-Knotenpunktes aus. In der Halle, in den Salons, an der Bar und auf den Bänken vor dem Hotel, umschwirren dichte Gruppen die berühmten Gäste. Junge Leute stehen mit gezücktem Füllfederhalter und sammeln unentwegt Autogramme. Man bespricht die Vorträge des Tages. Fragen werden gestellt, Beziehungen angeknüpft. Die Herren Professoren lernen dabei mindestens so viel. Sie staunen über die Interessentiefe und die natürliche Frische der jungen Amerikaner und so manches vorgefasste Urteil wird dabei umgestossen.

★

Who is who?, fragt man einander dauernd in der Halle des Hotel Jerome. – Da ist die schlanke riesenhafte Gestalt von Robert Hutchins, neben seiner schönen Tochter im exotischen Dirndlgewand und seiner geistig hervorragenden Mutter. Da sitzt Orteja y Gasset, der Inder Mahadevan, der englische Dichter Stephen Spender und diskutieren mit Thornton Wilder, Professor

Borgese mit seiner Frau, einer Tochter von Thomas Mann, Professor Ernst Simon von der Universität Jerusalem. Gerardus van der Leeuw aus Holland. – Berühmte Musiker mischen sich in die Gespräche – der Dirigent Mitropoulos, Artur Rubinstein, Piatigorsky, Milstein – in der kleinen Bar werden weniger geistige Getränke als Geist verzapft. – Viele hübsche Mädchen umringen die Professoren, während Gary Cooper endlich einmal unbelästigt und schweigsam in einer Ecke sitzt.

Es gibt nicht viele Hotelhallen, die eine solche Elite von Attraktionen vereinen, wie augenblicklich das Hotel Jerome in Aspen... In einer zwanglosen Art, wie man sie nur in diesem Lande findet. Auch die steifkragigen deutschen Professoren verlieren sehr bald ihre Dekorums-Allüren, wenn sie die vollendete Natürlichkeit ihrer berühmten amerikanischen Kollegen sehen. –

Gleichzeitig umstehen Ranger mit Wildwest-Hüten und roten Stiefeln, sowie allerlei jugendliche Eingeborene die »slot-machines« wo man geräuschvoll mit Einsätzen von 5 Cents bis zu 1 Dollar sein Portemonnaie leeren kann.

»Goethe would have loved it.«

★

Ueber allem schwebte der grosse Stern: Albert Schweitzer. Ein lebender Mythos, vom fernsten Afrika hergekommen, um die Goethe-Rede zu halten – er, der durch die Vielfalt seines Wirkens und Wissens, die Unermüdlichkeit seines Strebens und die Grösse seiner inneren Statur Goethe am nächsten scheint. Es war ergreifend, zu sehen, wie die Menschen ihn umstanden, ihn berührten – von seiner unendlichen Einfachheit und Güte betroffen.

Die beschwerliche Reise, die ungewohnte Höhe und die dauernde Umringung von Menschen ermüdeten den grossen Gelehrten so sehr, dass er vorzeitig abreisen musste. Aber sein guter Geist weht über Aspen und in der kleinen Buchhandlung drängen sich die Besucher, um die Bücher von und über Albert Schweitzer zu kaufen.

★

In der Hotelhalle sah eine junge Dame sein neuestes Photo hängen. Sie fragte: »Who is this?« Der Manager sah sie vorwurfsvoll an: »Don't you know – that is Albert Schweitzer!« »Oh, I thought it was Goethe.«

Aspen-Aspekte. Goethe in Colorado (2)

E s war zunächst keine einfache Sache »to sponsor Goethe«. Die Veranstalter der 200-Jahres-Feier erhielten ungezählte Briefe im durchaus ablehnenden, zum Teil entrüsteten Ton.

»Why Goethe? Why that stuffed, pompous, egocentric German poet?« Gäbe es keine besseren Leute zu feiern? Warum nicht Voltaire, Ghandi, Walt Whitman – andere? Warum nicht Robert Browning, der durch seine Liebe zu Elisabeth Barrett so viel höher stand, als Goethe, der ein so unsittliches Leben führte? Was geht uns überhaupt dieser alte Dichter heutzutage an?

Die »Rocky Mountain News« führten den Protest in einer täglichen Rubrik so leidenschaftlich, dass Thornton Wilder schließlich persönlich eingriff, man sich freundschaftlich einigte und mit der Sache abfand. Es stand schwarz auf weiss zu lesen: »Wenn es dazu beiträgt, die alte ghost town Aspen wieder aufblühen zu lassen, haben wir nichts dagegen.«»If Goethe makes good publicity, it' s o.k. with us.« Im übrigen geht er uns nichts an.

Warum sollte er diese prächtigen Bergbewohner auch angehen? Hätten sich die Oberbayern z. B. für eine Benjamin Franklin-Feier begeistert? Aber die Goethefeier war ja nicht für Colorado allein gedacht – es galt, zumindest einer Minorität von Amerikanern die zeitlose Dichtergestalt nahezubringen – und die Zahl, die in diesem Lande eine Minorität bildet, würde in anderen Ländern schon eine recht kompakte Majorität bedeuten...

Jetzt sind die Festwochen vorüber und man fragt sich: Ist Goethe vielen nahegebracht worden? Man kann nur eines mit Bestimmtheit sagen: Aspen war ein sehr grosser Erfolg.

★

Die Stimmung, die sich vierzehn Tage lang in dem bezaubernden Colorado-Bergdorf entwickelte, war ganz eigenartig. Man schwebte wirklich in höheren Höhen – körperlich und geistig. Dreimal täglich pilgerte man über blühende Wiesenwege zu dem grossen Zelt – wo viele der feinsten Gelehrten und Dichter ihre inhaltsschweren Reden hielten und wo es die herrlichsten Konzerte zu hören gab. Nicht alle Reden waren natürlich von gleichem Format, aber ausnahmslos alle standen auf hohem Niveau. Es kam letzten Endes auch gar nicht so sehr darauf an, was hier gesagt wurde, als dass es hier gesagt wurde. Zum ersten Mal diskutierten Gelehrte aller Länder miteinander auf echtem, amerikanischen Boden. Es war eine Fühlungnahme wertvollster Art. Die fremden Professoren brachten ihre Goethe-Kenntnis, ihr überliefertes Wissen um den Dichter mit. Aber sie empfingen als mindestens so grosse Gegengabe den Eindruck der Kraft und Frische dieses Landes. Wobei sich der Weise von Weimar wieder als Prophet erwies: »Amerika, du hast es besser, als unser Kontinent, der alte...«

Die Begeisterung der fremden Gäste überwog vielleicht die Gefühle der Einheimischen – obwohl die Dankbarkeit für das Gebotene oft überwältigend war. Aber es wird sich möglicherweise hüben weniger eindruckstief erweisen als drüben.

★

Die europäischen Besucher konnten aus jeder Rede eine Bereicherung schöpfen. Von den Amerikanern hörte man oft den Vorwurf: they take too much for granted – Albert Schweitzer allein hat es versucht, ihnen Goethe nahezubringen. Die unsägliche Klarheit und Einfachheit seiner Darstellung war vielen gelehrten Professoren enttäuschend, wirkte zumindest befremdend. Wer das Glück hatte, von ihm vorher in Aspen die Vorarbeiten zu dieser Rede zu bekommen, könnte ermessen, welcher unwahrscheinlichen Mühe es bedurfte, um zu solcher Einfachheit zu gelangen.

Er war der einzige, der Goethe in seinen wunderbaren Widersprüchen wirklich erklärte – die Grundzüge gab, die diese einmalige Erscheinung bildeten. Und er bekannte sich rückhaltlos zur Goetheschen Weltanschauung , die er in die Begriffe kristallisierte: Individualismus, volle Akzeptierung der Natur in allen ihren Aeusserungen, dauerndes Ringen und Streben nach höheren Idealen.

Den anderen Rednern gelang es, wenn auch nicht Uneingeweihten, Goethe zu erklären, das Verständnis für seine Weltweisheit zu eröffnen. Am schönsten vermittelten Thornton Wilder, Gerardus van der Leeuw, Ortega y Gasset – dessen spanische Reden so prachtvoll vorgetragen wurden, dass die Zuhörer ihre Poesie und Würde begriffen, noch bevor der Inhalt durch die Uebersetzung klar wurde...

Einen ganz besonderen Erfolg hatte Ernst Simon von der Universität Jerusalem. Er gewann durch Wesen und Wissen alle Sympathien. Seine Rede über »Religious Humanism« fand ausserordentlichen Beifall, sowie alles, was er während vielen Diskussionen zu sagen hatte. Man empfand ihn als klar, mutig und sehr viel wissend, ohne trocken zu sein.

Ludwig Lewinsohn sprach mit ungeheurem Temperament und trat mit viel Charme für die Möglichkeit guter Goethe-Uebersetzungen ein – ein

Punkt, der immer wieder in Frage gezogen wurde. Aber das Thema, das sich wie ein roter Faden durch alle Diskussionen zog, war die Frage, ob Goethe ein religiöser Mensch gewesen sei...

Christ oder Heide? Die Hauptredner mussten immer von neuem die tiefe Religiosität Goethes beweisen. Trotz seiner Abwehr des dogmatischen Glaubens. Und der Holländer van der Leeuw sowie der geistvolle Borgese warfen dabei die Frage auf, was man eigentlich unter einem Heiden verstehe...?

Ueberhaupt gab es in diesem neutralen Zelt, das sich als bester Rahmen für geistige Konzentration erwies, ungewohnt klare Ausserungen freier Denker zu hören.

William E. Hocking von der Harvard University sprach so inhaltsschwer über die »Binding Ingredients of Civilisation«, dass seine Rede auf viele Nachfragen hin, im Druck erscheinen wird. Von allen Reden wurden uebrigens Platten aufgenommen – eine vielbegehrte, aber kostspielige Angelegenheit.

★

Die grosse Schlussrede hielt der geistige Vater der Aspen-Idee: Robert M. Hutchins. Seine prachtvolle, elegante Erscheinung gab den im konservativen Sinne revolutionären Auesserungen besonderen Effekt.

Er legte zuerst ein grosses Goethe-Bekenntnis ab und seine Ueberzeugung, dass nur die Goethesche Weltauffassung neuen Halt geben könne. Statt Negierung, Zynismus und Gleichgültigkeit – Vertrauen in die Natur und in die Menschen – vor allem aber: Selbsterziehung im Goetheschen Sinne.

Darauf übte er scharfe Kritik an den augenblicklichen Zuständen auf dem Gebiet der »education«. Wohin hätten uns die grossen neuen Erfindungen und die immer mehr zeitsparende Lebensweise geführt? Zu Coney Island... Zu immer grösserer Trivialität. Wir hätten zu viel Zeit, die unausgenützt bliebe und – wir hätten viel zu viel Spezialisten. Er definierte den Spezialisten als jemand, der ausserhalb seiner kleinsten oder grösseren Spezialität nichts wüsste von der Welt, oft sogar »a complete idiot« sei. Von der atomischen Kraft sprach er mit grösstem Skeptizismus. Im Frieden angewandt, könne sie uns das Leben weiter in so grossem Masse erleichtern, dass noch mehr freie Zeit zu verschwenden bliebe: If we use the atomic bomb in war it will blow us to death – if we use it in peace, it will bore us to death... Er trat für unbedingte Verständigung mit Russland – zumindest für verständnisvolle Wege dazu – ein. Sein Ideal ist der Dialog zwischen den Nationen. Es müsse absolut zu solchem Dialog kommen, wenn die Menschheit gerettet werden solle. Als Wegweiser zu solchen internationalen Dialogen hätte sich jetzt Aspen erwiesen. Am Schluss seiner sehr untheatralischen und sehr inhaltsreichen Ansprache, wurde Hutchins eine von allen ausländischen Gelehrten unterzeichnete Schrift überreicht, die den dringenden Wunsch enthält, Aspen zu einem ständigen Treffpunkt zu entwickeln.

Sehr reizvoll waren zwanglose Diskussionsabende in der Cafeteria »The Roaring Fork«, wo junge Studenten beliebige Fragen an die berühmten Gäste stellen konnten. Es ging bei Tellergeklapper und Zwischenrufen sehr animiert zu. Seele des Ganzen immer wieder Thornton Wilder, der unermüdlich als Redner, Uebersetzer, Diskussions-Leiter und überzeugter Enthusiast tätig war.

Nach den vielen Reden schweren Kalibers und den wunderbaren Konzerten unter Mitropoulos (der sich eines Abends auch als höchst differenzierter, mutiger und origineller Redner offenbarte) wurde ein »Leichter Abend« improvisiert, wo Piatigorsky, Milstein und Arthur Rubinstein alle Fragen des Publikums in Bezug auf Musik und Musiker beantworteten. Es geschah mit soviel Geist, Witz und Schlagfertigkeit, dass es sich stundenlang hinzog. Es tat wohl, einmal Lachen zu können.

Denn das war es, was man ein wenig vermisste: die olympische Heiterkeit, die von Goethe neben so vielem anderen ausstrahlen konnte. Auch wurden die Frauen in seinem Leben nicht erwähnt, oder deren Existenz nur gelegentlich kurz gestreift. – Es schien wohl ein bisschen gefährlich für eine erste Einführung des Dichters hier...

★

Goethes unerschöpfliche Reichtümer dienen natürlich oft genug als Basis zur Befriedigung persönlicher Eitelkeiten des Redners – es kann einem bange werden vor der unendlichen Menge der »Goethe und ...«-Reden. Aber irgendetwas Inspirierendes klang hier bei allem mit und das Publikum folgte auch geduldig und interessiert den spezialisierten Ausführungen der deutschen Professoren Hartner, Weigand, Reinhardt.

Nach Abschluss der »festivals« gab es ein grosses Rodeo – Goethe wäre der Letzte gewesen, der dagegen protestiert hätte. Aber es hat sich bisher kein Professor gefunden, der über Goethe und das Rodeo sprechen wollte.

Jetzt sind die grossen Geister fortgeflogen und man darf aus der Entfernung des Bildungs-Bürgers den wunderbaren Rahmen betrachten. Aspen liegt bezaubernd eingebettet in den Colorado-Bergen, die bis zu unwahrscheinlicher Höhe hinauf die schönste Vegetation aufweisen. Und der beglückte Sommergast darf den »longest chair lift of the world« benützen (...), denn Aspen wird zum grössten Wintersportplatz Amerikas entwickelt. Der gute Geist Goethes schwebt als Sonderattraktion daneben.

Alltag

Es gibt keinen Alltag. Es gibt nur Alltagsmenschen.

★

Jeder Tag ist ein neuer Tag. Mit anderen Nuancen im Auf- und Untergehen der Sonne, mit anderen Programmen der Wolken, mit anderer Zusammensetzung der Luft. Mit neuen Vibrationen und mit Möglichkeiten ohne Ende. In solchem perpetuum mobile sucht der Mensch nach sturer Stabilität.

★

Wer das Wundern nicht verlernt, braucht keinen Alltag zu fürchten.

★

Was wir Alltag nennen, sind die Sorgen, die äusseren Verrichtungen, die Gewohnheiten, die sogenannten kleinen Dinge. Die Lebensprosa. Aber es ist merkwürdig: in der Erinnerung leuchtet mancher Alltag golden auf, während viele grosse Ereignisse raketenartig verpufft sind.

★

Gewisse Menschen gehen durch den grauesten Alltag mit einer Blume im Knopfloch. Andere wandeln durch strahlende Festtage mit dem Regenschirm unter dem Arm.

★

Man muss den sogenannten Alltag wichtig nehmen. Aber mit dreimal täglich 15 Tropfen »sub specie aeternitatis« auf einem Stück Zucker. Das hilft.

★

Typische Alltagsmenschen pochen immer auf ihre »realistische« Weltanschauung. Sie sind die Spielverderber des Daseins.

★

Menschen, die den grauen »Alltag« überall mit sich führen, sollte man ausweichen, wie gefährlichen Bazillenträgern.

Was ist chic?

Chic ist, was sich eigentlich nicht ganz schickt.

★

Chic ist der i-Punkt auf dem i. Ohne Punkt würde das i niemals auffallen.

★

Wenn eine Frau chic ist, so ist sie im höchsten Grade gegenwärtig.

★

Die Franzosen haben den Chic zur Nationaleigenschaft geadelt. Chic ist soviel wie fair. Und ein »chic type« ist ein Gentleman.

★

Für die Engländer ist chic entweder ein teuer bezahltes Etikett aus der Rue de la Paix – oder zweitklassiger Ersatz für smartness. Buy British...

★

Eine Frau, die angeborenen Chic hat, hat auch das Talent, mit Männern umzugehen. Zu beidem gehört der gewisse Instinkt.

★

Chic haben, bedeutet: anderer Leute Blicke an richtiger Stelle anzuziehen und an richtiger Stelle abzulenken.

★

Chic ist ein amüsanter Mangel an Logik. Pelz da, wo er nicht wärmt. Ein Knopf, wo er unerwartet ist. Stroh im Winter. Samt im Sommer. Wenn chic logisch wird, ist es – Eleganz.

★

Chic ist der Rettungsanker hässlicher Frauen und das Non plus ultra schöner Frauen.

Chic ist die Macht der grossen Schneider, für eine einfache Biese jede beliebige Summe fordern zu dürfen. Riesensummen...

★

Chic ist: Mode, bevor sie modern wird.

★

Eine schicke Frau ist eine Frau, die aus dem einfachsten Hausbraten durch pikante Sauce eine Delikatesse macht.

Aufbau 1950
★

Das gute Brot

Über den Wert des Brotes sind sich wohl alle einig. Die Rechtsstehenden, die Linksstehenden, die paar in der Mitte. Brot ist Anfang und Ende, Brot ist die conditio sine qua non – Brot ist für alle, mit Ausnahme einiger Psychoanalytiker, der Urtrieb. Ohne panem taugen die schönsten circenses nichts. Und das Gebet um das tägliche Brot ist von ewiger Aktualität. Ein schönes Sprichwort sagt: alles ist Nahrung, Brot ist Mutter.

Aber Brot ist nicht nur etwas anerkannt Heiliges. Es ist nicht nur eine Allegorie und ein zündendes Schlagwort. Es ist auch eine ganz große Delikatesse.

Gutes Brot ist so gut wie kaum etwas anderes Gutes. Und jeder Bäcker müßte eine offizielle Auszeichnung bekommen, weil er nicht nur Brot bäckt, sondern gutes Brot... Es ist erstaunlich, wie viele Menschen der Qualität ihres täglichen Brotes keinen weiteren Wert beilegen. Es entgeht ihnen ein großer Genuß.

★

Völker, die viel und gutes Brot essen, sind immer lebenslustig und haben eine Menge netter, menschlicher Eigenschaften. Die Frauen sind vielleicht ein bißchen rundlicher – aber es lohnt sich. Und wenn man zur geheiligten Mittagszeit französische Männer nach Hause eilen sieht, die meterlange, frischknusprige »flûte« unterm Arm, so fühlt man wieder: das ist ein Volk, das um Himmels willen nicht untergehen darf... Gewiss, in England gibt es die besten Toasts – weil es kein gutes Brot gibt. Da es aber schlechter Ton ist, über Nahrung zu diskutieren und Toasts anerkannt britisch sind, wird das Brot nie besser werden. (Übrigens schmeckt es immer noch viel weniger schlecht als manches andere, was man in England ißt.) Daneben gibt es ja noch Sandwichs – ein Kompromiß, bestehend aus anämischen Weißbrot-schnitten ohne Rinde, einem harmlosen Zwischenbelag und dem Namen eines toten Lords.

In Norddeutschland galt Brot immer nur als Unterlage zu irgendeinem Aufstrich. Der Ausdruck »Trocken Brot« zeigt die stiefmütterliche Ableh-nung des schönen einfachen Begriffes Brot. Wenn man keine Butter hat, so tut man eben Margarine darauf, oder Ersatz-Margarine. Es kommt nicht sehr darauf an. Es darf nur nicht »trocken« sein. Daher spricht man dort meist von der »Stulle«, was zwei Scheiben besagt, die je nach Konjunktur aus mehr oder weniger Roggen und Kleie bestehen und mit etwas bestrichen sind, was der politischen Lage entspricht.

In Süddeutschland ist es bereits ganz anders – dort ißt man wieder rich-tiges Brot, wenn man es nur kriegen kann. Im Land, das Österreich war, gab es wahre Orgien an Brot, in etwas dekadenter Genußform von vollendeten Semmeln, Wecken, Stritzen.

Völker, die gerne Brot essen, sind zwar genußfähiger und erdhafter – aber politisch weniger fügsam. Wenn es ans Brot geht, werden sie ungemüt-lich. Sie lassen sich vieles gefallen, aber keinen Zusatz von Kleie. Vielleicht ist es ein Glück, daß es noch unheroische Triebe gibt.

★

Es wird jetzt von Gesundheitsaposteln viel gegen das Brot gepredigt und nachgewiesen, daß es ungesund ist. Die Menschen, die es nicht vertragen, sollen es auch lieber nicht essen. Aber man soll sie bedauern, wie alle, denen eine Lebensfreude genommen wird.

Ach, gutes Brot, nicht allzu frisch, mit großen Löchern drin, mit dunkler Kruste, die absplittert, ganz dick (möglichst ein bißchen schief) gebrochen oder geschnitten – schweres dunkles Schwarzbrot in dünnen Scheiben – ganz frische Brotkanten – ältere Brotkanten, an denen sich die Zähne erproben... Es darf nur nicht kraftlos, nicht naß und nicht klebrig schmecken. Jedes Brot kann gut sein – aber es muß mit Liebe gemacht werden. (Immer wieder das alte Lied – es ist nun einmal so.) Der Bäcker muß sich freuen, wenn es bestens gelingt, und der Kunde muß sich damit zu freuen verstehen. Es gehört unend-lich viel Mühe und Arbeit dazu, damit wir täglich unser frisches Brot haben. Bäcker sind Wohltäter – aber *gute* Bäcker sind es doppelt!

Aus einem Buch, dessen Name mir entfallen ist, bleibe eine Episode haften. Einem zu Tode Verurteilten steigt vor der Hinrichtung ein letztes, leuchtendes Bild aus der Erinnerung: er sieht sich als kleinen Knaben im Schulhof stehen und in ein dickes Butterbrot beißen... Und alle Lust des Lebens zuckt in dieser letzten Vision zusammen. –

★

Pierre de Coubertin, der kürzlich verstorbene berühmte Wiedererfinder der Olympischen Spiele und charmante Causeur, erzählte einmal von einem großen Diner zu Ehren Theodor Roosevelts. Als man sich zu Tisch setzte und der erste Gang serviert war, bat Roosevelt um einen großen Kanten Brot. Sein Nachbar warnte lächelnd: es stünde ihm noch ein sehr langes, auserwähltes Menü bevor. Aber Roosevelt erklärte, daß er seit der rauhen Reiterzeit seiner Jugend nichts essen könne, bevor er nicht ein großes Stück trockenen Brotes gehabt hätte...

Länder, wo das Essen nicht schmeckt, haben statt dessen ausgezeichnete Tischmanieren. Wer sollte in Amerika oder England auf den Gedanken kommen, zurückgebliebene Sauce vom Teller essen zu wollen? Erstens gibt es gar keine Sauce, und wenn...

Aber ein Franzose kann der Ehrenlegion und der Académie Française angehören, seine Frau kann eine Urenkelin der Madame de Sévigné sein, der Sohn camelot du roi, der Bruder künftiger Botschafter bei Franco – das alles wird nicht hindern, daß die ganze Familie, genau so wie die Familie jedes französischen Arbeiters mit dicken Brotstücken die Sauce vom Teller ißt. Denn die Sauce ist gut, und das Brot ist gut – und sie wissen, daß es gut ist...

Einer der wenigen Schatten meiner überaus glücklichen Kindheit war die Tatsache, daß ich bei Tisch nie so viel Brot essen durfte, als ich wollte. Es gehört zum eisernen pädagogischen Bestand aller Erzieherinnen, es zu verbieten. So werden Komplexe geschaffen.

Auch die liebe Gewohnheit, jedwedes Essen mit einem Stückchen Brot zu beschließen, wird einem schwer gemacht. Weil ein gutgeschulter Kellner und eine gute Serviertochter unweigerlich jedes Brotkrümchen vor dem Dessert von Tisch entfernt. Da hilft nur, ein Stück Brot krampfhaft in der Hand festzuhalten und die Konsequenzen sichtlicher Mißbilligung mutig auf sich zu nehmen.

★

Brot ist fast so alt wie die Welt. Es heißt, Gott Pan habe die Griechen gelehrt, es zu backen. Es ist nicht überliefert, ob er auch für den Brotneid verantwortlich ist.

Erzählungen von der Reise

E s gibt Leute, die wunderbar von ihren Reisen erzählen können. Es sind nicht immer diejenigen, die die wunderbarsten Erlebnisse hatten. Man pflegt zu behaupten, die Technik tötet die Romantik des Reisens. Sie tötet aber nur die Romantik der Reiseberichte. Denn es kann alles viel leichter nachkontrolliert werden.

★

Die reiseerfahrenen Engländer sagen: »Dont't believe every story about the governor and his wife.«

Manche Menschen fühlen sich verpflichtet, in ihren Reiseberichten als Sonderlinge zu gelten. Sie wollen mit niemandem gesprochen, niemand getroffen haben. Sie reisen mit Weltverachtung – zumindest in ihren Erzählungen.

Andere erleben das Wunder der Reise auf jeder Kurgartenbank. Sie haben immer phantastische Menschen getroffen, mit denen sie zufällig ins Gespräch gerieten.

★

Es gibt Reisende, die dauernd alte Bekannte unterwegs getroffen haben – denken Sie, wen sehe ich in Yokohama, wer begrüßt mich in Capri, wer steht auf dem Perron in Los Angeles...! Andere brauchen nur auf einer Bimmelbahn umzusteigen oder ins nächste Seebad zu fahren, um wunderbare Erlebnisse mit interessanten Fremden zu haben. Sie sehen den Maharadjah von Patjalah während seiner Durchreise im Böhmerwald. Den berühmten amerikanischen Schriftsteller, der gerade eine Schwester seiner Grossmutter in Schaffhausen besuchte. Einen australischen Weltflieger, der in einem Marktflecken der Bretagne notlanden musste.

Menschen mit gutem geografischem Gedächtnis glauben oft, dass sie dem Zuhörer keinen Nebenfluss und keine Umsteigestation ihrer Reise verschweigen dürfen.

Es gibt Reisende, die von den Erinnerungen des Magens zehren. Sie durchleben beim Erzählen jeden gratinierten Fisch aufs neue. Und die Art, wie der Blumenkohl in Amersfoord zubereitet wurde.

Bevor man den Mund zum Erzählen öffnet, muss man mit offenen Augen und mit offenem Herzen gesehen und erlebt haben. Sonst hört sich auch die längste Rundreise nicht interessant an.

Es gibt Reisende, die ihre Weltreise in einem Aphorismus zusammenfassen. Und Reisende, die mit dicken Tagebüchern vom Badeort heimkehren.

★

Frauen erzählen meist von sich auf der Reise – nur die Kulisse wechselt.

AUFBAU 1950

★

Ein erfreulicher Held.
Millionen kleine Hopalongs

Hopalong Cassidy ist unser Cowboy-König. Kino, Radio und Television können ohne ihn nicht mehr auskommen. Es gibt wohl niemand, der nicht wüsste, wer er ist – niemand, der seine grosse Gestalt mit dem breitrandigen schwarzen Hut über schneeweißen Haaren und gütig zwinkernden Augen nicht kennen würde, seine dunkle Joppe und seinen berühmten Schimmel »Topper« mit dem silberbeschlagenen Sattelzeug.

★

Sein Bild leuchtet von allen Ecken und schmückt alle Gegenstände und Nahrungsmittelpackungen, die an Kinder verkauft werden sollen. Der Einfluss dieses ältlichen Mannes auf dem alten Schimmel ist unbeschreiblich. Jedes Kind isst wortlos seinen Haferbrei, wenn das Bild Hopalong Cassidys auf dem Paket zu sehen ist. Die Schultaschen sind damit geschmückt. Am Radio und an der Television hält er Moralreden, die sich kein Kind von seinen Eltern gefallen liesse – ihrem Helden gehorchen sie aufs Wort... Und auf den Strassen sieht man augenblicklich nichts als kleine Hopalongs – Buben und Mädchen, die in der getreu kopierten Miniatur-Ausrüstung ihres Idols einherspazieren.

Wer ist Hopalong Cassidy? Er ist im Privatleben ein freundlicher Mann, namens Bill Boyd, der im Jahre 1948 nicht das geringste Einkommen hatte. Im Jahre 1950 übersteigt es eine Million Dollars...

Der Sohn eines Tagelöhners – in seiner Jugend Arbeiter in Oelfeldern und Gummiplantagen – später dank prächtiger Cowboy-Garderobe und guter Figur Wild-West-Darsteller in Hollywood-Filmen. Nach guten Erfolgen kam der grosse Zusammenbruch während der Depression von 1929. Jahre der Arbeitslosigkeit, gelegentliches Aufrappeln. Bis schließlich ein Wunder geschah: Bill Boyd hatte die Idee, eine alte, traditionelle Figur des draufgängerischen Cowboys in Form eines weissen, gütigen Mannes neu aufleben zu lassen. So entwickelte sich aus dem Wild-West-Helden der Mild-West-Held Hopalong Cassidy –

Der Erfolg war beispiellos. Man schätzt den Umsatz an »Hopalong-Artikeln«, d.h. an Kinderpistolen, Cowboy-Anzügen, Hüten usw. auf etwa hundert Millionen Dollar jährlich... Ausserdem kommen phantastische Summen durch Radio und Television ein.

★

Wo immer Hopalong Cassidy in Person auftritt, immer strahlend lächelnd, immer auf seinem Schimmel reitend – muss ein Riesenaufgebot von Polizei die Strassen absperren. Er besucht Pfadfinder, er sichert allen Wohltätigkeitsveranstaltungen höchsten Erfolg, er weiht immer wieder neue Produkte, Textilien usw. ein, die seinen Namen tragen und sein Bildnis zeigen. Man steht vor einem Rätsel: was ist an diesem netten, älteren Mann, das einen so unglaublichen Zauber verbreitet? Die Psychoanalytiker diskutieren den Fall mit gefurchten Stirnen. Es heisst, es handle sich (wieder einmal) um einen Vater-Komplex. Die meisten Väter hätten keine Zeit für ihre Kinder – Hopalong Cassidy personifiziert den idealen Vater, dem sich die Kinder sehnsüchtig bewundernd zuwenden. Bilder und Geschichten von Hopalong Cassidy erscheinen täglich auf der »Comics«-Seite von 92 Zeitungen und jeden Monat in über drei Millionen »Comics«-Büchern...

Hopalong Cassidy ist ein Begriff geworden. Eine »success story« sondergleichen. Man braucht keine Atombomben zu erfinden, um Berühmtheit zu erlangen. Man muss nur eine gute Idee haben, daran glauben und andere daran glauben lassen.

★

Der neueste Held unserer Jugend fliegt nicht in einem Flugzeug herum, springt nicht im Fallschirm ab und saust nicht einmal in einem Automobil vorbei. Er sitzt mit einem grossen Hut auf einem braven, alten Schimmel und lächelt... Damit fängt er Millionen Herzen und Millionen Dollars ein.

Schaufenster im November.
Ein New Yorker Spaziergang

E s ist die »preview« vor den Feiertagen. Die Frauen sollen angeregt werden, sich für die festliche Saison recht schön zu machen und recht viel zu kaufen – und dann erst ihren Nächsten zu lieben, wie sich selbst ...

Die Schaufenster wecken Bedürfnisse und geben die Richtung der Wunschträume und ihrer Erfüllungsmöglichkeiten an. In diesem Jahr glitzert es von Kleidern, Hüten, Schuhen. Diamanten tropfen von den Gesichtsschleiern und sind in die Pantoffel eingestickt. Jede Parzelle Frau soll von etwas Glitzerndem bedeckt sein. Es gibt keine Aschenbrödel mehr – dafür sorgt Woolworth, wenn Cartier nicht erschwinglich ist.

★

Alle Schaufenster stehen momentan im Zeichen neuer Farbtöne. Sie werden durch phantasievolle Slogans gepriesen und jedes grosse Geschäft bekennt Farbe auf eigene Art.

Russeks predigt »Saffran« und bevölkert seine Fenster mit gelbstrahlenden Mannequins. Bergdorf Goodman findet: »There's a new violet mist over Manhattan« und bestätigt diese neue klimatische Erkenntnis durch prunkvolle lilafarbene Tüllgewänder. Franklin Simon hat die hübsche Idee, in seinen Fenstern je eine bestimmte Farbe mit einem bestimmten New Yorker Lokal zu identifizieren. Wir lesen, dass man im Stork Club »red velveteen« trägt, bei Sardi »14 Karat Gold«, im Rendez-Vous des Plaza »romantisches Zinngrau«, im Carneval Room »glorious pumpkin« und im – Hamburger Heaven (welche Erleichterung für den Geldbeutel!) »dazzling black and white«.

★

Bei Bonwit Teller sieht man »separates that go round and round at night« – was nicht etwa auf scheidungslustige Ehepaare gemünzt ist, sondern die neue, praktische Einzelgeltung von Rock und Bluse anpreist.

Lord & Taylor zeigte in witziger Weise ein paar erste Geschenkideen. In den Fenstern standen Stühle , auf denen je ein Tip dargestellt war. Zum Beispiel war da zu lesen: »Why give her one skimpy pair of white gloves! Give her twelve pairs for a change! Und ein langer Karton mit säuberlich aneinandergereihtem Dutzend wildlederner Handschuhe bewies klar, dass dies viel besseren Eindruck machte als ein armseliges Paar.

★

Jetzt sind die Fenster besonders auf Thanksgiving hin geschmückt. Ein Fenster zeigt einen Parade-Tisch mit herrlicher echter Spitzendecke und kostbarem Kristall. Daneben steht eine sehr naturalistische Wachsfigur: ein würdevolles älteres Mädchen in Häubchen und Schürze. Eine Frau vor dem Fenster starrte mit sehnsüchtigen Blicken auf die Figur und sagte: »I don't wish for that kind of table – but, oh! how I wish for that kind of maid!«

Altman stellt märchenhafte Nachthemden und Ueberwürfe aus: »Such stuff as dreams are made of.« Alle diese Spinnwebträume sind realistisch waschbar – dank dem Zauberbegriff Nylon.

★

Für die meisten Passanten sind diese Schaufenster Kauffenster für die Augen – aber vom Sehen bis zum Erstehen ist es nur ein Schritt – und ein Check...

Aufbau 1950
★

»Mr. G« – König und Gentleman. Erinnerung an König Gustaf von Schweden

Er war ein recht demokratischer König und ein königlicher Demokrat. Ein Mann von schöner innerer und äusserer Haltung, der gütig und verständig war – weil er Lebensfreude hatte und daher Lebensklugheit besass.

König Gustaf erfreute sich in seinem Land ausserordentlicher Beliebtheit. Sein grösster Stolz äusserte sich in seinem Ausspruch: »Wenn in Schweden die Republik ausgerufen würde, bin ich sicher, sie würden mich zum Präsidenten wählen...«

In den langen, langen Jahren seiner Regierung verstand er, sich mit klugen Ratgebern zu umgeben und im übrigen immer zur Verfügung zu stehen, ohne sich jemals diktatorisch aufzudrängen – er kannte seine Schweden. Während der letzten Jahrzehnte galt es, viel Elastizität, Takt und Vorsicht aufzubringen, um den Forderungen und Drohungen des grossen, gefährlichen Nachbarn auszuweichen. Der König blieb bis in seine letzten Jahre das Oberhaupt, das man zu Rate zog – er war sozusagen der weise Grossvater des Landes.

★

Für die Aussenwelt war er hauptsächlich der populäre königliche Senior aller Tennisspieler... Niemals fühlte er sich glücklicher als zu seinen Ferienzeiten in Cannes, wo er als »Mr. G.« allgemeine Beliebtheit genoss. Und seine Dankbarkeit war gross, wenn berühmte Tennis-Stars sich bereit fanden, mit ihm zu spielen...

Seine zweite Privatleidenschaft war Bridge. Er sagte lachend: »Mein grösster Feind ist Mr. Culbertson – seit alle Leute nur noch sein System spielen, finde ich für mein altmodisches Bridge keine Partner mehr!«

Während eines Besuches in dem herrlich gelegenen Schloss in Stockholm hatte ich Gelegenheit, die Privatzimmer des Königs zu sehen. Sein Schreibtisch war über-überfüllt von Familienphotos – er war ein besonders liebevoller Vater, Grossvater, Onkel. Er sammelte alte Silbergefässe, deren einzelne Details er mir sorgsam erklärte. Als ich ihn fragte, ob er auch Tennispreise erhalten habe, sagte der König: »Mais oui, Madame, et j'en suis très fier!« Dann führte er mich zu einem Schrank, der voller kleiner, typischer »Preise« war – hob einen Becher heraus und las voller Stolz: »Tournament in Cannes – Third Price...«

★

Inmitten des traditionellen Schlossprunkes, goldener Leuchter, italienischer Meister, Riesen-Malachit-Uhren und sonstiger musealer Pracht, war König Gustav auf nichts so stolz als auf die 2-3 Dollar »gadgets«, die er sich beim Tennis errungen hatte.

Zu den Privaträumen gehörte ein Jagdzimmer, dessen Wände von oben bis unten mit persönlichen Jagdtrophäen behängt waren. An jedem einzelnen hing ein säuberlich kalligraphierter Zettel mit dem genauen Datum und Ort der Tat. Im Speisesaal war der Tisch gedeckt und es fiel gemütlich auf, dass unter goldenen florentinischen Leuchtern und neben köstlichem Porzellan die Serviette des Königs in einem silbernen Serviettenring zusammengerollt lag, der ein großes »G« trug...

Bis vor wenigen Jahren hielt König Gustaf allwöchentlich im Schloss Privataudienzen, zu denen jeder Zutritt hatte. Er legte grössten Wert auf direkten Kontakt mit allen Klassen der Bevölkerung. Und es bleibt mir in Erinnerung, wie echt er seine Bemerkung klang, als er auf den Blick von einem der Schlossfenster auf den bewegten Hafen deutete:

»Hier kann ich das wirkliche Leben in Stockholm verfolgen – hier fühle ich den Pulsschlag des Landes, nichts ist für mich schöner als dieser Blick...«

★

König Gustaf ist 92 Jahre alt geworden und immer im Herzen jung geblieben. Er wird im ganzen Lande ehrlich betrauert werden, und für die Allgemeinheit ist eine liebenswerte, unaufdringliche Persönlichkeit verschwunden.

Aufbau 1950
★

Schenker und Geschenke.
»Television Coats« – »Hand-made«
wieder modern

Dezember ist der große mahnende Monat, in dem das Kaufen zum kategorischen Imperativ erhoben wird – unter der feineren Formel des Gebens. »Give her a mink stole – give her a pressure cooker – give him a house coat – give them a car – «

★

Je kleiner die Gabe, desto wichtiger die Verhüllung. Schön ge-»wrapped« ist halb geschenkt – und die Geschäfte überbieten sich in »gift wrappings«, deren Pracht den Inhalt oft zur Attrappe reduziert... Solche buntbemalten, bebänderten, bezweigten, sinnig beklebten Pakete erfreuen besonders den Gebenden. Der Beschenkte legt im allgemeinen weniger Wert auf die Hülle, als z.B. auf einen Inhalt von Wert in einem ganz einfachen Karton. – Viele sind so prosaisch eingestellt, dass ihnen ein Scheck das angenehmste Geschenk ist, und die grossen Geschäfte haben daher hübsch verschnörkelte »gift certificates« in Bereitschaft. Aber ein gadget ist gewöhnlich billiger...

Die Geschäfte blasen jetzt ihre lautesten Fenster-Fanfaren. Die Animiertöne zum Kaufen, respektive zum Schenken, sind meist auf praktisch oder auf prächtig gestimmt. Die beliebte Verbindung beider Begriffe ist z.B. der Anreiz für die neueste Version der Hauskleider, alias Morgenröcke, später hostess gowns, jetzt aber »Television coats« genannt. Television hat bekanntlich die Rückkehr ins Heim gefördert, wenn auch mehr im wörtlichen, als im wesentlichen Sinne... Die Kleidungs-Industrie hat sich diese neueste Konjunktur nicht entgehen lassen, und so segeln jetzt phantastische Gebilde unter der Flagge der Television – von wallenden Watteaumänteln bis zu scheherezadischen Harems-Hosen. Wenn man bedenkt, dass die Augen aller Anwesenden starr auf den Apparat gerichtet sind, scheint's beinahe schade um so viel »glamour«. –

★

Was der überall anwesende Santa Claus durch direktes Wunschverhandeln mit den lieben Kindern für die reizenden Eltern bedeutet, sind die reizenden »gift advisers« der grossen Warenhäuser für Ehemänner und Junggesellen. Sie nehmen den ratlosen »male« bei der Hand, sie erkundigen sich nach Haarfarbe, Kleidergrösse und Gefühlswert der zu beschenkenden »female«; sie führen ihn sicher und sorgsam durch Parfum-, Wäsche-, Kleider- und Schmucklager. Sie probieren selbst allerlei Zartes an, was die Kauffreude sehr anregt, und sie stehen bei alldem in rührender Solidarität zu allen Frauen, indem sie den Scheck des Schenkenden nach Möglichkeit steigern helfen – später wird ja doch alles umgetauscht.

In diesem Jahr fällt es auf, wie viel hübsche, billige Gegenstände wieder »hand-made« sind. Sie werden von fleissigen Händen in allen fremden Ländern angefertigt und nach Amerika geschickt – insbesondere natürlich nach New York, der letzten grossen Oase der Kaufkraft. Der menschliche Schmelztiegel ist zum Schmelztiegel der Kunst, des Kunstgewerbes, der Mode, des Handwerks aus aller Welt geworden. Dies fällt einem jetzt besonders auf, wenn man durch die fabelhafte Fülle der Läden wandert.

★

Man hebt eine hübsche Tasse in die Höhe; made in Poland – ein zartes Glas: made in Czechoslovakia – reizende Lederwaren: made in Italy – Handschuhe: made in Belgium. Von allem modischen und wohlriechenden »made in France« gar nicht zu reden, sowie von der Menge Mexico, den Billigkeitswundern aus »occupied Japan«, den schwedischen Qualitätswaren, der schottischen Wolle. – Wieviel Wille zum Weltfrieden liegt in allen diesen Waren!... Im übrigen: man sollte im Dezember nicht gar so viel schenken *müssen* – und man sollte das ganze übrige Jahr viel, viel mehr schenken *wollen*!

Widersprüche wie noch nie

Es ist ein schwerer Dezember. Unvorhergesehene Katastrophen vermischen sich mit vorgesehener Feststimmung – es scheint, als würde auf der Bühne im letzten Augenblick statt des Lustspiels ein Drama gegeben, ohne dass Zeit blieb, die heiteren Kulissen zu ändern.

In den Strassen glitzert und flimmert es mehr denn je, und in den Schaufenstern und aus den Megaphonen wirbt es um Käufer für alles, was das Dasein freudiger, luxuriöser, bequemer machen kann.

Und gleichzeitig geht es immer grimmiger drohend um das Dasein überhaupt.

★

In den Zeitungen stehen Berichte, die an Klarheit nichts zu wünschen übrig lassen – oder vielmehr nur noch zu wünschen übrig lassen. – Auf den gleichen Seiten, die das grauenvolle Schicksal der vielen Zehntausend junger Amerikaner in Korea schildern, liest man Geschäftsannoncen, wie immer: spitzenbesetzte Nylon-Hemden, als grösste Errungenschaft der Zeit gepriesene Männerhüte, die jeden Mann zum Sieger machen; Ballgewänder, die garantiert jedes Mädchen in eine Märchenprinzessin verwandeln. Unter »wonderful news« erfährt man, dass es jetzt Crêpes Suzettes in fertigen Packungen zu kaufen gibt. Und immer wieder: sensationelle Angebote, sensationelle Neuheiten, sensationelle Sonderverkäufe. Die Resultate des grossen Fussballmatches nehmen weiter ebenso viel Platz ein, wie die Berichte über das Vorrücken der Chinesen. Zu wohltätigem Zweck wird eine exklusive Schosshündchen-Schau veranstaltet – die Hunde werden als besondere Attraktion in gleiche Pelzmäntel gehüllt sein, wie ihre Besitzerinnen. Hunderte von freiwilligen Blutspendern melden sich in den Krankenhäusern. Und in den »letters to the editor« fordern Männer und Frauen mit voller Namensnennung die sofortige Anwendung der Atombombe.

★

Am Radio werden immer noch die grimmigsten Nachrichten durch nekkisch-niedliche Liedchen unterbrochen, die den Hörern bestimmte Seifenpulver, Wollhosen, Zigaretten, Parfums einhämmern – man darf aber dabei nicht vergessen, dass durch diese »commercial«-Ansagen ja der ganze Nach-richtendienst überhaupt ermöglicht wird.

Die Zeit verlangt Nerven aus Stahl – aber manchmal scheint es, als beständen auch die Nerven, Gefühle, Reaktionen nur mehr aus Plastik, mit Nylon übersponnen, wie das meiste sonst...

★

Es fehlt nicht an düster mahnenden Stimmen, die zur Abkehr, Rückkehr und Einkehr auffordern. Aber es gehört zu den Komplikationen dieser Zeit, dass man das Unwesentlichste nicht so einfach gegen das Wesentlichste eintau-schen kann – zumindest nicht in der äusseren Form. Der Lebenskampf in den grossen Städten bleibt bitter und anhaltend. Vielleicht sind die Menschen, die weiter verzweifelt ihre überflüssigen Waren absetzen wollen und täglich neue Ueberschwänglichkeiten für grösseren Absatz suchen, auch Helden. Der Mann, der sinnspruch-bestickte Nylonstrümpfe ausposaunt, hat einen Sohn in Korea und muss eine grosse Familie ernähren. Die Besitzerin jenes Hutladens, der auf besonders verrückte Hütchen spezialisiert ist, hat schwe-re Sorgen im Kopf, während sie sich die lustigen Gebilde auf den Kopf stülpt. Wenn nicht immer neue Bedürfnisse erweckt, neue Moden erfunden, neue Spielereien angezeigt würden – Hunderttausende wären arbeitslos. Und dann – wer will die Grenzen ziehen zwischen sinnvoll und sinnlos, wenn es um Sein oder Nichtsein geht...

★

Noch nie gab es Widersprüche in solchem Ausmass. Und es ist immer wie-der erschütternd und entwaffnend, zu sehen, wie stark die paar Lichter bren-nen, die der Menschheit über alle Abgründe hinweg leuchten: Lebenstrieb, Hoffnung und die jeweils gebieterische »Forderung der Stunde«.

Manchmal erscheint einem die Absurdität alles äusseren Geschehens unerträglich. Dann aber wieder empfindet man es tröstlich, die spielerische Buntheit der Strassen aus dem Grau der Ereignisse herausstrahlen zu sehen. Es ist in dieser Zeit der Furcht, des Hasses, der Zerstörung nicht viel von Feststimmung zu spüren – die Schaufenster erinnern wenigstens daran, dass es so etwas geben könnte – und auch immer noch gibt...

★

Wir sind die generösesten Menschen der Welt. Es wird – sang- und klanglos – für alle erdenklichen Zwecke gegeben. Grösstenteils von Mitbürgern, die den Dollar schwer verdienen. Die Reklame für allerlei Absurditäten, der Verkauf von Nichtigkeiten, die Moralisten als »nicht in solche Zeit passend« brandmarken würden, bringt Millionen für Krebsforschung, Kinderrettung, Altershilfe und Hilfe für immer mehr Länder, immer mehr Menschen.

★

Als kürzlich der berühmte englische Philosoph, Wissenschaftler und Zyniker Bertrand Russell an der Columbia University über die Probleme der Zeit sprach, konnte er zum Abschluss nur einen einzigen konstruktiven Rat geben. Er entschuldigte sich vorher, dass dieser Rat sehr banal und altmodisch klinge und er sich beinahe schäme, ihn auszusprechen... Aber die einzige Rettung für das weitere Bestehen der Welt sei: die Liebe – –

Aufbau 1961
★

Eric P. Mosse – 70 Jahre

A m 25. Januar ist Eric Mosses siebzigster Geburtstag. – den er auf einer Südsee-cruise mit seiner Frau Marianne ganz privat feiert – und an dem seine zahlreichen Freunde in Herzlichkeit und Bewunderung seiner gedenken.

Mit siebzig kalendarischen Jahren ist Eric Mose jünger als je, tätiger als je, lebensneugieriger als je. Vielleicht weil sein Dasein in so viele wichtige, erfolgreiche Phasen eingeteilt ist, die geistige Substanz immer wieder neu befruchtend: Theater-Regisseur, Arzt, Dichter, Roman-Schriftsteller, Kritiker, Psychoanalytiker und – ganz neuerdings – Bildhauer.

★

Vitalität, Elastizität und Arbeitsenergie sind bei Eric Mosse im verblüffenden Maße vereint. Dazu kommt sein großer Humor, den er nie verloren hat, obwohl er ärztlich und künstlerisch in alle Tiefen der menschlichen Tragik hineinblickt.

Sohn des Justizrates Albert Mosse, Neffe von Rudolf Mosse, hat er sich in der besten kulturellen Atmosphäre von Berlins Glanzzeit entwickelt. Aber er war zugleich ein Rebell – bürgerlicher »complacency« abhold – ein Sucher, ein Kämpfer, ein wissen- und verstehen Wollender auf allen Gebieten.

Sein »Ich«-Roman, der unter dem Pseudonym Peter Flamm im Jahre 1926 bei S. Fischer erschienen, war ein Sensationserfolg, dem andere Bücher und Schriften folgten. Wer hätte damals vorausgesagt, dass er im Jahre 1937 als bekannter amerikanischer Psychiater mit »The Conquest of Loneliness« schriftstellerisches Aufsehen erregen würde?

★

Es lagen schwere Jahre dazwischen. Verlust eines Vaterlandes, und, noch mehr, einer Muttersprache. Dann 1934 die Wiedergeburt im neuen Kontinent, die glänzende neue ärztliche Karriere. Es ist kaum fassbar, dass der überbeschäftigte Psychoanalytiker nicht nur Zeit fand immer weiter literarisch zu arbeiten, sondern auch noch eine neue Ausdrucksfähigkeit entdeckte: die Skulptur. Im Jahre 1959 wurde anlässlich eines großen nationalen Kunst-Wettbewerbes ein Werk des Bildhauers Eric Mosse mit dem ersten Preis ausgezeichnet...

★

Das Geheimnis dieses fabelhaft ausgefüllten, immer konstruktiven Lebens, liegt vielleicht darin, dass Eric Mosse die seltene Gabe besitzt, keine einzige Minute unausgenützt zu lassen. Seine geistige Rastlosigkeit findet einen glücklichen Ruhepunkt in seinem Familienleben, das von zwei reizenden jungen Frauen beherrscht wird: der Gattin Marianne und der Tochter Sybil. Das gastliche Haus Mosse ist ein reger gesellschaftlicher Mittelpunkt von Künstlern, Aerzten, Schriftstellern, Wissenschaftlern. Es herrscht hier eine immer stimulierende Atmosphäre.

Eric Mosse arbeitet jetzt an der Vollendung eines neuen Buches: »The Tyrant within – the story of the conscience«. Aber wieviel Pläne sind ausserdem in Bearbeitung!

★

Happy birthday to you – for he is a jolly good fellow! wird ihm heute von allen Seiten in Herzlichkeit erklingen. Und alle seine Freunde wünschen ihm – und sich selber – noch ungezählte Jahre seiner schöpferischen Tätigkeit.

★

Ein Besuch im Weissen Haus

D er frische Wind, der im würdigen Washington weht, ist überall spürbar. Die Dynamik des jungen Präsidenten und das Tempo seiner Handlungen wirkten zunächst verblüffend, sehr bald ansteckend. In den riesigen Staatsgebäuden wird bis in späte Stunden hinein fieberhaft gearbeitet, und mancher Amtsschimmel entwickelt sich zum feurigen Rennpferd. Zynische Beobachter bezweifeln eine lange Dauer solchen Eifers – aber alle sind sich darin einig, dass eine ungewöhnliche Kraft am Werke ist, die neue Kräfte in Bewegung setzt.

Die Popularität des Präsidenten Kennedy ist täglich im Wachsen – im gleichen Masse wachsen auch die Schwierigkeiten, die ihm in den Weg gelegt werden. Man bewundert seinen persönlichen Mut und die Kühnheit seiner Entschlüsse. Aber es gilt, es allzu vielen recht zu tun, und niemals dem Falschen Unrecht zu tun... Eine unlösbare Aufgabe in einem so gewaltigen, so heterogenen Staat, und in einer Welt, die sich in noch nie dagewesener Evolution befindet.

Der junge Herkules im Weissen Haus steht vor ungeheuren Aufgaben – er hat so gewollt – und jeder hier wünscht, günstige Umstände mögen ihn zum Ueberwinden der grössten Schwierigkeiten verhelfen. Man erwartet keine Wunder, aber man erhofft sie.

★

Das Weisse Haus erstrahlt im weissesten Weiss. Es ist mit Hilfe besonderer Technik übermalt worden – »it was an expensive job«, eine teure Angelegenheit, sagt ein würdiger Angestellter, der in 20 Dienstjahren hier alle Grossen der Welt vorüberziehen sah.

Es wimmelt noch von Arbeitern, die Teppich legen, Möbel entfernen, Bilder umhängen, elektrische Drähte verlegen. Das White House wird seinen historischen Reiz und seine schöne Einfachheit behalten, aber die persönliche Note, die jeder Präsident beifügt, wird durch ein junges Paar mit kleinen Kindern besonders betont.

Die künstlerisch begabte First Lady Jacqueline setzt ihren Ehrgeiz daran, die offiziellen Räume stilgerecht zu einem Museum ihrer Entstehungszeit zu entwickeln. Ihre privaten Räume aber sollen möglichst behaglich werden, den Kindern Spielräume geben und dem Präsidenten die dringend nötige

Oase bieten. So wird jetzt gerade im oberen Stockwerk eine allermodernste kleine Küche eingebaut, wo er sich zu später Nachtstunde selbst einen »snack« soll holen können.

Für die junge, sportliche, an Selbstständigkeit gewöhnte Gattin des Präsidenten ist es nicht leicht, sich an die Idee zu gewöhnen, die nächsten vier (oder acht?) Jahre ein öffentliches Schaustück zu sein – in jeder Bewegung den Photographen ausgesetzt, überall hin vom security service gefolgt zu werden. Ein Versuch, dem wenigstens kurze Zeit zu entrinnen, ist das neu erstandene Landhaus im nahen Virginia, von Wäldern umgeben. Hier hoffen die Kennedys, dass ihr Privatleben am Wochenende respektiert wird – so gut oder schlecht dies in Amerika möglich ist, wo ins höchste gesteigerter Personenkult von phantastisch organisierter Presse immer angefacht wird.

Einzige wirkliche »relaxation«: Der Helikopter, der direkt vom Rasen des Weissen Hauses wegfliegt und den Präsidenten oder die Seinen allein durch die Lüfte zur ländlichen Zuflucht trägt...

★

Im schönen, getäfelten Essaaal ist ein langer Tisch, einfach gedeckt, zum Lunch bereit. Oberhalb des Kamins ist ein gerahmter Segensspruch des Präsidenten John Adams vom 2. November 1800:

»Ich bete zum Himmel, er möge seinen besten Segen diesem Hause spenden, sowie allen, die fürderhin darin wohnen werden. Mögen nie andere als ehrliche und weise Männer unter diesem Dach regieren.«

Ein grosser Raum des Weissen Hauses ist vom Boden bis zur Decke mit offenen Kisten und Schachteln gefüllt, aus denen alles quillt, was es an überflüssigen Geschenken geben kann. Tausende von gestrickten oder gestickten Kleidern, Häubchen, Decken, Schuhen für die Kennedy-Kinder, Bücher, Schalen, Stoffe, Skulpturen, Bilder aller Art von Kitsch bis zu Kunst. Etwa zwei Dutzend Ölporträts der First Lady nach Photographien gemalt. Eine Schachtel mit goldenen Fingernägeln fällt als besonders sinnig auf...

Alle diese wohlgemeinten Gaben (von denen jeder Absender wahrscheinlich glaubte, der einzige zu sein) werden von drei jungen Sekretärinnen gesiebt, geordnet, eingetragen. Geschenke, die eine festgesetzte Grenze von 18 Dollar Wert übersteigen, werden zurückgesandt, die anderen an Kinderheime, Spitäler und Altersheime geschickt. Man möchte am liebsten einen Appell ans Land gehen lassen: Nur keine Geschenke mehr für die Kennedys! Sie haben wirklich alles, was sie brauchen...

Ein Sekretariat hat die Briefe zu sortieren und möglichst zu beantworten. Es kommen täglich sechs- bis achttausend Briefe ins Weisse Haus. Manche wichtige und interessante, die an die richtigen Stellen geleitet werden müssen, unzählige Bittbriefe, und unzählige Briefe von Kindern an die 3jährige Caroline Kennedy, die ihre Märchenprinzessin geworden ist. Auch an den drei Monate alten John junior wird geschrieben: »So happy that you were born«... Uebrigens kommen sehr viele Kinderbriefe und Gaben aus Holland, Frankreich, der Schweiz und anderen Ländern.

Es scheint ein grosser Reiz zu sein, ans Weisse Haus zu schreiben, das zum erstenmal wieder von einem jungen Ehepaar und von Kindern belebt wird.-

★

In einem hellen Raum sitzt vor einem mit Telephonen, Büchern, Papieren überhäuften Schreibtisch die zarte, nicht mehr junge und sichtlich überarbeitete Privatsekretärin des Präsidenten. Mrs. Evelyn Lincoln, in einer Ecke zwei hübsche Mädchen an zwei Schreibmaschinen. Hier ist das Allerheiligste und immer das Allereiligste – Ununterbrochen wird eine Meldung gebracht, ein Besucher angesagt. Pierre Salinger, der äusserst kluge Pressechef und Vertrauensmann des Präsidenten, geht ein und aus.

Dann öffnet sich auch die Tür zur Linken und bleibt eine ganze Weile lang offen: es ist der Sitzungssaal mit dem langen Tisch, an dem Präsident Kennedy mit seinen wichtigsten Ratgebern Konferenz abhält. Er steht nach Beendigung noch in intensivem Gespräch mit ihnen herum – im Hören und Sprechen äusserst angespannt. Unter den Anwesenden sein brillanter Bruder Robert, der neue Attorney-General, der Arbeitsminister, die technischen und ökonomischen Ratgeber, die wissenschaftlichen und die militärischen Experten. Eine eindrucksvolle Gruppe der besten Köpfe, von denen die Lösung der dringendsten Zeitprobleme erhofft wird –

★

Dann kommt John F. Kennedy durch die Tür, der tiefe Ernst ist verschwunden. Er begrüsst die Anwesenden mit charmantem Lächeln und begibt sich in einen Nebenraum zur nächsten Pflicht: eine Abordnung der Philharmoniker zu empfangen, denen er seine Unterstützung zur nationalen Verbreitung klassischer Musik zugesagt hatte.

Das Programm eines Staatsoberhauptes ist immer gewaltig und bunt. Aber hier hat man den Eindruck, dass eine starke Persönlichkeit und ein sehr lebendiges Interesse hinter allem steht. Mit dem Bestreben, Neues zu schaffen, viel Veraltetes abzuschaffen und für alle Probleme der Zeit offen zu sein. Es ist erstaunlich – der Name Eisenhower erklingt nur noch gelegentlich mit dem Tonfall von »lang, lang ist's her...« Der Held des Tages hat den Helden der jüngsten Vergangenheit bei Freunden und Gegnern völlig verdrängt. Kennedy hält alles in Atem.

Wie ein Taxichauffeur sachlich äusserte: »Was er will, ist gut – jetzt muss sich zeigen, was er wird durchsetzen können...«

★

Das Wetter in Washington war von aussergewöhnlicher Wärme und an vielen Bäumen konnte man bereits Blüten sehen. Es schien als hätte das Tempo des jungen Präsidenten sogar den Frühling angesteckt.

Aufbau 1964
★

Abschied vom Privatleben?

E s ist seit langem offenbar, dass unser privates Dasein von den vielen unheimlichen – und unheimlichen – Erfindungen zutiefst berührt wird. Nach aussen hin gibt es durch Massenmedien immer mehr Komfort, Unterhaltung, Möglichkeiten und die Illusion von Freiheit. Aber wir bezahlen dafür mit dem Verlust unserer »privacy«.

Das Wörterbuch übersetzt diesen guten Einheitsbegriff mit einer Zerlegung in verschiedene Begriffe: »Zurückgezogenheit, Verborgenheit, Stille, Heimlichkeit, Geheimnis.« Wir tun, aus Selbsterhaltungstrieb, so, als ob all das noch existieren würde. Um so peinlicher ist es, wenn einem schwarz auf weiss gründlich bewiesen wird, dass dies eine völlige Illusion ist und dass es »privacy« überhaupt nicht mehr gibt.

★

Ein neues Werk des unerbittlichen amerikanischen Zeitchronisten Vance Packard heisst: »The naked society« – die Nackte Gesellschaft. Der Autor, der mit seinen früheren Büchern »Hidden Persuaders«, »The Waste Makers« und »The Status Seekers« neue Begriffe prägte, ist ein erschreckend nüchterner Berichterstatter. Er rückt den neuen Mächten an den Leib, der alles beherrschenden Reklame, der überspitzten Technik, den automatisierten Prozeduren auf allen Gebieten.

In seiner »Nackten Gesellschaft« schildert er, beinahe apokalyptisch, das unaufhaltsame Eindringen in das Privatleben des Einzelnen durch die unheimliche Zahl versteckter Mikrophone, geheimer Spiegel, verborgener Tonbandapparate, überwachter Telephongespräche.

Und die erschreckende Verbreitung aller jener offiziellen und kommerziellen Fragebögen, die bis zu den intimsten Einzelheiten dringen.

Es hat sich hierzulande ein Ueberwachungssystem ausgebildet, das ans Phantastische grenzt. Es geht immer freundlich, beinahe gemütlich vor sich. Aber die F.B.I. (Federal Bureau of Investigation) weiss buchstäblich alles von allen. Irgendwo, irgendwann kann dem bravsten Bürger aus seinem komplett geführten Dossier bewiesen werden, dass er sich wissentlich oder unwissentlich einmal vergangen hat. Wenn es nötig scheint, kann ein Bussetitel für verbotenes Parkieren des Autos genügen, um das »nicht vorbestraft« einer Existenz ad absurdum zu führen. Für die F.B.I. gibt es keinen uninteressanten Mitbürger.

Laut Vance Packard ist ein Netz von Ueberwachung und Eindringen in die letzten Intimitäten derart eng gesponnen, dass der Einzelne nicht mehr herauskann. Er schildert die modernen Prozeduren des Ausfragens, mit Fingerabdrücken, »Lie-detectors«, Elektronen, Psychiatrie, wenn es sich um Aufnahmen in Betriebe oder Institute handelt, oder sogar bei einfacher Stellungssuche. Die Fragen – irreführend höflich und jovial – sind derart persönlich, dass manch ein schüchterner Aspirant unsicher wird, und harmlose Details erzählt, die ihm später (auf Tonband aufgenommen) belastend vorgehalten werden können. Alle grossen Betriebe bedienen sich dieses Systems.

★

Ein Erfolgsprogramm im Bildfunk heisst: »Candid Camera« und zeigt Mienenspiel, Bewegungen und Aktionen von Menschen, die sich völlig allein glauben. Es ist ein grosser Lacherfolg. Aber es ist gar nicht mehr lustig, wenn irgend jemand, der eine Stelle sucht, oder geprüft wird, sich von versteckten Linsen und Tonbandapparaten umringt glauben muss.

Vance Packard will den Beweis bringen, dass die fabelhaften elektronischen Erfindungen sich zu Geistern entwickelt haben, die unser Privatleben zugrunde richten. Es wird bald kein Alleinsein mehr geben können, kein »unter vier Augen«, wenn ungezählte Augen und Ohren via Tonband und Fernsehen offen sind. Mütter und Väter waren zunächst begeistert über einen Apparat, der ihnen gestattete, aus der Ferne jeden kleinsten Schrei eines alleingelassenen Kindes hören zu können. Jetzt liest man überall grosse Annoncen: »Eyes and ears, precision electronics for the entire family«. Ein «big ears« ($ 18) lässt weit entfernte Gespräche bestens mitanhören – und flotte Kinder können den Spass haben, ihre Eltern zu belauschen. Eine nette Puppe »Miss Echo« ($ 25) hat in ihrem Bäuchlein ein Tonbandgerät versteckt, das beste Unterhaltung bieten kann.

Die Gier des Publikums nach immer neuestem Neuen und nach pikantem Klatsch hat Indiskretion grössten Stils zur Selbstverständlichkeit für Journalisten und Photographen gemacht. Mit der »candid camera« dringt man überall hin und für die weitreichende Linse gibt es keine Entfernungen. Prominente Persönlichkeiten der Politik, Kunst und Gesellschaft tauschen internationale Berühmtheit mit dem völligen Verlust ihres »Privatlebens« ein – es gibt für sie kein unbewachtes Mienenspiel mehr. Nur der anonyme Zeitgenosse konnte sich noch einbilden, Privatmensch zu sein.

★

Aber wenn man dieses Buch zu Ende gelesen hat, gerät man in einen sehr ungemütlichen Zustand: Man geht nicht mehr allein durch ein Warenhaus, man fährt nicht mehr allein in einem leeren Aufzug, man sitzt kaum mehr allein auf einer Bank. Man spricht nicht mehr allein mit dem einzigen Menschen, den man in seinem Büro aufsucht, man schwatzt nicht mehr gelassen am Telephon. – Und man sieht sich jeden Fragebogen ängstlich an, weil man hinter jeder Frage eine Falle vermutet. Wir sind eine Generation von »voyeurs« geworden, die sich gegenseitig hüllenlos besehen und behören können – und verzweifelt nach einem Schlupfwinkel suchen, in dem man ungestört zumindest Grimassen schneiden kann…

Vance Packard ist ohne den geringsten Humor. Er schildert in seiner »Nackten Gesellschaft« Dinge, denen er auf den Grund gegangen ist – die nur manchmal allzu einseitig beleuchtet scheinen. Aber seine Feststellungen und seine Warnrufe machen grossen Eindruck und werden nicht ohne Wirkung bleiben. So mag zum Beispiel künftighin eine Abänderung der Fragebögen vorgenommen werden, die man Schulkindern vorlegt, um von ihnen Schilderungen und eigene Ansichten über ihre Familie zu erfahren…

Der Autor ist mit Goethe der Meinung »es bildet ein Talent sich in der Stille«, die er »privacy« nennt, und die uns erschreckend genommen wird. – Die dünnen Wände und die engen Wohnungen ohne Türen, die Lautsprecher, die Mikrophone, das Fernsehen, die Drähte und Wellen…

★

Es handelt sich hier zwar um Amerika – aber es ist eine Lebensweise, die sich früher oder später über die ganze Welt verbreiten mag. Das Individuum verschwindet offiziell, wenn es auch sonst nicht auszurotten ist.

In Memoriam
Ruth Landshoff-Yorck

S ie war eine ungewöhnliche faszinierende Erscheinung. Im Berlin ihrer Jugendjahre ein Liebling der damaligen Edel-Boheme – schön, klug, unternehmend, vorurteilslos. Sie hatte sich ihr eigenes Milieu geschaffen, das aus den Kreisen der Kunst, der Bühne, der jeunesse dorée, der Avant-garde aller Gebiete bestand, ohne jemals die Anhänglichkeit an ihre gutbürgerliche Abstammung zu verlieren.

★

So wurde sie ein Mittelpunkt der Welt, die sich nicht langweilte. Sie liess sich vom Strom des Berliner Lebens fortreissen; spielte Theater, schrieb Stücke, machte die tollen Feste mit, begeisterte Kokoschka und andere Maler, setzte sich für neu entdeckte Künstler ein. Aber gleichzeitig zog es sie immer zu den grossen Geistern der älteren Generation, die in ihr eine stille Zuhörerin fanden und sich ihrer Jugend und Schönheit freuten. In ihren kürzlich veröffentlichten Erinnerungen werden viele jener Berühmtheiten höchst lebendig geschildert.

★

Kriege und Hitler bereiteten der Welt des Lebensgenusses ein Ende. Ruth Yorck machte die schweren Zeiten und die verschiedenen Stationen der Emigration durch, einem Häuflein alter Freunde immer die Treue haltend. In New York, wo sie sich niedergelassen hatte, schuf sie sich eine neue Geistes-Heimat. Sie entwickelte sich zur Dichterin in englischer Sprache und fand unter der jungen Generation von »poets and playwrights« bewundernde Anhänger. In ihrer Behausung in Greenwich Village ging es inmitten malerischer Unordnung und primitiver Ausstattung immer lebhaft zu. Junge Dichter und Schauspieler fanden hier größte Anregung und ungewöhnliches Verständnis. Daneben stellte sie für ihre amerikanischen Freunde den »background Europe« dar, sie konnte von Cocteau, von Thomas Mann, von Reinhardt, von Brecht, von so vielen anderen hier bekannten Grössen aus persönlichen Beziehungen heraus erzählen.

An Sommerabenden wurden »backyard parties« veranstaltet. Dichter und Maler der Greenwich Nachbarschaft schmückten den Hof des alten Hauses mit Lampions aus. Auf langem Tisch stand Brot, Käse, Wein, Bier bereit. Es herrschte immer eine besondere Stimmung an diesen Abenden, wo neue Stücke besprochen wurden, Ideen ausgetauscht, Freundschaften geschlossen.

★

Die Frau, die Berlin, Paris, London, Rom, Venedig in Glanzzeiten erlebt hatte, war die »poet lady« von Greenwich Village geworden. Ihre Stücke wurden im »Aufbau« veröffentlicht und in moderne Anthologien aufgenommen. Obwohl sie von zarter Gesundheit war, kam ihr Tod in gnädiger Schnelle unerwartet. Denjenigen, die sie kannten, bleibt die Erinnerung an ein schönes, eigenartiges Wesen von vielerlei Talenten und von echter Herzenswärme.

TEXTE AUS
BÜCHERN

✳

Ernst Dryden: Reklame für ein unbekanntes Objekt.
Wasserfarbe und Bleistift auf Papier, um 1928.

Ernst Dryden: Reklame für Badeanzüge der Firma Wolsey.
Wasserfarbe und Bleistift auf Pauspapier, um 1928.

Ein bißchen Glück

Das größte Glück im Leben ist: ein bißchen Glück.

*

Das Glück kommt am liebsten, wenn einer schläft. Es kommt zu ausgeruhten Menschen, in ausgeruhter Zeit. Momentan ist keine gute Konjunktur für Glück.

*

Ein bißchen Glück dann und wann ist das beste Heilmittel gegen Depression.

*

Das Glück läutet nicht an der Tür. Es ist plötzlich da, und wenn man nicht gut aufpaßt, ist es schon wieder fort. Glück setzt sich niemals nieder.

*

Die meisten Menschen sehen die Nase des andern und das Glück des andern viel deutlicher als die eigene Nase und das eigene Glück.

*

Manche Menschen verbreiten überall ein bißchen Glück, ohne selbst eigentlich besonders glücklich zu sein. Sie sind gute Wärmeleiter.

*

Das Glück liebt die Einfältigen und hat eine ausgesprochene Abneigung gegen komplizierte Naturen.

*

Glück haben bedeutet auch: kein Unglück haben. Man vergißt das so oft.

*

Ein bißchen Glück, ein bißchen Wärme, ein bißchen Lachen – und man braucht nicht mehr nach dem großen Glück zu jagen.

*

Großes Glück gibt es nur in der Erinnerung und in der Sehnsucht. Wer daneben auf auch noch ein bißchen Glück hat, kann sehr zufrieden sein.

*

»So ein Glück! Ich habe gerade noch die Trambahn erwischt...!«

*

Man sagt von einem Menschen, dem alles gelingt: der hat ein Glück! Dabei hat er gewöhnlich nur Erfolg.

*

Es genügt nicht, Glück zu haben – man muß es auch als solches empfinden.

*

Das große Unglück ist leider sichtbar. Das große Glück ist leider unsichtbar.

*

Einem Menschen, der *nie* Glück hat, kann nicht geholfen werden. Da ist irgend etwas nicht in Ordnung...

*

Lebenshoffnung: immer wieder ein bißchen Glück – und es wird schon gehen...

EIN BISSCHEN GLÜCK 1942
———————————— * ————————————

Private Geographie

J eder Mensch hat seinen kleinen Privatatlas. Länder, Städte und Dörfer sind da nach eigenem Gefühl groß oder klein abgezeichnet, wichtig oder unwichtig. Je nach Stärke und Farbe des Erlebens.

Irgendein kleiner Flecken nimmt im Vergrößerungsglas glücklicher Erinnerungen die Bedeutsamkeit einer Metropole an. Orte werden wichtig, die den Rahmen eines einzigen strahlenden Tages bilden, eines besonnten Nachmittags, einer dem Zufall verdankten Stunde.

... Süßer Flecken der Normandie, an den Ufern der Seine, da, wo sie alle Lieblichkeit aufbietet, bevor sie sich in das große Meer verliert. Die Terrasse des alten Hotels war voller Büschel hängender Rosen – die Kühle uralter Bäume wehte durch die Sonnenluft. Alle Heiterkeit des Lebens schien aufgefangen in den Zauber dieser mittäglichen Landschaft. Und ein alter Kellner mit weißer Schürze brachte eine gewaltige Holzschüssel mit einem Berg von Walderdbeeren und einem bauchigen Fayencetopf voll double crème, die mit einem Riesenlöffel auf den Teller geklatscht wurde... Es sang, zwitscherte, lachte ringsum – alles gedämpft durch den Schleier der Wärme, der Ruhe, der kleinen weißen Wellen über der Seine – Caudebec – –

*

Und plötzlich fällt dieser Name, den man in der Kammer der Erinnerung bewahrte: er steht in der Zeitung, er tönt durchs Radio. Motorisierte Truppen. Tanks. Luftkampf – Höllenspuk in einem der privaten Paradiese...

Paris ist eine Landkarte für sich. Hier fand jeder Mensch ein Stückchen Heimat oder ein Stückchen erfüllter Sehnsucht. Eine Parzelle Glück – den Schauer erlebter Geschichte, den Zauber eines Lächelns, das Geschenk einer inneren Erleuchtung. Paris ist mehr als eine Stadt, es ist ein Begriff.

Es war einmal im Spreewald, dem eigenartigen wendischen Landstrich, der mitten in Preußen ein Stück unverfälschten Slawentums bildet. Ein winziges Nest, lagunenartig von Wasserstraßen umgeben. Die Bewohner tragen ihre eigenartige Tracht, sprechen fast nur ihre slawische Sprache. Ich kam in eine Unterhaltung mit dem jungen Pfarrer, der allerlei von den Gebräuchen des Spreewalds erzählte. Aber dann sagte er: »... ich bin einmal als Vikar in Kottbus gewesen – ach, Kottbus! Das ist wirklich Klein-Paris...!« und seine Augen leuchteten. –

*

Das tiefernste, schaffende, traditionsstarke, erdhafte Paris war das Lächeln Europas. Man vergaß seine blutige Geschichte, sein jahrhundertealtes Ringen, die großen Geister unter seinen Bürgern. Paris wurde in den meisten zum summenden Refrain, zum Inbegriff des Legeren, des Sprühens und Strahlens. Es gehörte viel schwere Arbeit dazu, um so viel Leichtigkeit zustande zu bringen... Jetzt senkt sich ein dunkler Schleier über das herrliche Paris, das aus jedem großen Atlas und jedem kleinen Privatatlas herausleuchtet.

Wir erleben Geschichte und Geographie in einem Maße, das unser Begriffsvermögen weit, weit übersteigt. Es gehen Welten zugrunde, die uns vertraut waren, und es entstehen Welten, die uns mit tiefer Bangigkeit erfüllen. Wir haben keine Zeit zum Distanznehmen für die Zukunft.

Aber wir haben Distanz zur Vergangenheit. Zu der kurzen eigenen, und zu der »langen« historischen Vergangenheit. Wir wissen – oder vermuten es stark – daß die gute alte Zeit auch nicht sehr gut war... Die Erde, auf der das rosenumrankte normannische Gasthaus stand, war blutdurchtränkt, lange vor unserer Zeit. Und Paris –

Hie und da ist es uns vergönnt, in warmer Mittagsluft Bienen summen zu hören. Den Zauber von Landschaft, von Architektur, von Komfort, von Lieblichkeit zu kosten. Fünf Minuten Nirwana...

*

Und wir eignen uns im Laufe des Lebens eine private Geographie an, die uns keiner nehmen kann. Denn in schönen Erinnerungen liegt eine erstaunliche Kraft: sie blühen selbst aus der Asche wieder empor. At magnimo luptamet.

EIN BISSCHEN GLÜCK 1942
*

Man schreibt wieder Briefe

B riefe sind wieder äußerst aktuell. Es werden in unserer Zeit unendlich viel Briefe geschrieben – aus Zwang, aus Sehnsucht, aus Trennungsschmerz, aus Hoffnung. Ganz neuerdings auch aus Propaganda. Von den engbeschriebenen Seiten des bekannten King Hall zieht sich ein Meer von Briefen über die Welt.

Der Brief ist die letzte Rettungsinsel aus der Masse. Hier darf das Individuum aufleben, hier kann es sich dem beglückenden Größenwahn der Einzigartigkeit hingeben. Reden, ohne unterbrochen zu werden. Man sagt: Papier ist geduldig – sehr viel geduldiger wahrscheinlich als manchmal der Leser...

Ich habe in meiner Kindheit Madame de Sévigné gehaßt, weil ich einen großen Teil ihrer schrecklich klassischen Briefe auswendig lernen mußte. Sie hatte so viele anerkannte Meriten, daß sie bestimmt eine unangenehme Person gewesen sein muß... Aber wie herrlich schön waren andere Briefe, die man nicht auswendig lernte und darum viel tiefer empfand – zum Beispiel die gekritzelten Liebesbriefe Napoleons aus der Schlacht an die Frau, die er jeweilig liebte; Briefe von Dichtern, von Musikern, von Männern und Frauen, die darin mehr von ihrer Seele offenbarten, als oft in ihren Werken oder in ihren historischen Taten. Aus Briefen berühmter Menschen schöpft die Nachwelt wie aus unversiegbaren Brunnen. Dadurch wird nebenbei oft Zartestes, Privatestes an die laute Öffentlichkeit gezerrt. Aber für Berühmtheiten hört ja die Diskretion spätestens vierundzwanzig Stunden nach dem Begräbnis auf – gewöhnlich schon sehr viel früher.

Viele Menschen, die lautlos und farblos durchs Leben gleiten, schreiben wunderbare Briefe – sie schaffen sich damit ein gesteigertes Dasein, einen Höhenweg ihres Alltags. Solche Briefe, die ein Tagebuch ans Du sind, können zum Spiegel einer Zeit werden. Gerade wenn sie von Namenlosen, Unbekannten stammen.

Junge Menschen pflegten früher mit Leidenschaft Briefe zu schreiben, dann hörte es ein paar Jahrzehnte lang auf. Für die Jungen war das Telephon da, die Postkarte, das gelegentliche Telegramm – oder eben gar nichts. Sie sammelten häufig Briefmarken, selten Briefe.

*

Das beginnt sich wieder zu ändern. Es liegt an den Wanken der Zeitbegriffe, an den vielen ungelösten Lebensfragen, an der Müdigkeit, zu reden. Böse Menschen singen keine Lieder – und glückliche Menschen schreiben keine Briefe. Nur irgendeine starke Sehnsucht oder eine tiefe Leere treibt junge Menschen zum Schreiben.

Seitdem das große Wandern so vieler Heimatloser eingesetzt hat, sind Briefe wieder die einzige Vereinigung über Länder und Meere hinweg. Die jüngste Vergangenheit hat einen melancholischen Satz geprägt: Aus Kindern werden Briefe...

Unendlich viel geklapperte Maschinenseiten ersetzen den geschriebenen Brief. Sie geben den Zeilen größere Klarheit, nehmen aber den Gedanken jedes eigene Aroma. Auch der Füllfederhalter ist nicht das wahre Glück – aber er gewinnt doch im Gebrauch eine individuelle Färbung. Weswegen dem alten arabischen Sprichwort »Dein Pferd und dein Weib sollst du niemals verleihen« jetzt auch der Füllfederhalter beigefügt würde... Bleistiftbriefe können kostbare Dokumente oder unleserliches Ärgernis bedeuten.

Das Land, wo noch am meisten mit der Hand geschrieben wird, ist England. Dort gibt es auch die meisten Privatbriefe. Und die Korrespondenz einer society-lady ist, wenn nicht immer von weltgeschichtlichem Interesse, doch von gewichtigstem Umfang.

Sehr beschäftigte und sehr einsame Menschen schreiben die meisten Briefe.

Ein Brief kann oft zur wahren Wohltat, zum beglückenden Geschenk werden. Mit ein bißchen gutem Willen, keiner Trägheit des Herzens und einer Briefmarke ist jeder Mensch in der Lage, Gutes zu tun. Briefe, die man schreiben will, sollten niemals aufgeschoben werden. Es ist ein schreckliches Gefühl, wenn man vom Tode eines Menschen hört, dem man durch einen Brief noch Freude gemacht haben könnte. Auch Briefe fremder Menschen an fremde Menschen können Bitternis lösen, neuen Lebensmut geben.

Ein nicht mehr junger Engländer erzählte folgendes Erlebnis: er besann sich einmal eines Schullehrers, der die trockensten, unerfreulichsten Stunden erteilt hatte. Aber das, was er lehrte, war merkwürdig stark haften geblieben, weit mehr als vieles andere.

*

Da setzte er sich eines Tages hin und schrieb dies dem alten Lehrer. Die Antwort rührte ihn tief. Der Lehrer schrieb: »... als ich gestern abend Ihren Brief erhielt, war ich gerade in sehr gedrückter Stimmung. Plötzlich schien mein ganzes Lebenswerk Sinn zu bekommen. Seit fünfunddreißig Jahren versuche ich mit allen Kräften das Beste zu geben, was ich kann. Es ist bisher nicht ein einziges Mal vorgekommen, daß ich von einem Schüler ein Wort der Anerkennung bekam. Ich danke Ihnen...«

Derselbe Engländer, der sich viel mit Selbstdisziplin zum Briefeschreiben erzogen hatte, behauptete übrigens, daß auch ein freundlicher Brief zur rechten Zeit an Gläubiger oft besten Erfolg habe. Der Gläubiger wartet dann noch einmal so gern...

Man sollte viel, viel mehr Briefe schreiben. Unerzwungene Briefe der Anerkennung, der Bewunderung, des Dankes, des impulsiven Gefühls. Um ein Gleichgewicht herzustellen zu den »Muß«-Briefen, die das tägliche Leben verdüstern.

*

Es sollte dafür viel weniger behördliche Briefe geben. Viel weniger... Dann hätten man auch wieder ganz ungetrübte Freude an der liebenswertesten uniformierten Erscheinung des Alltags: dem Briefträger.

Mut mit Motten

Mutter Motte zur kleinen Motte:
»...erst ißt du brav deinen Flanell auf –
Dann darfst du den goldenen Zobel haben...«

E s kommt häufig vor, daß eine feine, elegante Dame, die im höflich ange-
regten Gespräch mit einem fremden Gast beim Tee sitzt, plötzlich
erstarrt. Ihre Augen weiten sich, alles in ihr ist entsetzungsvoll gespannt, sie
ist zur Salzsäule verwandelt. Dann greift sie mit beiden Händen in die Luft
und es ertönt ein lautes Klatschen – wonach sie erlöst in sich zusammen-
sinkt.

Die Dame ist keine Wahnsinnige. Sie hat keinen plötzlichen Nervenan-
fall gehabt. Sie ist keine Spiritistin, der ein Geist erschienen ist. Sie ist keinem Sanatorium entlaufen. Sie hat nur – eine Motte erblickt.

✳

Am Anfang alles Unheils steht die Motte. Die Tatsache, eine Motte zu sehen,
ist erschütternd, weil es dann unbedingt noch andere Motten geben muß,
die man *nicht* sieht. Es gibt viel alleinstehende Frauen, aber es gibt keine
alleinstehenden Motten.

Die sanfteste Frau wird zur Hyäne, wenn sie eine Motte sieht. Sie mag
Ehrenmitglied aller Tierschutzvereine sein, überzeugte Vegetarierin, fanati-
sche Gegnerin der Todesstrafe. Sie mag einer hinkenden Fliege das Beinchen
binden und beim Spazierengehen Spiralen laufen, um ja kein Käferchen zu
zertreten. Aber eine Motte wird bedingungslos umgebracht. Mit leuchtenden
Augen und mit Siegesrausch.

✳

Die Motte hat nicht den geringsten Sex-appeal. Aber ihre Tücke liegt in ihrer
weiblichen Einstellung. Sie teilt den Geschmack der Frau und greift sie in
dem an, was ihr am wertvollsten ist: den Pelzen, den Teppichen, den guten,
weichen Wollsachen, den Anzügen des Mannes. (Bei den Anzügen des Mannes ist der weibliche Erhaltungtrieb übrigens besonders begründet. Männliche Kleidungsstücke sollen ewig dauern – zumindest aber zehn Jahre.

Denn wohin sollte es im ehelichen Budget und überhaupt führen, wenn auch der Mann plötzlich »nichts anzuziehen« hätte?)

Es ist nicht ganz klar erwiesen, ob Motten wirklich so großen Schaden anrichten, als man ihnen andichtet. Es ist ein von den Ur-Müttern ererbter Haß. Die erste Motte muß die ersten Lendenschurzfelle angefressen haben. Inzwischen sind die Motten degeneriert und die Abwehrmittel wirksamer geworden. Es gibt aber perverse Motten, die Kampfergeruch geradezu lieben. Sonst wäre es kaum zu verstehen, daß die Motten nicht längst ausgemottet sind.

Sie haben es wahrhaftig nicht leicht. Es gibt jetzt regelrechte Safes zum Aufbewahren der Pelze, es wird allerlei gespritzt, in Kugeln gerollt, in Säckchen verpackt, in Taschen gestreut. China, wo die Kampferbäume wachsen, ist das Paradies der Hausfrauen. In jeder Familie befindet sich dort eine Mottenkiste aus Kampferholz. Diese Kisten sind zum Teil wunderbar geschnitzt, oft sogar ganz kostbar ausgeführt und bilden den Schmuck des Zimmers.

Bei uns haben vor allem die Zeitungen dazu verholfen, die Motten fernzuhalten. Nicht durch irgendeine besonders organisierte Pressepropaganda. Aber Motten hassen Zeitungen an und für sich. Tiere bewahren sich ihren gesunden Instinkt bekanntlich viel besser als Menschen. Zeitungspapier ist ein sicheres und billiges Abwehrmittel gegen Motten.

*

Manche Frauen verbringen einen Großteil ihres Lebens zwischen Einmotten und Ausmotten. Sie erleben dafür die Genugtuung, Kleidungsstücke und Wollreste, die jahrelang keine Verwendung mehr finden, tadellos aufzubewahren. L' art pour l' art. Man kann wohl sagen, daß manche gute, schrecklich gute Hausfrau alles so sicher aufbewahrt, daß es weder den Motten noch anderen Geschöpfen je zugute kommt.

Der Erbfeind ist die unorganisierte, die frei umherfliegende Motte. Sie lauert am offenen Schrank, im Vorraum, wo die Mäntel hängen, an der geöffneten Schublade, am Sofakissen. Motten-Motto ist: stumme Aufdringlichkeit.

Ein Mann, der als sogenannter homme à femmes galt und viel Erfolg hatte, gab einmal unter Freunden einen seiner wirksamsten Tricks preis. Wenn er bei einer hübschen Frau eingeladen war, richtete er es immer so ein, daß er den Flirt durch einen Mottenfang unterbrach. Das heißt natürlich, *er tat so*, als ob er eine Motte erblickte, und fingierte dann, sie mit einem schnappenden Griff erlegt zu haben. Der Trick reüssierte *immer* – die jeweilige Frau war begeistert. Der erfahrene Mann sagte nur, bescheiden lächelnd: »Ach, das ist so eine Leidenschaft von mir – mir entgeht keine Motte!« Diese Art, sich beliebt zu machen, ersparte dem jungen Mann, nach eigenem Geständnis, viel teure Blumen.

Ein Idealist meinte: Schade, daß der weibliche Kampfmut gegen Motten nicht ebenso impulsiv bei anderer Gelegenheit aufglüht. Um unrechtes Geschehen nicht aufkommen zu lassen, um ein verleumdendes Wort, den Ausbruch einer niedrigen Gesinnung sofort zu unterdrücken. Denn schließlich könne ein einziges zersetzendes Wort oft mehr Schaden anstiften, als zehn Motten...

Motten sind unangenehm farblose Wesen, in deren Namen schon Verachtung liegt: M-otte. Sogar die graue, unbeliebte Maus ist zum populären Kosewort geworden, zur zärtlichen Benennung. Aber welcher liebende Mann würde je »süße Motte« zu seiner Frau sagen?

*

Wenn die Sonne wärmer scheint, wird bald wieder aus jedem geordneten Haushalt lautes Klopfen hörbar werden. Und ein heftiger Kampfergeruch wird strömen, der nicht nur die Motten vertreibt, sondern auch den Hausherrn. Eine Schwalbe macht noch keinen Sommer, aber eine Motte macht schon vielen Kummer.

Ein bisschen Glück 1942

———— * ————

Luxus des Alleinseins

Tragik der Zeit: Nie waren die Menschen so wenig allein, und nie waren sie so einsam...

Man macht es uns seit längerer Zeit klar, daß der Einzelne nicht den geringsten Wert hat, und daß nur die Menge entscheidet. Die Art, wie uns diese Erkenntnis beigebracht wird, läßt nichts an Deutlichkeit zu wünschen übrig.

Vom schönen Begriff Gemeinschaft bis zum erschreckenden Begriff Masse führt ein immer schnellerer Weg. Es ist kaum mehr denkbar, allein zu arbeiten, allein zu genießen, allein zu wohnen, zu baden, zu essen. Das heißt, es ist immer noch möglich, aber es ist ein ungeheurer Luxus geworden. Der Mensch gilt erst ab drei Dutzend.

Die äußere Gemeinschaft bringt sehenswerte Resultate zustande: prächtige Turngruppen, riesenhafte Armeen, abgehärtete Jugend, glänzende Fußballmannschaften. Man sollte meinen, daß Hilfsbereitschaft, Nächstenliebe und Kameradschaft dadurch nur günstig entwickelt werden. Wenn dies trotzdem nicht ganz der Fall ist, so liegt es vielleicht daran, daß die Menschen nicht genügend – allein sind. Das dauernde äußerliche Zusammensein vertieft die innere Einsamkeit in bedenklichem Maße.

Wer mit dem Zug ein paar Stunden durch die Landschaft fährt und sich dann der Peripherie einer Großstadt nähert, dem kommt immer wieder das Kopfschütteln an: hie weite, herrliche unbebaute Flächen, die unausgenützt sind – hie zusammengepferchte Wohnungen in engsten Gassen. *So viel* Platz und *so* gar kein Platz. – Natürlich gibt es dafür Gründe genug, aber Gründe sind nicht immer begründet...

*

Von dem Riesenreich Russland weiß man, daß es endlose Steppen besitzt, daß es erdteilartig groß ist. Und dann wieder: daß mehrere Familien eine Küche teilen müssen, viele Menschen ein und dasselbe Zimmer. So will es die neue Erkenntnis, die Staatsreligion. Der Mensch wird als Genosse geboren – und ein Genosse darf nirgends allein sein...

Immer stärker wird die Jugend in Ost und West gemeinschaftlich erzogen – aus verschiedener Ideologie, aber in gleicher Weise. Augenblicklich ist es die allerbitterste Zeitnot, die Millionen Kinder des Elternhauses beraubt und sie der Zufallsgemeinschaft übergibt. Wie grenzenlos einsam wachsen diese Kinder heran, die nie allein sind.

*

Die Menschen verlernen es schließlich, allein zu sein. Sie fürchten sich vor dem Katzenjammer, der sie dabei umfangen könnte. Und darum rennen sie, wenn sie frei sind, zumindest in ein Kino. Und sitzen wieder stumm neben vielen andern stummen Menschen.

Dabei kann es so herrlich sein, mit sich ganz allein... Talleyrand, dem alle geistreichen Aussprüche in den Mund gelegt werden, sagte: »Ich langweile mich nie, es sind immer die anderen, die mich langweilen...«

Alleinsein wird immer mehr ein sehr großer Luxus. Ein Raum, der für einen Menschen Lebensraum bedeuten soll, muß ihm allein gehören. Es gibt nur noch wenige glückliche Länder, wo dies eine Selbstverständlichkeit ist.

Für die vielen, in dauernder Gemeinschaft befindlichen Menschen hat das Leben sehr stark an Wert und Wichtigkeit eingebüßt – besonders das Leben der anderen. Man lebt aneinander und an sich selbst vorbei.

Es ist augenblicklich starke Baisse in Individuen und dauernde Hausse in Massen. Ein Individuum ist »zweifelhaft«. Die Masse wird dirigiert, genährt, belehrt, in Marsch gesetzt, angefeuert, abgeschoben. Es gibt nur noch Divisionen, auch für die Zivilisten. Mit dem Einzelnen kann sich keiner mehr befassen – nicht einmal der Einzelne selbst.

Aber während man große Massen vernichten kann, ist das Individuum nicht unterzukriegen. Es lebt immer wieder auf. Und alle Hoffnung der Zukunft geht nicht auf die Entwicklung der kompakten Majorität, sondern auf die Entwicklung des Einzelnen. Dazu muß es ihm wieder gelingen stundenweise ganz allein sein zu können. In sich hineinzuhorchen – selbst zu denken, zu glauben, zu zweifeln, zu entdecken.

*

Heutzutage fällt ein Einzelgänger immer unangenehm auf. Der Behörde, der Gesellschaft, der Familie. Man mißtraut ihm. Und man gönnt es ihm nicht, daß er allein ist.

Ein bisschen Glück 1942

*

Die Leute aus unserem Viertel

Jeden Tag sieht man eine gewisse Anzahl Menschen, die man gar nicht oder sehr wenig kennt. Aber ihre Gesichter, ihre Bewegungen prägen sich stark ein und bleiben noch Jahre später skizzenhaft weiter bestehen. Sie spielen eine Statistenrolle in unserem Leben: sie wohnen im gleichen Viertel.

Das »Viertel« ist die intime Ecke der großen Stadt, die intimste Ecke der kleinen Stadt. Die Seele von Paris war im jeweiligen »quartier« eingefangen, und jedes Quartier läßt die Hoffnung bestehen, daß Paris nicht untergehen kann. Die unzähligen Quartiere, die das gewaltige »puzzle« Paris bilden, sind getrennte Kleinstaaten, mit eigenem Gesicht, eigenen Sorgen, Lachen und Klatsch. Wer aus dem Quartier auszieht, gilt als Auswanderer, auch wenn er nur ins nächste Quartier zieht.

Es ist in kleinerem Maße überall das gleiche. Das Viertel bildet eine Gemeinschaft, selbst für denjenigen, der einsam in seiner Stube haust. Er mag sonst in den Wolken leben – er kann nicht umhin, tagtäglich gewisse Menschen zu sehen, die ihm sein äußeres Dasein ermöglichen: die Portierfrau, den Bäcker, den Gemüsehändler, die Blumenfrau. Der tägliche Kontakt kann ihn nicht völlig unberührt lassen.

Die Portierfrau

Sie ist immer still und freundlich, und jede Woche einmal trifft man sie kniend auf den Treppen des fünfstöckigen Hauses, weil sie die Stiegen abwäscht. Sie ist nicht mehr jung, und sie ist sicher sehr müde. Man geht mit freundlicher Begrüßung und nicht sehr gutem Gewissen an ihr vorbei. Mit dem inneren Beschwichtigungsversuche: sie merkt es nicht, sie ist daran gewöhnt...

Die Portiersfrau steht mit allen Mietern gut. Aber da ist eine sehr blonde Dame und ein sehr verwöhntes Schoßhündchen, das die Treppe beschmutzt. – Manchmal dringt das verhaltene Temperament der freundlichen Portiersfrau mit kräftigem Ausdruck durch. Immer schwebt dann gerade das Parfum der sehr blonden Dame durch das Treppenhaus...

Der Milchladen

Der Milchladen spiegelt hier am deutlichsten das Leben und die Zeit wider. Seine Besitzer wechseln viel häufiger, als es dem stabilen Geist des Viertels entspricht. Zuerst war es ein verträumter Junggeselle, von dem man bald erfuhr, daß er eigentlich Musiker war. Plötzlich war eine energische kleine Person mit einem Ehering und einer Brille im Laden. Es ging alles schneller und besser – aber wohl nur für die Kunden. – Denn sehr bald hieß es: der musikalische Milchhändler sei weg – vom Laden und von der Frau...

Es kam ein junges Paar. – Aber es kam ein Kind, und es kam die Mobilisation. Plötzlich war eine alte Mutter im Laden. Sie half aus, sie blieb – der Sohn mußte ja zurückkommen. Aber er blieb mobilisiert. –

Und wieder ist ein neues Paar im Milchladen. Der Mann sieht kränklich aus, er wird wohl nicht zum Militär müssen.

In dem Milchladen trifft man die meisten Bewohner des Viertels. Man lernt ihre Gewohnheiten kennen, man gewinnt einen Blick in ihren Alltag. Wenn die hübsche Brünette in roten Filzpantoffeln erst mittags ihre Morgenmilch holt. – Wenn der alte Herr mit dem Schlapphut bedächtig sein Abendessen einkauft. – Wenn das verliebte Paar Proviant für den Sonntagsausflug wählt. – Wenn das alte Fräulein mit verschämtem Lächeln sagt: ich möchte heute zwei Dezi Sahne – weil ich Besuch bekomme.

Der Gemüseladen

Mann und Frau, die sich sehr viel Mühe geben – aber man sieht, daß sie nicht »von der Branche« sind. Er ist Uhrenarbeiter gewesen. Für feine Präzisionsuhren, fünfzehn Jahre lang. Die Zeiten wurden schwer, die Fabrik wurde geschlossen. Es galt weiterzuleben.

Nun hat er den kleinen Laden mit seiner jungen Frau. Das Gemüse ist nicht sehr schön, das Obst ist leider nie ganz frisch. Aber sie geben sich solche Mühe... Und dann: sie haben ein kleines Kind. Ein Mädchen, Yvonne. Es liegt im Wagen, vorne, bei der Tür, wo es am meisten Sonne gibt. Jeder, der hereinkommt, sieht zuerst das kleine Kind. Nach einigen Monaten lächelt es so schön, und wieder einige Monate später ist im Laden größte Aufregung: Yvonne hat ihre ersten Schritte gemacht...

Das Gemüse ist nicht immer erstklassig und das Obst.- Aber die Kleine ist reizend, und man kann nicht gut wegbleiben aus dem netten Laden. Besonders jetzt, wo Yvonne täglich Fortschritte macht...

Und eines Tages ziehen sie alle fort – eine kleine Erbschaft – ein Häuschen. –

Jetzt sind neue Besitzer da. Sie sind erfahrene Geschäftsleute, alles ist ordentlich und gut, jede Ware ist frisch. Aber dem ganzen Viertel fehlt etwas... Es fehlt das Lachen des kleinen Kindes. – Obwohl die Karotten besser geworden sind.

Das Bäckerfräulein

Sie steht seit Jahren hinter dem Ladentisch. Wochentags und sonntags früh und an den Feiertagen. Sie ist sehr jung und bildhübsch. Wenn es eine Prüfungskommission gäbe, die Freundlichkeit und Höflichkeit auszeichnete, das kleine Bäckerfräulein müßte den ersten Preis bekommen. Sie ist das verkörperte Ideal einer Verkäuferin. Jeder, der eintritt, bekommt ein Lächeln, ein echtes, warmes Lächeln und nach der Begrüßung sein zweifaches »Merci!« Merci, wenn er zahlt, merci, wenn er aus der Tür tritt. Vom frühen Morgen bis zum späten Abend. Von 10 Centimes Brot bis zu 1 Franc Kuchen. Niemals, nicht ein einziges Mal in den vielen Jahren, ist das Lächeln, der Gruß und der Dank ausgeblieben. Manchmal hat das kleine Bäckerfräulein rotverweinte Augen – aber sie lächelt damit unverändert. Die Leute aus dem Viertel wissen: sie hat einen Bräutigam. Sobald es geht, werden sie heiraten. Aber er ist beim Militär – und manchmal ist er krank, und manchmal strahlt die Sonntagssonne, und er ist im Dienst und sie ist im Laden. – Dann wieder stehen Blumen hinter dem Verkaufstisch, das kleine Bäckerfräulein hat Geburtstag gehabt – den 21. Geburtstag.

»Für 10 Centimes Brot? Merci – merci – bon jour! Merci...«

Plötzlich stand einmal eine fremde Frau hinter dem Ladentisch. Und alle Kunden aus dem Viertel waren tief erschrocken... Nein, das Fräulein sei nur auf einige Zeit beurlaubt – ja, krank – sie hätte in ein Sanatorium gebracht werden müssen – – krank, das junge, blühende Ding? Ach, nur ein Nervenzusammenbruch – Erschöpfung. Der Arzt meint, es wäre nur Übermüdung – nach ein paar Wochen wird es schon wieder gut werden. – Da stand es allen erschreckend klar vor Augen, was es bedeuten mußte, Jahr für Jahr, Tag für Tag in Freundlichkeit und Lächeln hinter einem Ladentisch auszuharren.

Das junge Bäckerfräulein ist wieder zurückgekehrt – ein bisschen blasser, ein bisschen schmäler und mit einem Schleier über den hübschen braunen Augen. Aber mit dem gleichen, tapferen Lächeln: bon jour...merci...

Die Papeterie

Mutter und Tochter bedienen mit liebenswürdiger Sachlichkeit. Zigaretten, Zeitungen, Bücher, Bleistifte. Es gibt ununterbrochen zu tun, und die beiden Frauen scheinen den Laden nur gerade nachts zu verlassen. Aus einem kleinen Nebenraum entströmen zur Mittagszeit häusliche Wohlgerüche – aber es gibt keinen Ladenschluß tagsüber. Keine Pause.

Wer Zeitungen und Bücher kauft, kommt in ein kleines Gespräch mit der Mutter oder mit der hübschen, äußerst wohlerzogenen Tochter. Beider Ansichten sind die gleichen. Sie haben eine bewundernswerte Art, über die Fragen hinwegzugleiten, sobald sie im geringsten das politische Feld streifen. Aber die Leute aus dem Viertel haben es längst gemerkt – Mutter und Tochter sind um viele Grade kälter, wenn jemand eine extrem gerichtete Zeitung oder gar ein revolutionäres Buch verlangt... Sie sind Beispiele strikter Neutralität. Mit der inneren Überzeugung, daß es nur *eine* anständige Gesinnung gibt: die bürgerliche Moral geordneter Verhältnisse. Sie verkaufen mit bewundernswertem Anstand die gedruckten Erzeugnisse einer Zeit, die sie nicht anerkennen.

Der Wolfshund

Er kommt jeden Tag zur gleichen Stunde vorbei, gegen 12.15 Uhr. Mit seinem Herrn. Der Hund schaut nicht rechts und nicht links. Der Herr auch nicht. Sie sehen beide vollkommen einsam aus, weil sie immer zusammen sind.

Morgengrauen

Jeden Tag fängt mit dem Morgengrauen an, jeder Tag. Man hätte dafür ein schöneres Wort finden sollen – zum Beispiel Morgenblauen. Es ließe sich farblich schon rechtfertigen – blaugrau – und es wäre eine bessere Propaganda für das Sehrfrühaufstehen.

Es gibt Naturen, die das Morgengrauen lieben. Es ist die täglich sich erneuernde Weltschöpfung, das leise Auftauen vom Chaos zum Licht. Erregende Urwelt. Immer wieder scheint es, als zögere der Tag, Tag zu werden (was sich immerhin begreifen läßt). Dieses dunkle Werden ist grandios. Aber die meisten Menschen sind mehr für das fait accompli, für den hellen, den fertigen Tag. Sie ziehen vor, über den heroischen Moment hin wegzuschlafen, so fest als möglich. Für die meisten bedeutet Morgengrauen nicht Grauen des Morgens, sondern Grauen vor dem Morgen. Vor dem Frösteln im Urbeginn.

*

Wenn Feste sich so lange ausdehnen, daß die späte Nacht zum Morgen wird, sind heimkehrende Bummler immer tief beschämt vom Anblick unzähliger Menschen, für die der Tag tatsächlich vor Morgengrauen beginnt. Die Geschäftigkeit in den Gemüsehallen, die Milchwagen, immer wieder überwältigend, daß eine ganze bewegte Welt im Morgengrauen lebt. Die Beschämung des Zuschauers ist ehrenhaft und verständlich, braucht aber nicht allzu tief zu gehen. Denn es kommt schließlich nur auf die Stunde des Tages an, an der ein Mensch seine Arbeit leistet – – .

Bei aller Bewunderung für die Frühaufsteher: manchmal verdient ein Spätaufsteher auch einigen Respekt...

Es ist ein großes Glück, von Natur aus früh und leicht aufzustehen. Das Leben scheint viel länger und viel kompletter ausgefüllt. Der Tag hat mindestens vierzehn Tätigkeitsstunden. Aber man kann das Morgen-Grauen haben und doch ein sehr anständiger Mensch sein.

Bei manchen Menschen wachen Geist, Schaffenskraft, Lebensmut erst spät auf – und legen sich dafür auch später schlafen. Shakespeare, der immerhin allerlei geleistet hat, sagt irgendwo: Only fools are merry at breakfast – nur Narren sind beim Frühstück heiter. Große Männer dürfen sich eben solche Axiome leisten.

Das Grauen, nicht nur vor dem Morgengrauen, sondern vor dem Morgen überhaupt, ist nun einmal sehr verbreitet. Die Tragik mancher Ehe ist, daß der eine Teil »munter aus dem Bett springt, jauchzt und tiriliert«, während der andere in Grabesstimmung dasitzt und bei jeder direkten Anrede zusammenzuckt. Das gibt Mißverständnisse für den ganzen Tag. Gegen Spätnachmittag ist dann der heitere Teil griesgrämig, während der andere immer munterer wird.

*

Das amerikanische System, alle Fragen des Lebens durch Fragebogen zu lösen, oder wenigstens aufzuklären, hat auch diesen Punkt berührt. Auf den Fragebogen der Ehe-Beratungsstellen muß unter anderem ausgefüllt werden, ob man morgens leicht oder schwer aufsteht, gut oder schlecht gelaunt ist...

Das Frühaufstehen gehört zu den besten Gewohnheiten, die man haben kann. Aber ihr Wert sollte auch nicht überschätzt werden. Der gelehrte Mediziner Professor Schleich erregte einmal viel Unwillen, als er die Behauptung aufstellte, Kinder sollte man morgens länger ausschlafen lassen und später in die Schule schicken. Dies würde ihrer Gesundheit sehr nützen und ihre Leistungen sehr verbessern.

Und ein großer Philanthrop, der sich besonders mit Gefangenen-Fürsorge beschäftigte, warf die Frage auf, warum die unseligen Menschen in den Gefängnissen schon bei Morgengrauen aufstehen müßten, wo sie doch so schrecklich viel Zeit hätten...

Es gibt ganze Länder mit Früh- oder Spätaufstehern. Je geordneter das Land, desto früher fängt der Tag der Gesamtheit an. Es ist auch eine Klima- und Erziehungsfrage. Niemand wird es in südlichen Ländern einfallen, einen höheren Beamten vor elf oder zwölf Uhr mittags aufzusuchen. Und ein älterer französischer Diplomat erzählt dagegen gern sein Erlebnis in der Schweiz: Er wollte einer Sitzung des Nationalrates beiwohnen und fuhr zu diesem Zweck mit einem Frühzug nach Bern. Als er gegen 10 Uhr ins Bundeshaus kam, um sich nach dem Beginn der Sitzungen zu erkundigen – war alles längst vorüber, weil man um 7 $\frac{1}{2}$ Uhr früh begonnen hatte... Für den Franzosen erschütternd.

*

Morgengrauen ist jedenfalls ein irgendwie beklemmendes Wort. Derjenige, der es einmal erfand, war sich sicher des Doppel-Sinnes bewußt: das leise Grauen des Morgens und – das leise Grauen vor dem Morgen...

»Douceur de vivre«

Douceur de vivre ist Lebensfreude, in Nuancen genossen. Einatmen von Wunschlosigkeit mit offenen Sinnen.

Douceur de vivre ist ein feines Kraut, das hauptsächlich in Frankreich gedieh. Aber es wurde auch in anderen Gegenden gezüchtet. Jetzt verkommt es langsam, weil man es irrtümlicherweise für ein Zierkraut hält und weil nur noch Nutzkräuter angepflanzt werden.

*

Es ist keine Verweichlichung, sich der Süße gesegneter Augenblicke hinzugeben. Es ist noch kein Heldenmut, sich von der Lebensfreude auszuschließen. Es ist manchmal sogar Feigheit. Jeder neue Frühling ist ein strotzender Beweis dafür, daß *douceur de vivre* ebenso real ist, wie Kampf und Verwüstung.

*

Eine Katze in der Sonne weiß, was *douceur de vivre* ist.

*

Ein Augenblick Süße des Lebens, bewußt genossen, leuchtet über viele schwere Tage hinweg. Manchmal klingt es sogar nach Jahren in einem Winkel der Seele nach.

*

Die *douceur de vivre* schmeckt man nur bei Schweigen und Untätigkeit. Darum ist es ratsam, die »Minute stillen Gedenkens« öfters einzuschalten. Und wenn man dabei ein Kreuzworträtsel versäumen sollte.

*

Nicht die Arbeit stumpft den Menschen gegen Lebensfreude ab, sondern die Arbeitslosigkeit.

*

Es wird jetzt eine ganze Generation für den Tod dressiert. Für den eigenen und vor allem für den der anderen. Wenn man sie wieder einmal für das Leben erzieht, dann wird es auch wieder *douceur de vivre* geben dürfen. Ganz offiziell.

*

Sonne, Brot, Wein, ein Lächeln, das Streicheln eines Windes oder einer Hand, Duft, Stille, Klang: Lebenssüße. Kleine Zutaten zum großen Begriff Glück.

*

Das nackte Leben ist für viele jetzt so schwer, so furchtbar schwer, daß sie sich den Luxus von beglückenden Nuancen nicht leisten können. Nein, es ist jetzt keine Zeit für douceur de vivre.

Ein bisschen Glück 1942

*

Erste Veilchen

Plötzlich sind immer wieder die ersten Veilchen da. Man bietet sie an den Straßenecken an, dunkelblau leuchtend, von dicken grünen Blättern umrahmt, mit weißem Bast zusammengebunden. Sie duften noch ganz herb und jung, ohne Süße. Die Leute bleiben stehen, sagen: Ah! und kaufen die Veilchen oder auch nicht. Aber wenn sie weitergehen, wissen sie, es wird Frühling – wenn nicht heute, dann morgen. Und der Winter ist nicht mehr ganz ernst zu nehmen.

Veilchen spielen eine besondere Rolle unter den Blumen. Sie sind, einzeln genommen, eigentlich recht unscheinbar, klein, freundlich, sanftblau. Ein einzelnes Veilchen »stellt nichts vor«. Aber bereits eine Ansammlung von zwanzig Veilchen ist reizend. Und am allerschönsten ein Veilchenteppich auf jungem Gras, in grünem Moos oder um einen alten Baumstamm herum.

Der Begriff Masse hat sich zu etwas Unangenehmen herausgebildet. Aber bei den Veilchen ist es anders als bei den Menschen. Veilchen bilden ein rein freundliches Kollektiv. Sie wirken nur in Gruppen, sie existieren eigentlich nur als Plural. Wenn man von einem Veilchen spricht, so ist es entweder zwecks allegorischen Vergleichs für Schüchternheit und Bescheidenheit – oder es handelt sich um »das erste Veilchen!«.

Ein erstes Veilchen ist ebenso ergreifend wie eine erste Rose.

✳

In den Kaiserlichen Gärten von St. Petersburg war an ganz einsamer Stelle, mitten auf einem Rasenplatz, immer ein Wachposten zu sehen. Er stand unbeweglich wie alle Wachposten. Er hatte seinen historischen Grund, daß er an eben dieser Stelle stand.

Katharina die Große unternahm einst im Vorfrühling einen Spaziergang durch die kaiserlichen Gärten. Plötzlich entdeckte sie ein Veilchen – ein richtiges Veilchen! Die Hofdame wollte sich bücken, um es ihr zu pflücken, aber die Kaiserin erlaubte es nicht. Nein – sie wollte sich beim nächsten Spaziergang wieder an dem Veilchen freuen. Und so rief sie den nächsten Wachposten und befahl ihm, beim Veilchen Wache zu stehen, damit sie die Stelle wiederfinde.

Die Kaiserin Katharina kam niemals wieder. Aber der Posten blieb stehen. Und wurde immer wieder erneuert. Jahrhundertelang.

✳

Wenn eine Frau ein Veilchenbouquett an den Pelzkragen steckt, geht sie beglückt durch die Straßen. Sie bewegt sich in einem privaten Duftkreis, mit jedem Schritt steigt ein Hauch Waldesluft an ihr empor. Und außerdem sind Veilchen so kleidsam.

Größte Künstler haben sich mit den kleinen Veilchen beschäftigt. Sogar Goethe hat sie bedichtet. Und der Maler Albrecht Dürer aus Nürnberg hat den schönsten Veilchenstrauß gemalt, den man in der Kunst kennt.

✳

Getrocknete Veilchen findet man viel in alten Stammbüchern, wo sie zur Erinnerung einer ersten Liebe, oder eines ersten Spaziergangs im Frühling eingepreßt sind. Der Frühling hieß damals Lenz – weil es dichterisch ergebnisreicher ist. Aber die Veilchen waren immer die gleichen. Sie machen keinerlei Mode mit, sie dienten niemals als Embleme in einem Wappenschild. Denn in der Heraldik schmückt man sich nicht gern mit dem Sinnbild der Bescheidenheit. »Nur die Lumpe sind bescheiden...«

✳

Kandierte Veilchen schmecken gar nicht gut, aber sie putzen ungemein. Eine Schachtel mit kandierten Früchten wäre nicht komplett, wenn nicht einige gezuckerte Veilchen darüber hingestreut lägen. Sie vervollständigen das Bild des kandierten Südens.

Parmaveilchen sind wunderschön, aber gar keine Veilchen mehr. Sie duften nicht, sie rühren nicht. Sie sehen künstlich aus, selbst wenn sie natürlich sind.

Jedes Jahr lancieren die Pariser Modistinnen im Vorfrühling kleine Hüte aus Parmaveilchen. Und dicke Tuffs zum Aufstecken. Parmaveilchen sind die Poesie des Mode-Frühlings.

Wald- und Wiesenveilchen werden nicht künstlich hergestellt. Es lohnt sich nicht. Sie sind ausschließlich in natura zu gebrauchen.

Einzige Nutzanwendung großen Stils ist ihr Parfum. Die Nachfrage nach Veilchen-Extrakt ist riesengroß. Dann wird aus den kleinen Veilchen ein kostbares Flakon Vera-Violetta, oder violette royale oder violette pourpre.

*

Jetzt bekommt man die ersten Veilchen geschenkt. Die langen Stengel der Blätter umschließen sie fest. Man sollte für die Veilchensträuße einfache, schöne Glaskelche bereithalten. In kostbaren Vasen sehen sie ganz verloren aus.

*

Und wenn sie verwelkt sind – c' est la vie – schnell wegwerfen. Denn nichts ist trauriger, als ein verwelkter Veilchenstrauß.

Ein bisschen Glück 1942
*

Der gute Winter

Sommer hat als Begriff etwas allgemein Betörendes. Der Winter muß immer noch für sich werben. Das liegt vielleicht daran, daß er von schweigsamer Schönheit ist und alle Fülle der Beredsamkeit und Poesie sich ausschließlich auf den Sommer ergießt.

Schon der Name. Man hört italienisch: L'estate! und es liegt Ekstase darin. Inverno ist dort nicht nur sprachlich mit Inferno verbunden...

Seitdem der Winter in den Bergen entdeckt wurde, ist seine Anhängerschaft allerdings fast so groß und mindestens so begeistert wie die des Sommers. Hier ist ja auch der Höhepunkt allen Schönen erreicht: Orgien von Sonnenstrahlen in Champagnerluft.

Aber diese Pracht bedeutet leider nur für wenige und sehr vorübergehend den Winter. Für die meisten ist er eine Symphonie in Grau, etwas, das man über sich ergehen lassen muß. Der unangenehme Verwandte, der unentrinnbar auf langen Logierbesuch kommt.

✳

Bis man am Ende des Winters plötzlich merkt, wieviel Möglichkeiten unausgenützt geblieben sind. Denn der Winter ist eine seelische Jahreszeit.

Ein bisschen Glück 1942
✳

Paradies

Das Paradies ist immer gestern oder morgen.

✳

In schweren Zeiten besteht die Vergangenheit aus einer Kette von Paradiesen.

✳

Während wir im Paradiese wandeln, wissen wir es nicht. Das Schild mit dem Namen »Paradies« befindet sich erst hinter dem Ausgang.

✳

Die Flora des Gartens Eden besteht manchmal nur aus ein paar Geranientöpfen – die sich in der Erinnerung in die hängenden Gärten der Semiramis verwandeln.

✳

Jeder Mensch besitzt sein privates verlorenes Paradies; auch der allerärmste.

Das Paradies steht Besuchern immer wieder offen. Aber wenn sie die Anlagen zerstören und sich nicht zu benehmen wissen, finden Massenausweisungen statt. Wie zum Beispiel jetzt.

*

Niemand findet den Eingang ins Paradies. Aber alle finden den Ausgang.

*

»Ein Augenblick, gelebt im Paradiese, wird nicht zu teuer mit dem Tod bezahlt...« Leider reflektieren aber die meisten Menschen auf Daueraufenthalt. Im Paradies kann keiner ansässig werden.

*

Gläubige Menschen tragen ihr Leben lang eine Rückfahrtskarte zum Paradies in der Tasche.

*

Der kürzeste Weg führt vom Paradies hinunter in die Hölle. Der Weg von der Hölle hinauf zum Paradies ist viel länger.

Ein bisschen Glück 1942
*

Die Kirschkerne

»Ich habe eine unauslöschliche Erinnerung an den letzten Krieg«, sagte die noch junge Frau.

*

Es war im Sommer 1914. Man hatte mich aus dem Pensionat geholt, um mich schleunigst nach Hause zu bringen. Ich war 16 Jahre alt und schrecklich gut erzogen. Mademoiselle Clémentine, eine ältliche Gouvernante von jenem klassischen Typ, der heute kaum noch existiert, begleitete mich.

Es war glühend heiß, der Zug fuhr durch eine öde Landschaft. Mademoiselle, die mir gegenüber saß, war eingenickt. Sie hielt sich auch im Schlaf aufrecht – nur ihr Kinn hat sich immer tiefer gesenkt und berührte taktweise die gestärkte Hemdbluse.

In unserem Abteil, dicht neben mir, saß ein junger Offizier. Ich wagte mich kaum zu rühren und starrte unentwegt durch das offene Fenster. Da plötzlich flog ein Kirschkern direkt über meinen Kopf zum Fenster hinaus – dann ein zweiter, dritter. Immer haarscharf über meinen englischen Strohhut hinweg. Ich drehte mich schließlich um: der junge Offizier hatte eine Tüte Kirschen in der Hand. Seine Augen lachten. »Geht es nicht großartig?« fragte er leise, »ich habe Ihren Hut nie berührt, sehen Sie!« und wieder flog ein Kirschkern durch das Fenster.

*

Ich war vor Verlegenheit ganz sprachlos, wurde wahrscheinlich glühend rot und sah ängstlich nach meiner Gouvernante – aber dem Himmel sei Dank, sie schlief. Mein Nachbar bot mir die Tüte: »Wollen wir's zusammen versuchen?« Ich fühlte wilden Mut in mir aufkeimen und nahm eine Kirsche. Er kommandierte leise: eins, zwei, drei – und wir spuckten die Kerne gleichzeitig durch das Fenster. Dann noch einmal und immer wieder – wir schüttelten uns vor unterdrücktem Lachen.

*

Er hatte weiche, braune Haare und junge Augen, waren sie blau, grün, grau? Der Zug rasselte und Mademoiselle Clémentines Kinn fiel immer tiefer. Er sagte leise: »Ich fahre an die Front – werden Sie mir schreiben, bitte, schreiben Sie mir... Hier ist meine Adresse – jetzt müssen Sie mir Ihren Namen sagen... nur Ihren Vornamen...«

Ich steckte den Zettel schnell in meine Bluse. Mir wurde heiß und kalt – ich sollte einem fremden Mann schreiben. Ich sollte...

»Ich muß gleich aussteigen«, sagte der junge Offizier leise und eindringlich. »Geben Sie mir die Hand und versprechen Sie's mir« – ich flüsterte: »Ja, ich werde Ihnen schreiben – ich verspreche es...«

*

»Darauf zielen wir mit diesen letzten Kirschkernen«, sagte er und lachte wieder. Der Zug hielt plötzlich mit einem Ruck an – unsere Kerne verfehlten die Richtung und fielen Mademoiselle Clémentine auf die gefalteten Hände. Sie schreckte auf – sie blickte erstarrt auf uns beide.

*

Mein Nachbar sah es nicht. Er hielt meine Hand fest: »... ich habe Ihr Versprechen, ich werde so glücklich sein...« Seine Augen lachten gar nicht – mehr. Eigentlich hatte er ein Kindergesicht. Er mußte furchtbar jung sein.

Die Türe des Abteils fiel zu und der Zug setzte sich wieder in Bewegung. Mademoiselle sagte mit eisiger Stimme: »... C' est inouï – vous avez pris des manières...!«

Zu Hause fing ich fünf Briefe an und zerriß sie wieder. Nach drei Wochen faßte ich mir schließlich ein Herz und schrieb an die Adresse, die ich sorgsam versteckt hatte.

*

Einen Monat später kam der Brief zurück. Er hatte viele Stempel und einen Vermerk: »Auf dem Felde der Ehre gefallen.«

Ein bisschen Glück 1942
*

Die gute Milch

Früher trank man als Kind so viel Milch, daß man sie im späteren Leben nicht mehr mochte. Seit nun die vielen A-, B-, C-, D-, E-Vitamine entdeckt sind, wird bereits der Säugling mit Karotten, Spinat, Tomaten gefüttert. Dafür ist die Milch in viel größerem Maße ein »erwachsenes« Getränk geworden.

Ein Land, das gute Milch hat, ist ein gesegnetes Land. Milch, das heißt Kühe, grüne Weiden, Glockenklang, warme Ställe, pausbackige Kinder – Frieden. Es heißt Butter und Rahm und Käse, die Üppigkeit des Alltags.

*

Immer wieder sind es die fetten Kühe aus Pharaos Traum, die glückliche Jahre bedeuten. Man dachte nicht oft genug daran, wenn der große Milchtopf auf dem Tisch stand oder ein Glas schneeweiße Milch, bescheiden und selbstverständlich. Jetzt wird es uns, wie alles Gute, unendlich stärker bewußt. Ehrfürchtig betrachtet man die Milch, nach der in Nachbarländern gedarbt wird. Die Butter, die zum Notschrei, zur politischen Parole, zum Kampfpreis geworden ist. Das Land, in dem Milch fließt, ist ein gesegnetes, aber kein Schlaraffenland. Es gehört viel Arbeit, Mühe, Sorgfalt dazu. Der Topf Milch, der garantiert rein, vollfett und appetitlich am frühen Morgen vor der Wohnungstür steht, ist nicht einfach hingezaubert. Es ist ein Resultat von bester staatlicher Organisation und viel privatem Fleiß. Die Milchverteilung in einer großen Stadt ist wie eine gigantische nächtliche Verschwörung. Am frühesten Morgen muß die Arbeit mit Zauberschlag vollendet sein.

In New York wird mehr Milch getrunken als in irgendeiner Großstadt der Welt. Dort ist die Milch durch Schlagworte und Propaganda als größtes Gegengift erkannt worden. Gegen die Über-Zivilisation der amerikanischen Ernährung. Der Amerikaner trinkt viel Milch, um gesund, jung, arbeitsfähig und, wenn möglich, schön zu bleiben. Auf gute, einwandfreie Milch wird darum größter Wert gelegt, und drakonische Strafen sind auf Verfälschung gesetzt. Riesenplakate werben für Milk from contented cows – Milch von *zufriedenen* Kühen... In manchen Ställen melkt man sogar mit Radio-Musik, weil man erkannt haben will, daß die Kühe dann *noch* zufriedener sind...

*

In der Schweiz geht es glücklicherweise noch ganz ohne Musikbegleitung. – Majestätisch wandeln die braungefleckten oder schwarzen Herden auf grünen Alpen und strotzenden Wiesen. Es gab die heiligen Kühe, aber es gibt keine eiligen Kühe. Sie sehen den Menschen seltsam philosophisch gelassen an. Kühe scheinen voller Phlegma und sind vielleicht nur sehr weise. Eigentlich dürften sie überheblich sein. Aber wie alle wahren großen Spender sind sie einfach und still.

Die gute Milch – roh, gekocht, kalt, kochend heiß, süß, sauer! Saure Milch ist – für den, der sie mag – eine Delikatesse. Ein Glas kühle, gequirlte Sauermilch muß man mit geschlossenen Augen in den Gaumen gleiten lassen. Joghurt ist längst zum Prinzip erhoben worden. Viele genießen es, nicht weil es so prächtig schmeckt, sondern weil die Bulgaren davon so alt werden. Man kann nie wissen...

*

Solange es Milch hat, ist ein Land glücklich. Milch ist Leben. Wo Blut fließt, hört die Milch zu fließen auf.

Heiße Würstchen

Die Hausfrau: »Ach, gehen Sie noch
nicht – es gibt gleich heiße Würstchen!«
Die Gäste: »Aaaah!«

H eiße Würstchen üben eine magische Anziehungskraft aus. Mit heißen Würstchen kann man fast ausnahmslos alle Temperamente beglücken. Es ist rätselhaft. Heiße Würstchen gehören anscheinend zu den Genüssen, die an keine Tagesstunde gebunden sind. Man ißt sie in der Kneipe, auf dem Bahnsteig, im Aubusson-Salon des Palace-Hotels, im Renaissance-Speisezimmer der Villa X, in der Berghütte, an der Straßenecke.

*

Man ißt heiße Würstchen aus Hunger und aus Übersättigung. Sie sind der Wunschtraum aller Kinder, der Inbegriff des Erwachsenseins. Und der Genuß der Erwachsenen als Bewußtsein von Kindlichkeit. Ein raffiniert feines Menu wird bei den Gästen nie so viel laute Freude hervorrufen, wie einige Stunden später der Kessel mit heißen Würstchen.

Der mißmutigste Mensch wird gut gelaunt, wenn er Würstchen ißt. Vielleicht, weil man sie mit der Hand verzehrt. Vielleicht, weil sie so heiter als Pärchen zusammenhängen. Weil sie warm, saftig und gemütlich sind. Jede Hausfrau weiß aus eigener Erfahrung, daß eine wenig angeregte, um nicht zu sagen langweilige Gesellschaft, durch heiße Würstchen gerettet werden kann. Es ist eine sichere Attraktion.

Für heiße Würstchen gibt es keine »gute Kinderstube«, keinen anderen Manieren-Code als instinktives Zupacken. Es darf knacken, es darf spritzen, wenn man sie ißt. Für den sogenannten Kulturmenschen bedeuten Würstchen eine Art Rückkehr zur Natur. Mancher ißt sie zunächst nur milde lächelnd, als wenn es sich um Maskerade handelte. Aus silberner Messer- und Gabelatmosphäre stammend, kommt er sich wie Harun al Raschid vor. Aber nach den ersten paar leutselig lächelnden Bissen sieht man, daß es ihm ganz einfach schmeckt.

»Würstchen ißt man ohne Messer.

Denn sie schmecken so viel besser.«

Besteck ist eine schöne Erfindung. Aber es scheint doch ein Irrtum zu sein, daß alle Kultur von Messer, Gabel und Löffel abhängt. Denn schließlich gebrauchen wir in Europa sehr viel Besteck. – So viel, daß wir beim Essen, so wie in der Politik, gar nicht merken, was uns alles vorgelegt wird...

In Amerika spielen heiße Würstchen eine besondere Rolle. Sie sind eine nationale Leidenschaft und tragen den gräßlichen namen hot dogs. Würtchen sind dort mehr als ein Genuß – sie sind ein demokratisches Bekenntnis. Als das englische Königspaar den amerikanischen Präsidenten besuchte, fanden wochenlang vorher erregte Debatten darüber statt, ob es auf der königlchen garden-party bei Roosevelts hot dogs geben würde. Hie höfische Etikette – hie demokratische Würstchen. Die Würstchen siegten, und die lächelnde Königin aß sie genau so mit den Fingern wie alle anderen Gäste. Sie haben ihr wahrscheinlich besser geschmeckt als manches triste Staatsdiner auf Goldtellern.

*

Alle wahren Genüsse sind im Grunde kostenlos oder billig. Die gute Luft, die echte Liebe, die warme Sonne, der knisternde Schnee, der duftende Flieder, die heißen Würstchen. Teuer ist leider nur das Drum und Dran...

Heute müssen unzählige Menschen von der Hand in den Mund leben. Es ist ein schweres Leben, denn die Staatsordnung ist auf verjährten Voraussetzungen aufgebaut. Auf guter, solider Grundlage, auf Sicherheit, auf Zukunft. Auf all dem, was immer mehr schwindet.

Ein sehr reicher Mann hatte sein gesamtes Vermögen verloren. Auf der Straße begegnet ihm ein alter Bekannter, der von seinem Schicksal erfahren hatte und voller Mitgefühl ist.

*

»Armer Freund, ich weiß, was du alles durchgemacht hast – es tut mir schrecklich leid – sag, wie lebst du jetzt eigentlich?«

»Nun – morgens stehe ich auf, klingle nach dem Diener... »

»Ach soooo! Du hast deinen Diener noch behalten?!«

»Nein, aber die Klingel...«

Jetzt essen viele, unendlich viele Menschen heiße Würstchen, nicht, weil sie so gut schmecken, weil sie knacken, weil sie fröhlich paarweise hängen – sondern weil sie billig sind, und weil sie sich kein anderes warmes Essen kaufen können.

Und es ist ihnen ein Trost, daß es ihnen niemand ansehen kann, ob sie die Würstchen aus Spaß essen oder aus Hunger.

Wir leben in einer Zeit, die man, je nachdem, heroisch, zerfallend, interessant oder würdelos nennen kann. Aber niemals war die Sehnsucht nach bürgerlichem Leben, nach geregeltem Alltag größer als gerade jetzt. Ein paar heiße Würstchen, aus der Hand gegessen, schmecken am besten, wenn man weiß, daß es daheim einen freundlich gedeckten Tisch gibt.

*

Es ist nämlich ein falscher Glaube, daß es viel echte »Bohème«-Naturen gebe – es gibt sehr viel mehr gute Bürger.

Ein bisschen Glück 1942
*

Erste Erdbeeren

Erste Erdbeeren schmecken nach Watte.

S ie liegen zu sechs bis zehn in kleinen Pappkästchen und eignen sich sehr zu feinen Geschenken. Denn sie sind das, was man international »une primeur« nennt. Ihr großer Wert liegt im Datum ihres Erscheinens. Sie sind unerwartet, wie Schnee im Sommer, wie ein Gewitter im Januar.

*

Erste Erdbeeren haben nichts mit Erde und kaum etwas mit Beeren gemeinsam. Sie sind sehr viel schöner. Von heiterem Rot mit regelmäßigen Punkten und kleinem, geschwungenen Stengel. Sie haben nicht den geringsten Duft und sind ganz hohl, wenn man sie in den Mund steckt.

Aber sie haben es auch gar nicht nötig, zu duften oder nicht hohl zu sein. Sie dienen einem viel höheren Zweck.

*

Sie sind hochgezüchtete Geschenk-Erdbeeren, in Watte, jede einzelne Beere stellt selbständig einen Geldwert dar. Eine Gruppe von sechs Beeren bildet einen Karton. Erste Erdbeeren werden mit einem »Ah« der Bewunderung begrüßt und mit einem »Aber, das war wirklich nicht nötig« von Empfängern angenommen. Denn man bekommt sie ausschließlich geschenkt. Es ist noch niemals vorgekommen, daß jemand für sich selbst einen Karton mit sechs ersten Erdbeeren kaufte.

Viele Wochen später duftet es toll in den Wäldern, in den Gärten, in den Obstgeschäften. Die Erdbeeren sind da. In gewaltigen Mengen. Große, rote, in deren weißes Fleisch man hineinbeißen kann und ganz junge, kleine, die man mit Löffeln ißt wie die Weisheit. Manche sind unscheinbar grauweiß, ein wenig verkrüppelt und schwarz punktiert. Sie heißen Ananaserdbeeren und werden meist besonders billig verkauft, weil sie gar nicht rot und freudig sind. Aber wenn man sie in den Mund steckt, schließen sich die Augen, und alle Wohlgerüche Arabiens strömen auf die Seele ein.

Man stellt sehr viel mit Erdbeeren an in der Erdbeerzeit. Da gibt es keine Bowle, in der nicht ein paar rote Beeren schwimmen. Kein zitternder Pudding, der nicht damit verziert wäre.

*

Glückliche essen sie von der Hand in den Mund ab Wald. Wochenendgäste pflücken sie leider von den Gartenbeeten ab. Man ißt sie auf Zahnstochern, man badet sie in Milch, man bedeckt sie mit süßer Sahne und, ach soviel besser noch, mit saurer Sahne. Man bestreut sie mit Zucker oder man taucht sie in Zucker, je nach persönlicher Anschauung. Man zerquetscht sie mit der Gabel, damit sie als rosa Paste speiseartig wirken. In Italien beträufelt man sie mit Apfelsinen- und Zitronensaft. In Dänemark heißen sie zur Freude fremder Besucher: Jodbeeren mit Flöhde, was so ganz anders klingt und darum so ganz anders schmeckt als, Erdbeeren mit Milch. Und in Frankreich singt man dazu: Ah, les fraises et les framboises et les bons vins que nous avons bus! Et les belles villageoises... weil man ja bekanntlich in Frankreich keine Gelegenheit verpaßt, mit allem eine Frauenaffäre zu verknüpfen, auch mit Erdbeeren.

Es gibt Menschen, die keine Erdbeeren vertragen. Sie bekommen sofort Nesselausschlag und Fieber. Die Tatsache, daß man diesen Zustand Idiosynkrasie nennt, ist nur ein kleiner Trost für die Bedauernswerten. Sie können niemals Erdbeeren essen. Es beweist, daß die rätselhafte Natur auch die kleinsten Beeren mit geheimnisvollen Kräften ausgestattet hat.

*

Trotz all der Geschäftigkeit um sie herum sind Erdbeeren das bescheidenste, netteste Obst geblieben. Das Veilchen unter den Früchten. Nur einmal haben sie Prominentenallüren – wenn sie als Kunstprodukte auf Watte im Karton als erste Erdbeeren verschenkt werden. Sozusagen als Wertbeeren.

Freude an Café-Terrassen

Die Terrasse fängt schon mit drei Tischen und ein paar Stühlen an auf der Straße an. Je mehr Tische, je mehr Stühle, desto terrassiger. Es können natürlich noch ein paar Oleandertöpfe dastehen. Statt der eisernen Stühle können bequeme Rohrsessel geboten werden. Das hat aber mit dem eigentlichen Glücksempfinden nichts zu tun.

Das Glück ist: auf offener Straße sitzen zu dürfen. Kaffee zu trinken und berechtigt zu sein, von imaginär abgegrenztem Schutzgebiet aus, allen Vorübergehenden ins Gesicht zu sehen.

Die Menschen, die an einer Caféterrasse vorübergehen, halten unwillkürlich den Schritt an. Sie gehen am großen Unbekannten vorbei, um den kleinen Bekannten zu entdecken. Es ist ein stillschweigendes Übereinkommen zwischen den sitzenden Kaffeetrinkern und den Passanten, daß man einander ungestraft anstarren kann.

*

Die kleinste Caféterrasse macht die Straße zum Badeort. Es ist eine intime Oase im Gewirr der Autos und des Verkehrs. Ein paar Minuten, eine halbe Stunde lang, kann man mitten in der Großstadt die Nirvanagefühle östlicher Nabelbeschauer haben. Oder den Puls des tosenden Lebens stärker empfinden. Napoleon forderte von seinem Hofmaler, ihn »ruhig auf unruhigem Pferde« zu malen. So etwa sieht sich jeder Besucher einer Caféterrasse.

Es gibt Städte ohne Caféterrassen. Das sind die traurigen Städte. Die man verehren, bewundern – aber nicht lieben kann. Es fehlt dort das menschlich Verbindende, das Versöhnliche, das Pünktliche auf dem i, die Möglichkeit, mit der Großstadt per Du zu sein. Die Caféterrassen sind der Sex-appeal einer Stadt.

*

Der Zauber des Südens liegt nicht zum wenigsten in der ewigen Atmosphäre von Caféterrassen. Die nordischen Länder müssen dies durch sehr viel ethische Werte ersetzen – oder zu ersetzen trachten. In Paris, wo man sehr lebensklug ist, werden die unzähligen Terrassen im Winter durch kleine Öfchen mollig gehalten.

In diesem Jahr scheint es noch hübscher zu sein als sonst, auf der Straße zu sitzen. Die Frauen bieten Abwechslung sondergleichen. Ihre Kleider sind bunter, kürzer, ihre Hüte verrückter, ihre Bänder flatternder als je. Man trägt Optimismus – in Seide, in Wolle, in Kunstseide, in Kattun. Formen werden wieder gern gezeigt und anscheinend sehr gern gesehen. Das Leben ist gut, das Leben ist fröhlich – von der Caféterrasse gesehen. Überzeugte Pessimisten hocken im Innern des Cafés, in Zeitungen vergraben.

*

Wer draußen auf der Terrasse sitzt, inmitten von vorüberhuschenden Farben und Formen, im Gewirr von Stimmen, Lachen und Autohupen – muß »ja« sagen zum Leben. Oder mindestens »na ja...«

Ein bisschen Glück 1942
*

Umgang mit Spargel

Der Spargel ist das Sonntagskind unter den Genüssen. Im Mai geboren. Von den Feinschmeckern verhätschelt. Sonderklasse und Massenliebling zugleich.

Der Spargel hat nur liebenswürdige Eigenschaften. Er schmeckt vorzüglich, er duftet, er sättigt, er macht nicht dick, er ist gesund.

Für viele ist Spargel mehr als ein Gemüse – er ist eine Weltanschauung.

*

Es gibt Spargelzeremonien, wie es japanische Teezeremonien gibt. Menschen, die Spargel mit den Fingern anfassen (äußerste Rechte), haben nur noch wenig Berührungspunkte mit Menschen, die ihn mit Messer und Gabel essen (gemäßigte Mitte). Aber schon gar keinen Kontakt mehr mit solchen, die ihn mit Messer und Gabel behandeln (äußerste Linke). Diejenigen, die Spargelzangen benutzen, stehen über den Parteien. Sie sind korrekt, aber irgendwie unsympathisch.

Es gibt Spargelesser, bei denen nur »Köpfe rollen« müssen. Andere leben »von der Stange«. Sie genießen sie sukzessive von der obersten Süße bis zur untersten Herbheit hindurch. Ganz große Feinschmecker wissen genau, wie weit sie gehen können.

Scharfe Auseinandersetzungen gibt es zwischen den Anhängern des Spargels an sich und denjenigen des Spargels »mit«. Die echten Liebenden sind natürlich die ersteren. Sie wollen Spargel, nichts als Spargel, und machen nur die Konzession von ein bißchen Butter, Bröseln oder leichter Mousseline.

*

Die anderen betrachten ihn nur als Beilage – zu Schinken, zu Lachs, zu Kotelett. Es mögen brave, tüchtige Menschen darunter sein – aber Spargelgenießer sind es nicht. (Es gibt ja auch Menschen, die niemals allein mit einer Frau, resp. einem Mann ausgehen können. Es muß immer noch jemand dabei sein, der ihren Geschmack bestätigt.)

Es kommt eine – kurze – Zeit, wo der Spargel ganz billig, sozusagen auf den Markt geworfen wird. Das schadet seinem Ruf nicht. Es bleibt immer etwas Festliches, Freudiges um den Begriff Spargel. Darum redet man auch so gerne davon. Wer spricht von Spinat, von Kohlrabi, von Mohrrüben? Lauter vorzügliche Dinge – aber keine Themata.

Es jährt sich keine Spargelsaison, ohne daß ich an König Edward VII. denken muss. Denn als Kinder wurde uns der Begriff »gentleman« auf folgende anschauliche Weise beigebracht: Der Schah von Persien kam einmal zu Besuch des Königs von England. Bei dem Galadiner wurde Spargel serviert. Der Schah, dieses Genusses ungewohnt, ergriff die einzelnen Spargeln, biß den Kopf an und warf den Rest mit Schwung über seinen Kopf nach hinten. Ohne mit der Wimper zu zucken, befolgte König Edward (siehe Gentleman) das Beispiel seines Gastes, und die übrigen Gäste taten natürlich das gleiche.

Dieses plastische Bild eines Spargelessens unter echten Gentlemen bleibt auf ewig in der Erinnerung haften. (Später lernte man, daß es nicht immer so vergnüglich und einfach ist, Gentleman zu bleiben.)

*

Die einzigen Menschen, die manchmal keinen Spargel essen, sind die Spargelzüchter. Weil sie ihn lieber verkaufen.

Andere Gründe gegen Spargel gibt es nicht.

Der Fall Spinat

Wenn Spinat nicht so gesund wäre, würde man noch viel mehr Spinat essen. Junger Spinat, Spinatgrün, ist ein hoffnungsfroher Anblick. Wie eine saftige Wiese auf dem Teller hingebreitet. Beruhigend, begütigend.

Spinat atmet anständige Bürgerlichkeit aus. Es ist kein Bohèmegemüse. Es kann nicht eins, zwei, drei hingekocht werden – wenn man nicht die Barbarei begeht, Büchsenspinat zu nehmen. Spinat muss geputzt, gesäubert werden, Blättchen um Blättchen. Es gehört ein bißchen Raum und Zeit dazu. Und dann muß er mit Liebe zubereitet werden. Von dieser Zubereitung hängt es ab, ob Spinat ein grüner Mehlpamps, ein dürres Gräsergericht, eine puritanische Vitaminmasse oder ein delikates Gemüse ist.

Spinat mit Ei ist eine aus farblichen Motiven herstammende unzertrennlich gewordene Assoziation. Der grüne Spinat schreit förmlich nach dem gelben Ei. Es muß nicht unbedingt das klassische Spiegelei auf ihm ruhen. Hartgekochte Eischeiben oder feingehacktes Ei sind ebenso kleidsam als schmackhaft. Und ein gerolltes goldgelbes Omelett, aus dem grüner Spinat quillt, ist eine Augen- und Magenweide.

Spinat in Sahne gekocht macht milde und nächstenlieb. Spinat mit feinem Zwieback durchmischt fröhlich und unternehmungslustig. Am Balkan vermengt man den Spinat mit Reis, gibt Zitrone und Zucker dazu, und es ist ein gutes Gericht. In Italien wird er grob gehackt oder ganz lang gelassen, mit Öl zubereitet, geröstet und selbstverständlich mit Parmesan bestreut. In England – aber das ist ein trauriges Kapitel. Wer einmal in einem kleinen englischen Gasthaus Spinat gegessen hat, weiß, daß er nicht zum Vergnügen auf der Welt ist. In Frankreich bereitet man den Spinat sehr liebevoll zu. Ein Sprachlehrer pflegte seinen Schülern »èpinards en branches« besonders zu empfehlen, um die französischen Nasallaute zu üben.

Kinder mögen Spinat nicht. Wenn die Eltern nur einsehen würden, wie sehr sie berechtigten Widerspruch reizen, indem sie gewisse Speisen dauernd als gesund empfehlen. Kinder wollen nicht gesund werden. Sie sind gesund.

Die große Zeit des Spinats war die der Entdeckung der Vitamine. Spinat steht auf der Fahne der Vegetarier geschrieben. So kann aus kleinen grünen Blättchen eine ganze Weltanschauung entstehen.

Entdeckung der Nähe

»Der Weg zu einem selbst führt über die ganze Welt.«

Die Welt ist wieder sehr klein geworden. Gleich vor der Tür fängt die
Grenze an, die bittere Grenze. Der Pfahl, der aus einer einzigen Wiese
zwei Begriffe machen kann: hie Hölle, hie Paradies.

Ein vorsintflutliches Wort fällt einem gelegentlich ein: »Globetrotter«.
Das waren die Menschen, die zum Vergnügen die Welt bereisten. Sie kannten Sumatra und die Pyramiden und Bali und Wladiwostok und die Oase
Biskra. Sie kannten alles auf der Welt besser, als das eigene Land – weil es
doch viel zu nahe war. Die Sehnsucht der großen Reisenden wuchs mit den
tausend Meilen und schrumpfte mit den Kilometern zusammen.

Wie lange ist es her – Jahrhunderte oder vier Jahre – da war das Schaufenster eines Reisebureaus der Zauberkoffer, der auch den bescheidensten
Bürger durch alle Wolken der Welt trug. Erster Klasse, zweiter Klasse, dritter
Klasse. Alles inklusive. Gesellschaftsreisen in den Süden, in den Norden, bis
zu den fernsten Meeren.

*

Wer acht Tage Ferien hatte, verließ seinen Kontinent, zumindest aber sein
Sprachgebiet. Es war wie beim Spiel »Verwechselt, verwechselt das Bäum-
lein«. Die Nähe des einen bildet die Ferne des anderen. Oft erfuhr man auf
Reisen von Freunden, welche schönen Plätze es in der engsten Heimat gab.
Wie in mancher Ehe, wo erst fremde Bewunderung den Ehemann darauf
aufmerksam macht, daß seine Frau schöne Augen hat – oder die Frau darauf
bringt, daß ihr Mann ein witziger Gesellschafter ist.

Die Welt ist wieder verschlossen, und statt Globetrottern gibt es nur noch
Menschenware, die verfrachtet wird. Bergmenschen, die durch einen Fetzen
Papier in die Ebene verpflanzt werden. Stämme, die man entwurzelt und anderswo wieder einsetzt, ganz gleich, ob sie im ungewohnten Boden kümmerlich
gedeihen oder einfach verdorren. Heimatvertriebene, die in der weiten Welt
keinen Fußbreit Erde finden, weil ein böser Zauber spukhafte Begriffe aufge-
häuft hat: Visum, Quote, Garantie. Neue papierne Götzen, die alles Lebendige
verschlingen.

Die Reise in die Ferne ist plötzlich keine Sehnsucht mehr – es ist der Schiffbruch der Hoffnungen, das bittere Muß.

Inmitten chaotischen Geschehens gibt es aber für viele eine neue, beglükkende Entdeckung: die Nähe. Die allernächste, nie gesehene Nähe. Während man früher alles mit dem Fernglas betrachtete, holt man jetzt die Lupe hervor. Und staunt... Staunt über die viele exotische Pracht, die es daheim gibt. Über Sonnenuntergänge »wie in Japan«, über kleine Museen »wie in Ravenna«, über Felsengebiete »fast wie im Yellowstone-Park«. Und alles gleich nebenan – zu Hause.

Die Entdeckung der Nähe hat bereits neuen Ehrgeiz und neue Sportlichkeit gezüchtet, den Wettlauf zum kürzesten Ziel. Und eine neue Gefahr... Wie man früher die Nähe verachtete, so kommt man jetzt leicht dahin, die Ferne zu verachten – über der eigenen Scholle die übrige Erde zu vergessen. –

Ein rumänisches Sprichwort sagt: Wer keine guten Nachbarn hat, muß sich selber loben. Die ganze Welt besteht jetzt anscheinend aus schlechten Nachbarn – denn noch nie hat es so viel Eigenlob gegeben... Jedes Land streut Weihrauch über sich selbst.

*

Vielleicht kommt einmal die Zeit, wo man, bei aller Heimatliebe, sich wieder von der Ferne locken lassen darf. Denn die Entdeckung der Nähe ist eine Erfüllung. Aber der Mensch ist nie vollendet genug, um ohne Sehnsucht leben zu können.

EIN BISSCHEN GLÜCK 1942

———— * ————

Leben ohne Fest

Es ist viel schwerer, fremde Freude mitzuempfinden, als fremdes Leid.

Wer allein an einem Tisch sitzt, dem ist eine lustige Gesellschaft, die laut am Nebentisch lacht, unendlich fremd. Die Ursache ihrer Heiterkeit, die Art ihres Ausbruchs, ist ihm unverständlich. Er fühlt sich ausgestoßen und wappnet sich dagegen mit herablassendem Achselzucken, das leisen Neid entkräften soll.

Zum Feste feiern gehört Stabilität, Tradition, zumindest aber zeitliche Sicherheit. Es gehören gleichgesinnte, gleichgestellte Mitwirkende dazu. Menschen, die dieselbe Sprache sprechen, die sich zwischen den Worten verstehen, die dieselben sozialen Voraussetzungen erfüllen. Feste gehören in einen privaten Bereich, sie sind immer das Vorrecht irgendeiner umgrenzten Gesellschaft, irgendeines Clans. Outsiders können dabei nur als Statisten mitwirken, als Zuschauer aus verdunkeltem Raume heraus.

Die Statistenrolle spielen jetzt unendlich viele Menschen. Sie sind entwurzelt, sie werden umhergetrieben. Sie treten in die warme Helle festlicher Räume, bestenfalls als Geduldete, als freundlich Übersehene. Sie müssen ein Lächeln zur Schau tragen, um nicht aus dem Rahmen zu fallen. Sie verstehen die fremde Heiterkeit, die fremden Anspielungen, die fremde Freude nicht. Sie dürfen nicht sehnsüchtig aussehen, und nicht sichtbar rückblickend – das könnte die Feststimmung stören. Sie dürfen sich aber auch nicht allzu echt mitfreuen – denn sie sind ja Fremde, und es würde ihnen als Aufdrängung angerechnet werden.

Viele Tausende leben so, allerbestenfalls als Zaungäste vor fremden Gärten.

✳

Dem einen fällt es schwerer, dem anderen leichter. Junge Menschen, die ohne Feste aufwachsen, bekommen eine neue Anschauung von der Welt. Es ist möglich, daß sie nicht unglücklicher werden, aber statt lauter Feste leise Freuden kennenlernen.

Daß sie weniger abstumpfen, daß sie neu sehen, schmecken, riechen lernen, weil die Gefahr der Gewohnheit ihre Sinne nicht schwächt. Sie werden vielleicht dankbarer für den einzelnen freundlichen Lichtstrahl werden, wenn sie ohne tausendkerzige Helle aufwachsen müssen.

Natürlich handelt es sich dabei schon um die Glücklichen unter den Heimatlosen – um diejenigen, deren schwerer Alltag es ihnen überhaupt noch erlaubt, durch fremde Feste zu eigener Beschaulichkeit zu gelangen.

✳

Es wäre schön, zu hoffen, daß ein gütiges Schicksal diese Menschen anders reich machte. Ihnen jene Valuta schenkte, die durch keine Wirtschaftskrise erschüttert werden kann: Innerlichkeit.

Mütter 1942

Nie wurde von den Müttern Schwereres verlangt, als in unserer Zeit. Sie sollen die Menschen erhalten, um zu ihrer Vernichtung beizutragen. Sie sollen ihre tiefinnerste Natur verleugnen. Sie dürfen nicht süße Träume spinnen an besonnten Wiegen. Sie sollen gebären – für den Staat, für die Ehre, für den Tod.

✳

Der himmlische Wahn jeder Mutter, das Kind gehört ihr, wird ihr nicht mehr gelassen. Das Kind gehört einer Idee, einer ungeheuren, dunklen Macht. Die Mutter hat Pflichten, keine Rechte.

So ist es, und – so ist es trotzdem nicht. Die grausamste Zeit kann die Mutter nicht ändern. Das Wunder der Geburt ist ihr das gleiche geblieben. Sie sieht ausschließlich das hilfsbedürftige, liebebedürftige Kind – nicht den künftigen Flieger, den Fallschirmabspringer, den unbekannten Soldaten. Das Leid der heutigen Mütter ist grenzenlos, weil die Mütter dieselben geblieben sind, und die Zeit eine so andere wurde. In einer Generation, wo Heroismus kein göttlicher Funke mehr ist, sondern ein Lehrfach, sind die stummen Mütter die wahren Heldinnen.

Jede Mutter in der Welt will ihr Kind schützen – sie öffnet Flügel oder Arme, sie zieht es in die eigene Wärme, um es vor Gefahren, vor Kälte, vor Bosheit zu bewahren. Sie kämpft instinktiv gegen eine feindliche Welt. Jetzt hat sich die ganze Welt gegen die Mutter verschworen.

✳

Wer würde von einem Gärtner verlangen, daß er die schönsten Blüten, die er mit unsäglicher Mühe und Sorgfalt gezüchtet hat, freiwillig dem Sturm preisgibt? Es scheint irrsinnig – und doch, jetzt fordert man die Blüten für den Sturm. Jemand verherrlicht den wilden Sturm, es ist das Klima der Zeit, der neuen Zeit, der großen Zeit.

Noch gibt es – dem Himmel sei Dank – gesegnete Erdenfleckchen, wo frohe Wiegenlieder ertönen, Milch, Honig und Hoffnungen fließen. Doch die Sicherheit ist geschwunden, die schöne Sicherheit, die es vielleicht nie gab, ohne deren Vision es aber keinen Aufbau, kein Lebensziel gibt. Jede

Mutter bangt jetzt für ihre Kinder – sie zittert nicht nur, wie seit jeher, vor unbekannten Gefahren. Sie zittert vor den Gefahren, die sie kennt, vor denen, die ihre Nachbarin getroffen haben.

In einer Zeit, in der alles geschieht, was die Familie zerstört, wird viel – peinlich viel – von der Familie gesprochen. Von der Schönheit, der Größe, der Heiligkeit der Familie. Manchmal scheint es, als hätte es diesen Begriff nie vorher gegeben... Man sagt: die besten Frauen sind diejenigen, von denen man nicht spricht. Die glücklichsten Familien gibt es zu Zeiten, wo am wenigsten von ihnen gesprochen wird. Während des Orkans werden keine Hütten gebaut.

Millionen Mütter müssen sich heute von ihren Kindern trennen. Nicht nur von den großen Kindern, die der Staat braucht. Nein, von den kleinen, von den kleinsten, von den winzigen. Sie müssen, wie das moderne Losungswort heißt, »evakuiert« werden, um vor Bomben, vor Feuer und vor Granatsplittern Zuflucht zu finden. Sie wachsen in fremden Nestern auf, an geborgter Wärme. Nie, nie wird die fehlende Zärtlichkeit ersetzt werden. Mütter müssen sich glücklich schätzen, wenn sie ihre Kinder in weiter Ferne wissen. Die Natur wird unterdrückt, vergewaltigt.

Hunderttausende Mütter können ihre Kinder nicht mehr genügend ernähren. Es ist ein tierisches Weh, ein Kind hungern zu sehen. Dagegen hilft keine Ideologie, kein flammendes Manifest.

Trotz allem, trotz allem – die Mütter halten durch. Die ungeheure Macht der Mütter kämpft gegen das mächtige Ungeheuer des Krieges. Es geschehen Wunder an Aufopferung, an stummem Leid, an wortloser Hingabe. Wie lange noch – ?

Der Gedanke drängt sich immer wieder auf: wenn die Mütter wollten! Wenn sie auf ihrem Frauenrecht bestünden, statt Männerrechte dafür eintauschen zu wollen... Eine weise alte Dame sagte: »Die Frauen sollten nie und unter keinen Umständen anderes sein wollen als Frauen. Sie sollten – ganz wie man es ihnen immer vorhält – ausschließlich Weib, Mutter, Schwester sein. Aber *niemals, nirgends* bereit sein, den Mann zu ersetzen... Nicht den Pflug in die Hand nehmen, nicht das Steuer des Lastwagens führen, nicht Mörtel, nicht Hammer ergreifen. Nirgends einspringen, wo ›Not am Mann‹ ist. Dann wird es schließlich keine Kriege mehr geben können...«

Einstweilen stellen die Frauen ihren Mann, gegen ihre Natur, gegen alle Natur. Das Wunder ist, daß sie Mütter geblieben sind wie je.

*

Immer wieder leuchten Hoffnungsstrahlen um eine Kinderwiege. Und das Lallen eines hilflosen kleinen Kindes übertönt jeden Kanonendonner.

Geschenkte Tage

Es gibt Tage von unsagbarer, zartester, duftendster Schönheit.

Man möchte auf Zehenspitzen durch die Wege gehen, um keinen Licht-hauch zu verlieren, kein Summen, kein Zwitschern zu überhören. Es sind die kostbaren, sonnensatten Sommertage – die geschenkten Tage.

Jemand grüßt auf der Straße. Man sagt aus übervollem Herzen: »Ein herrlicher Tag!« Der oder die andere erwidert vorwurfsvoll: »Wenn man aber bedenkt, was alles in der Welt vorgeht...«

*

Ach, man hat es ja gar nicht vergessen. Man kann es ja nie vergessen. Man war nur gerade so glücklich, daß es außerdem, trotzdem heute etwas gab, was man auch nicht vergessen darf – den geschenkten Tag. Den Sommertag mit der zärtlichen Brise...

An solchen Tagen gilt es, die eiserne Ration aufzufüllen, die jeder so nötig hat wie Mehl, Reis und Zucker. Den Vorrat an Kraft, an Mut, an Glauben. Sonnenwärme, Himmelsblau und Blütenduft sind die einzigen Üppigkeiten, die in der karg gewordenen Umwelt zuweilen verschwenderisch gespendet werden. Wer an dieser Pracht einfach vorbeigeht und das Tor seiner Sinne versperrt, begeht fast eine Sünde.

*

Es gibt furchtbar, furchtbar viele Menschen, die jetzt dauernd im Kampf stehen. Im Kampf gegen Geschütze oder gegen Sorgen, in erdrückender Angst um ihre Lieben, in zermürbendem Kleinkrieg um das tägliche Leben. Und es gibt viele, die hingebungsvoll für ihre gequälten Mitmenschen arbeiten – die einfach nicht mehr dazu kommen, an anderes zu denken, anders zu sehen. Aber die meisten, die allermeisten tun nicht viel, können – zu ihrem tiefen Leidwesen vielleicht – nicht viel tun. Diese Menschen haben die Pflicht, alles Schöne und Gute, was noch da ist, zu sehen, aufzunehmen und zurückzustrahlen. Mit unendlicher Dankbarkeit und im Gefühl: geschenkte Tage – geschenkte Stunden.

Neben allen verlorenen Paradiesen gibt es immer noch paradiesische Augenblicke, selbst in unserer Gegenwart. Leuchtraketen... Sie sind bedauerlicherweise von sehr kurzer Dauer. Aber sie sind vorhanden. Sie zeigen mit Blitzlichtdeutlichkeit, daß nicht die Welt schlecht ist, sondern nur der Mensch. Schlecht oder dumm. Es ist kein Trost, aber eine Erkenntnis.

Manche Menschen gehen prinzipiell mit Kondolenzgeschichten durch das Leben. Sie sind oft nicht gütiger, nicht hilfskräftiger als andere. Aber irgendein unglückseliges Stilgefühl zwingt ihnen die Sorgenmaske der Zeit auf. Sie sind Freudendämpfer aus mißverstandenem Verantwortungsgefühl. Ein gesunder Mensch, der durch einen himmlischen Julitag geht, und nicht eine Minute lang »Ah« sagt oder denkt, ist tief bedauernswert.

*

Man muß sein Schicksal hinnehmen, wie es kommt. Einerlei, ob es »verdient« scheint, oder nicht. Das Schwere muß ertragen werden, das Gute genossen. Morgen ist es vielleicht dunkel. Heute ist ein geschenkter Tag.

Ein bisschen Glück 1942

*

Die Fremde

Die fremde Frau geht leichten Schrittes durch die Straßen. Die Sonne leuchtet und ein kleiner Wind weht Wärme und Freundlichkeit. Die bunten Schilder der Geschäfte glänzen, die Glocken der Trambahnen übertönen das Rattern der Autos, deren Hupen verstummen mußten. Aber die Trambahn darf weiter läuten – kleiner Triumph der älteren gegenüber der neuen...

*

Die fremde Frau lächelt vor sich hin. Die Straßen sind ihr schon recht vertraut. Die Stadt ist liebenswürdig, trotz ihrer kühlen Distanz. Aber was macht das aus! Man soll nicht an der Scholle kleben – das Leben will es nicht. Das Zeitschicksal, das zur Unstetigkeit zwingt, hat doch auch sein Gutes – die fremde Frau streckt sich – sie hat sich damit abgefunden. Sie versucht, dem Entwurzeltsein die besten Seiten abzugewinnen. Das Leben ist ja so kurz – es ist schön, elastisch zu bleiben, immer für Neues empfänglich. – ach, Bourgeoisgefühle sind veraltet... das feste Lebensprogramm, eigentlich langweilig – die Welt ist so groß – man kann auch in anderer Weise ganz glücklich sein, vielleicht sogar wirklich glücklich... vielleicht ist es überhaupt am besten so...

Jetzt geht sie am Markt vorbei. In der Sonne steht eine junge Frau mit zwei kleinen Mädchen. Sie tragen Körbe in der Hand. Die Frau kauft Obste ein – große rote Himbeeren. »... sie sollen zum Einkochen sein...« Die roten Beeren duften in der Wärme, die Händlerin schüttelt die Körbe und hält sie hoch; die Frau schaut prüfend hinein: sind sie auch schön locker und nicht überreif? Dann nickt sie und wählt zwei Körbe voll Himbeeren: »Ich nehme sie gleich mit.« Die kleinen Mädchen stehen auf ihren Fußspitzen, in ihre Henkelkörbchen werden auch Himbeeren geschüttet, und ihre Gesichter strahlen – heute wird eingekocht...

*

Die fremde Frau fühlt plötzlich, wie ihr das Herz weh tut. Es ist wie ein stechender Schmerz. Obst einkochen – Himbeeren für Konfitüren. – Es duftet im ganzen Haus nach Früchten, nach Zucker, nach Herdfeuer. In der Küche stehen die Kessel, aus denen es rot und weiß schäumt, die Köchin macht ihr brummiges Gesicht, wie immer an großen Tagen, die Mädchen tragen weiße Tücher um den Kopf. Mama hat eine Schürze, die viel zu weit ist, doppelt umgebunden. Die Kinder sind nicht aus der Küche zu kriegen – wann werden sie kosten dürfen? Nur ein kleines bißchen lecken – ganz vorsichtig, ohne sich die Zunge zu verbrennen. – Ihre Bäcklein sind rot, sie stehen da und sehen zu, wie der Schaum aus den großen Töpfen quillt, rosig wie gesponnenes Glas. Durch die offenen Fenster sieht man die Blätter des alten Kastanienbaums, und der Hund bellt, wenn jemand über den Gartenkies geht... Später werden die Töpfe gefüllt, mit weißem Pergament verbunden, und auf jeden Topf kommt ein Etikett, darauf steht in schöner Schrift »Himbeeren« und die Jahreszahl. – Und es duftet süß und warm, wie im Märchenland. –

Früchte einkochen – aufbewahren, die geordnete, gefüllte Speisekammer, die vielen großen Gläser mit den Schildern – der Vorrat – für nächsten Winter, für nächstes Frühjahr...

*

Die fremde Frau fühlt eine unerträgliche Leere. Ein grenzenloses Heimweh. – Nach verlorenem Paradies, nach Kinderlachen, nach Vorratskammern, nach dem Glück der Geborgenheit, nach dem alten, schützenden Dach... Dunkles, schweres Geschehen liegt hinter ihr, die Zukunft ist dunkel und schwer. Sie ist müde, so müde...

Die kleine
Freude

M it dem großen Glück ist es eine eigene Sache. Es ist eine theoretische Angelegenheit. Das große Glück haben immer nur andere Leute – und die wollen es wieder nicht... Das große Glück ersehnt man und man ruft es zurück – fast niemals ist es gegenwärtig.

Glückliche Menschen sind Menschen, die nicht auf das große Glück warten, sondern das kleine Glück... sehen. Die Genießer, die Ja-Sager des Lebens, auf deren (unsichtbarem) Banner das schöne Wort »Carpe diem« steht. Die sich freuen können.

Viele kleine Freuden ergeben schon eine ganz anständige Portion Glück. Erstaunlicherweise sind sich aber die allerwenigsten Menschen darüber klar, was sie eigentlich freut. Sie kennen nur das feste Menu der allgemein anerkannten guten Dinge. Aber auf die à-la-carte-Freuden kommt es an – auf das, was dem eigenen Gaumen schmeckt.

*

Das größte Hindernis für Glück ist die Abstumpfung. Ein Dichter hat gesagt: Wenn jeder Sonnenaufgang durch Trompetenstöße verkündet würde und wir dafür Eintrittsgeld bezahlen müßten, dann käme uns die Herrlichkeit erst richtig zu Bewusstsein... In einer englischen Schule wird eine sehr schöne Idee praktisch durchgeführt. Jedem Kind werden einmal im Monat die Augen mit der Binde verdeckt, ein anderes Mal ein Bein festgebunden oder die Ohren zugestopft. – Sie sollen eine Stunde lang spüren, wie es den Unglücklichen zumute ist, den Blinden, den Lahmen, den Tauben. Sie sollen lernen, dankbar für das Wunder ihrer gesunden Sinne zu sein – und nichts als selbstverständlich zu betrachten.

Manche Leute, denen sonst nichts fehlt, wollen sich keiner sichtbaren Freude hingeben, weil »die Zeiten« nicht danach sind. Das heißt, das Stilgefühl etwas zu weit treiben und die Gewissenhaftigkeit mißverstehen. »Die Zeiten« sind zum Teil das, was wir aus ihnen machen. (Wir haben allerdings keine Ursache, besonders stolz darauf zu sein.) Aber im Kleinen ließe sich wirklich manches besser machen. Wenn jeder Mensch nur eine Blume säen würde, könnte die ganze Welt zum Garten werden...

Jeder von uns erlebt zweierlei Zeiten: die offizielle Zeit um ihn herum und seine ganz private. Während der einzelne kerngesund, freude-empfänglich, stark und genußfähig ist, sind »die Zeiten« vielleicht sehr schlecht. Wohingegen allgemeines wirtschaftliches Aufblühen, gute Ernte, überhaupt prosperity, mit einer miserablen »Privatzeit« zusammenfallen können. Wo das Individuum Magenschmerzen, häusliche Miseren und sonstigen Ärger hat. Man soll nicht auf den allzu seltenen Zusammenklang der guten Zeiten warten, um seine kleinen Feste zu feiern. Es gibt da nur eine einzige Richtschnur: das eigene Gewissen. Empfehlenswert dazu – ein bißchen Herzenstakt. Die echten Freuden sind immer einfacher Natur gewesen, und sie werden es immer mehr.

*

Kompliziert ist nur das »Vergnügen«, weil es den wenigsten Menschen Freude macht... Die Vergnügungen sind oft der Vorkriegsmentalität angepaßt oder doch mindestens zwanzig Jahre zurück. Da gäbe es vieles zu revidieren.

In Paris sah ich ein kleines Lokal. Es hieß »Cabaret Eros, charme parisien, ambiance viennoise et gaité hongroise«. Das wird die Amerikaner locken, dachte wahrscheinlich der Unternehmer... Dieses Pariser Lokal mit Wiener Stimmung und ungarischer Lustigkeit ist vielleicht typisch für den falschen Begriff des Vergnügens.

Gewisse Vergnügungen sind zeitlos, weil sie immer mit gewisser Freude verbunden sind. Da sind z.B. die Rummelplätze, mit Schaukeln, Karussell und Schießbuden. Davor stehen dichtgedrängte Menschen und sind glücklich, wenn sie den ewigen Teddybär gewinnen oder eine fürchterliche Stoffpuppe. Und auf den Schaukeln darf man lachen und schreien – Urfreuden des Sich-gehen-lassens.

*

Es ist gut, wenn das »Unbehagen in der Kultur« von Zeit zu Zeit gelöst werden kann. Nur schade, daß heute allzu viele Leute vom Behagen in der Unkultur nicht mehr lassen können. –

Es gibt so viele Arten der kleinen Freude, je nach persönlicher Veranlagung. Manche sind Genießer der Vorfreude, die ihnen am reinsten scheint. Andere schlürfen Erinnerungsfreuden wie alten Wein. Schadenfreude ist ein Begriff, den es, bedrückenderweise, nur in der deutschen Sprache gibt...

Nichts ist der Freude so zuträglich wie das Lachen, nichts so schädlich wie das Jammern. Beides ist gleich ansteckend. Als der Schlager »Ich bin ja heut so glücklich!« Mode war, summten ihn Tausende mit sichtbarem Ver-

gnügen mit. Als ein ungarischer Komponist auf den unseligen Gedanken
kam, das Lied »Sombre dimanche« zu komponieren, nahmen sich in verschiedenen Ländern mehrere Dutzend Menschen das Leben.

Es ist immer Zeit, sich über irgend etwas zu freuen. Man muß die Dinge
manchmal durch die Lupe betrachten, um glücklich zu sein, ein anderes Mal
durch das Fernrohr.

*

Als Sokrates bereits den Giftbecher geleert hatte, besuchte ihn einer seiner
Freunde. (Damals spielten sich solche Angelegenheiten viel gesellschaftlicher
ab als heute.) Sokrates saß auf seinem Schemel und sang ein Lied. Der Freund,
in verzweifelter Stimmung, war fassungslos: »Gleich wirst du sterben – und
du singst?« Worauf Sokrates liebenswürdig antwortete: »Ja, wann soll ich
denn singen, wenn nicht jetzt...?«

ICH REISE NACH NEW YORK 1950
*

Die Frauen von New York

W er zum ersten Mal nach New York kommt, sieht zunächst nur Frauen.
Es dauert eine Weile, bis man merkt, daß es hier auch Männer gibt...
Frauen überall – und was für Frauen! Alle – ausnahmslos – modisch gekleidet,
fast alle hübsch, alle wunderbar gepflegt. Amazonen, deren Kleider aus Seide,
Kunstseide, Cotton und Nylon bestehen. Diese Kleiderindustrie, auch Mas-
senkonfektion genannt, bringt der Stadt New York alljährlich Milliarden ein...

Mit den Frauen in New York ergeht es einem wie mit den Tulpenfeldern
von Holland. Zunächst ist man von dem Anblick völlig hingerissen – soweit
das Auge blickt nur blühende Tulpen. Dann, nach ein paar Tagen, gewöhnt
man sich daran.

Hier findet man es sehr bald ganz natürlich, daß alle Frauen so gut
gekleidet, so prächtig gepflegt sind. Und dennoch steht man eigentlich einem
Wunder gegenüber. Das Wunder ist, daß die meisten dieser tadellosen Mode-
figuren arbeitende Frauen sind. Sie arbeiten in Fabriken, in Büros, in
Geschäften, in Restaurants. Sie fahren frühmorgens in überfüllten Bahnen

zur Arbeit. Sie kommen abends in überfüllten Bahnen heim. Und immer –
eng in die Züge gepreßt, an der Schreibmaschine, hinter dem Ladentisch,
beim Servieren von tausend Tassen Kaffee, neben dampfenden Kesseln –
immer sehen diese Frauen aus, als kämen sie gerade aus der Schachtel.

Diese staunenswerte Tatsache ist das Resultat einer fabelhaft organisierten Kleidungs- und Kosmetikindustrie und einer fabelhaft anerzogenen
Selbstdisziplin.

∗

Das demokratische Prinzip ist nirgends so deutlich sichtbar wie im Aussehen der New-Yorker Frauen. Es gibt keine exklusive Eleganz – es gibt nur Mas-
seneleganz. Der Schmuck von Cartier und Tiffany wird von der »Costume
Jewlery« bestens kopiert und schließlich von Woolworth vertreiben; das neue
französische Modell der Luxusläden ist vierzehn Tage später billigst und in
bestem Schnitt allen zugänglich – es kommt nicht auf die Echtheit von Schmuck
oder Seide an, nur auf den Effekt. Es kommt vor allem aber auf Figur, Haltung und Haar der Trägerin an – und da ist ein Standard erreicht worden, der
New York seinen einzigartigen Stempel aufdrückt.

Jedes Mädchen hier weiß von klein auf, daß ihr Aussehen alles bedeutet.
Mit ungepflegten Haaren und Händen, mit unmoderner Kleidung bekommt
sie keinen job, keinen »beau« zum Ausgehen, keinen Boy zum Heiraten. Auf
Gepflegtheit, »neatness«, wird ungeheurer Wert gelegt.

In den meisten Ländern Europas ist es eine stillschweigende Selbstverständlichkeit, daß die arbeitende Frau möglichst geschlechtslos aussieht. Auf
jeden Fall unauffälligst gekleidet, ein graues Mäuschen. Hier ist sie ein
schillernder Kolibri. Es lenkt niemand von der Arbeit ab, weil man sich auch
an Kolibris gewöhnt, wenn sie in solchen Massen auftauchen. Nur ist der
Anblick weitaus erfreulicher als der von Mäusen, und die weibliche Arbeits-
lust wird sehr gesteigert, wenn sie mit gutem Aussehen, ja Eleganz geleistet
werden darf.

∗

In weiser Erkenntnis des uralten Zaubers der Uniform werden auch die weiblichen Uniformen hier prächtig gestaltet. Jeder Arbeitskittel, jede Schwestern-
schürze, jeder Overall ist ein Meisterstück an gutem Schnitt, an »smartness«.
Jede Hausfrau ersteht für billiges Geld Hauskleider und Schürzen, die es in
waschbarem Cotton mit prächtigstem Brokat aufnehmen können. Es ist hier
beinahe ein Kunststück und fast eine öffentliche Beleidigung, schlecht angezogen zu sein.

Wo immer man hinkommt, wird man von tadellos aussehenden Frauen empfangen. Ihre nylonbespannten Beine stecken in graziösen, hochstöckeligen Schuhen, sie sehen wie Titelbilder von Magazinen aus, sie lächeln liebenswürdig, sie treten ungeheuer selbstsicher auf. »Poise«, das heißt bewußte Haltung, gehört zur Grundlage aller Mädchenerziehung. Diese stark zur Schau getragene weibliche Sicherheit macht viele Männer unsicher. Aber bei näherer Betrachtung sehnen sich alle diese New-Yorker-Nixen nach ganz den gleichen Dingen wie alle Mädchen der Welt. Nach dem, was hier »romance« heißt... »Romance à l'américaine« hat eigentlich wenig mit Romantik zu tun – es ist die gute alte Liebe mit Diamantehering und Mink Coat als Ideal. Aber bei der großen Mehrzahl tut's auch der Diamantsplitter und das chic gefärbte Kaninchen... Im Grunde sind die New Yorkerinnen bescheidener in ihren Ansprüchen als viele bescheiden aussehende Mädchen anderswo. Sie opfern Bequemlichkeit, Ruhe und gute Ernährung dem »Glamour«-Ideal das sie zu repräsentieren haben. Im übrigen sind sie für die einfachste Nettigkeit dankbar.

*

Ein beliebter New-Yorker Ausdruck lautet: »Looks like a million dollars...« Jede kleinste Angestellte strebt nach diesem Millionen-Dollar-Aussehen, und ein Millionenheer von Erfindern, »designers«, Fabrikanten, Lieferanten und Arbeitern lebt davon. Die New-Yorkerin ist die Hohepriesterin der amerikanischen Mode. Sie ist Anfang und Ziel der »big business«. Ehrenhaft – aber anstrengend.

Im Hochsommer, wenn New York seine gefürchteten »100% humidity« aufweist und die Männer rücksichtslos schwitzend mit hängenden Socken, in Hemdsärmeln und Hosenträgern in der Cafeteria sitzen, sieht das buchstäblich mit Dampf arbeitende Mädchen, das sie bedient, wie aus dem Ei gepellt aus... Und jede Frau weiß, daß ihr Mann im Office von reizenden, gutgewachsenen, gutgewellten, gutriechenden, gutangezogenen Mädchen umgeben ist – da heißt es: mithalten!

Unzählige New Yorkerinnen verbringen ihren Sonntag mit Waschen und Bügeln, um die Woche über adrett auszusehen. Jeder Verdienst geht in Verschönerung auf – jede Mode muß befolgt werden. Industrie und Reklame sorgen dafür, daß keine Frau je zur Ruhe kommt...

Die Millionen arbeitender New-Yorkerinnen, die den »million dollar look« haben, sind für den Fremden immer wieder ein Wunder. Ob sie bei der dauernden Anstrengung so unglücklich sind wie die Mädchen, die etwa nur nach 50 Franken aussehen, ist ein anderes Kapitel...

*

In den Luxusläden, in Hotelhallen, in Restaurants sieht der fremde Besucher die weibliche Elite des Geldes, die tonangebende New-Yorkerin – »The smart set«. Diese Frauen sind von ganz fabelhafter Einfachheit. Ein einfaches Mainbocher Kleidchen, zwei einfache Diamantenclips, ein einfacher großer Nerzmantel, eine einfache Krokodiltasche mit einem einfachen Scheckbuch darin... Sie sind das, was man hier »sophisticated« nennt – ein Gegenstück zum »million dollar look«, und viel teurer.

»Sophisticated« ist ein Gemisch von »dernier cri«, von Snobismus, von Individualität, von Witz und von Pose. Es ist das Ideal mondäner New-Yorkerinnen, in Aussehen und Gehaben »sophisticated« zu wirken. Aber die Eleganz von New York wird nicht durch diese Minorität der reichen Erbinnen verbreitet. Sie geben nur den Ton an. Die Eleganz der Massen ist es, die New York zum größten Modemarkt der Welt macht.

✳

Um die Plaza-Hotels herum sieht man eine verblüffende Anzahl von äußerst kostspielig gekleideten älteren Frauen, die eine Sekte für sich bilden. Es sind die »Plaza-Witwen«.

Frauen, deren Männer so viele Dollars erjagten, daß sie vor Erschöpfung ein frühzeitiges Ende fanden- mit gewissenhafter Hinterlassung reines großen Vermögens. Was bleibt den Witwen anderes übrig, als es im Sinne der Wirtschaft auszugeben? Sie kaufen Kleider, Schmuck, Pelze – Pelze, Schmuck, Kleider. Diese teils älteren, teils alten, fabelhaft hergerichteten Frauen sind die Stützen großer Luxusläden, die Stammkundinnen von Auktionen, von Nachmittagskonzerten, die Mitglieder von Frauenvereinen und Bridge-Clubs. Sie tragen mit Vorliebe Blumenhütchen und geblümte Kleider. Die Zahl der reichen New-Yorker-Witwen ist beunruhigend groß.

✳

Eine Augenweide sind die New-Yorker College-girls, bildhübsch, gesund und sichtbar glücklich. Es geht ihnen auch so gut, wie es einem nur gehen kann. Sie dürfen tun und lassen, was ihnen Spaß macht. Sie haben alle prachtvoll gepflegte Haare und tragen am liebsten salopp hängende Wollsweater, die in jeder Saison irgendeine kleine Veränderung aufweisen. Dazu wird immer irgendein bunter Schal getragen. Die jeweilige College-Campus-Laune, die sich in Sweatern und »accessories« ausdrückt, wird von der großen Konfektion mit Argusaugen verfolgt und dann in kolossalen Mengen auf den Markt geworfen. Zweimal jährlich veranstalten die leitenden Geschäfte eine »College-Modenschau«, die von großer kommerzieller Bedeutung ist.

Die College girls bevorzugen tagsüber saloppe Moden – die berühmt gewordenen »bobby socks« und dickbesohlte, bequeme Schuhe. Die rotbemalten Lippen und Fingernägel sehen zu diesem Aufzug sehr komisch aus. Aber der Übergang vom »tramp« zum »vamp« vollzieht sich oft innerhalb von wenigen Stunden – und wenn ein College girl mit ihrem jugendlichen Boy friend tanzen geht, spielt sie bereits große Dame mit Star-Allüren.

*

Im Lower East von New York und Hoch-«Uptown« sieht man die Stammütter mancher strahlenden Miß New York. Frauen italienischen, russischen, polnischen, mexikanischen Ursprungs, die fast genauso aussehen, wie sie anderswo aussehen würden. Sie sind dick und energisch und mütterlich. Sie schleppen die Sorgen der Alten Welt mit sich und stehen verwundert jenen »problems« der neuen Welt gegenüber, die für ihre Töchter sofort zur Selbstverständlichkeit werden.

An den bewegtesten Teilen des Broadways trifft man jenen saftigen Typ von Frauen, die alle Moden fröhlich in Extremen zur Schau führen. Hier sind die Farben schriller, die Haare höher aufgetürmt, hier sieht man die meisten Silberfüchse, das meiste Glitzern, die meisten Federn. All das paßt prächtig in den Rahmen von Reklamelichtern, von Theaterschildern, von Megaphonmusik, von Großstadtjahrmarkt...

In Harlem sieht man Negerinnen aller erdenklichen Art und Färbung. Wunderbar gewachsene, mit edlen Gliedern und intellektuellem Gesicht – riesenhaft dicke, mit lauten, lachenden Stimmen – müde, gebeugte, geplagte Frauen. Solche, die noch den Urwald atmen, und solche, die moderner scheinen als manche ihrer weißen Schwestern.

*

Sie wohnen in Harlem, sie haben ihre eigenen Hotels, Tanzlokale, Restaurants, Schulen. Ihre eigenen Geschäfte, die genau die gleichen Modelle verkaufen wie in der 5th Avenue. Aber man trifft viele Negerinnen in den Autobussen, den Subways, in großen Warenhäusern. Sie gehören zum faszinierenden bunten Bild der New-Yorkerinnen.

Die »Met«

D ie Metropolitan Opera, liebevoll stolz nur »Met« genannt, repräsentiert
alte New-Yorker-Tradition. Sie ist von November bis März geöffnet und
immer ausverkauft. Gesellschaftlicher Höhepunkt ist alljährlich der Eröffnungsabend, dessen Glanz viel weniger von den Sängern ausstrahlt als von den
Diamanten der Logenbesitzerinnen. Das Hauptinteresse dieses Premieren-
abends ist daher immer die große Pause... Da sieht man fieberhaft arbeitende Pressephotographen, bemüht, möglichst viel Hermeline, Décolletés und
Tiaren auf die Platten zu bannen und pikante Details zu knipsen. Große Namen
bedeuten nicht immer große Damen – und jede Saison hat ihren kleinen
Premierenskandal. So zum Beispiel, wenn eine betagte »socialite« in größter
Paraderüstung ihr bis zum Knie entblößtes Bein auf einen Tisch legt und in
dieser Pose in allen illustrierten Magazinen verewigt wird – nebst ein paar
nicht ganz hoffähigen Worten, die sie bei dieser Gelegenheit von sich gab...

*

Die Logen der ersten Ränge, die seit mehreren Generationen in festen Händen sind, werden »Diamond Horseshoe«, das diamantene Hufeisen genannt,
weil hier am Eröffnungsabend aller Juwelenglanz des Landes ausstrahlt.

Nach dem aufregenden »Opening of the Met« nimmt die Opernsaison
ihren normalen Lauf. Mit ausgezeichneten Sängern, glänzenden und minder
glänzenden Aufführungen und dankbarer Zuhörerschaft. Die New Yorker
sind sehr »opera-minded«, opernbegeistert.

Montag gilt traditionell als Galaabend. An den übrigen Tagen ist das
Publikum keineswegs elegant und geht in die Oper, wie wenn es ins Kino
gehen würde...

*

Nach Abschluss der Opernsaison startet ein langes und meist immer wieder
verlängertes Gastspiel eines russischen Balletts- Musik und Tanz gehören zu
den großen Affektionswerten der New Yorker.

Vernissage im
Museum of Modern Art

M an sehe zu, eine Einladung zu bekommen, wenn im Museum of Modern Art eine neue Ausstellung eingeweiht wird. Das findet meist von 9-11 Uhr abends statt. Das Publikum ist eine sehr amüsante Mischung von Kunstsnobs und Keinen-Dunst-Snobs, von »Society« und Boheme. Man sieht lange Bärte, lange Abendkleider, internationale Montmartre-Typen und viele junge, saloppe Mädchen und Männer , die »neue amerikanische Kunst« oder amerikanisches Kunstgewerbe repräsentieren.

Das Museum – immer sehenswert und im besten Sinne modern – bietet dauernd irgend etwas Originelles unter neuer, amüsanter Flagge.

*

Die »opening night« ist genau wie anderswo dazu da, daß die Besucher sich gegenseitig ansehen und sich vornehmen, in den nächsten Tagen die Bilder ansehen zu kommen. Aber für den fremden Besucher ist die besonders heterogene Buntheit des New-Yorker Publikums eindrucksvoll.

Kunst in New York

N ew York ist augenblicklich das Traumziel aller Künstler. Alle wollen herkommen – wenn auch ja nicht hierbleiben. Sie möchten ihre Kunst in Paris, Rom oder der Südsee inspirieren und in New York einkassieren... »L'art pour dollars.« Wenn man in New York alles kaufen wollte, was hier an Gemaltem, Gemeißeltem, Gedrucktem, Geschnitztem ausgestellt wird – es gäbe bald keine leere Fläche mehr. Aber das Interesse für Kunst ist gewaltig, wie alles, was hier gedeiht.

Eine wichtige Minorität ist kunstbeflissen aus Snobismus. Mit Unrecht wird Snobismus immer verachtungsvoll ausgesprochen. Er ist eine gewaltige Stütze der Wirtschaft, der Künste, der Moden. Und die Snobs leben viel weniger angenehm als die Menschen, die von ihnen leben...

New Yorker Snobismus ist besonders vorteilhaft, weil so große Massen davon beeinflußt werden und man daher weiß, womit man rechnen kann. Wenn Expressionisten »getragen« werden, hat es keinen Sinn, eine altitalienische Ausstellung zu veranstalten – es sei denn, man fühle die Kraft, Picasso durch Botticelli knockout schlagen zu lassen. Dann muss der Match in großem Stil vorbereitet werden.

*

Aber abseits von snobistischem Leitfaden ist das Kunstinteresse hier jung, stark und gesund. Der Mangel an Tradition wird durch die Fülle an Material ausgeglichen. Man kann hier in kurzer Zeit enorm viel nachholen. Die beste Kunst steht allen zur Besichtigung frei – mit einer Großzügigkeit wie nirgends anderswo. In keinem Museum wird eine Eintrittsgebühr verlangt. Die schönsten und reichhaltigsten Kunstbibliotheken stehen jedem, aber auch jedem offen.

In der herrlichen Morgan-Library (dem der Öffentlichkeit übergebenen Privathaus von Pierpont Morgan) kann man die kostbarsten Manuskripte und Illuminationen studieren. Die Public Library, einzigartig in dem gebotenen Lern- und Lesekomfort, veranstaltet immer wieder besondere Ausstellungen auf kunsthistorischem Gebiet. In den Museen werden täglich freie Führungen und Vorträge geboten. Kleinste Schulkinder werden in Scharen vor Kunstwerke gestellt, um sie »art-minded«, kunstbewußt, zu erziehen. Wer lernen will, kann hier mehr lernen als sonstwo. Allerdings – immer aus zweiter Hand.

*

Man lernt hier Kunst kennen, man sieht sie, man hört sie – aber man atmet sie nicht ein. Das instinktive Gefühl fehlt. Niemand sagt »Ah!« in Ekstase, ohne genau zu wissen, warum. Der Sinn für »valeurs« ist anerzogen, nicht angeboren.

Es gibt wenig Sammler hier, die einen unbekannten Künstler für sich ausfindig machen. Sie sammeln – Alt- oder Neuentdeckte. Und wer das Glück hat, in New York entdeckt zu werden, für den ist gesorgt. Dies erhoffen immer wieder Tausende von Künstlern aus allen verarmten Kulturstätten der Welt.

Die 57th Street ist das Kunstzentrum New Yorks und somit Amerikas. Hier sind Tür an Tür, Etage an Etage alle großen Kunsthändler der Welt beisammen. Es ist die Straße der arrivierten oder zumindest publizierten Kunst.

Während der Wintermonate finden täglich »Eröffnungen« statt. Mit Cocktail und mit eingeladenem Publikum. Es ist gewöhnlich das gleiche Häuflein Menschen – Edelboheme, Geldgrößen, ein paar »interessante« Männer mit Bärten, Frauen mit seltsamen Frisuren, elegante Statisten und vor allem die wichtigsten Erscheinungen: die Kritiker der großen Zeitungen. Ihre Kritik am nächsten Tag bestimmt das Schicksal der Ausstellung. Denn sie wird von Hunderttausenden gelesen und gläubig hingenommen.

*

Es ist immer wieder eindrucksvoll, zu sehen, wie gewissenhaft hier alles verfolgt wird, was zur allgemeinen Bildung gehört, und wie sorgfältig jedes Detail über Kunst memoriert wird. Besonders natürlich von den Frauen, die sich sehr bewußt sind, Trägerinnen der Kultur zu sein, und ihren Ehrgeiz daran setzen, über jede neue Richtung auf künstlerischem Gebiet Bescheid zu wissen. »Oh, I love art...«

Eine besondere Strömung wird seit einiger Zeit immer stärker bemerkbar: das Bestreben, eine bodenständige Kunst zu schaffen, möglichst auf Vergangenheit fußend. Diese Vergangenheit ist recht jung – etwa 80 Jahre alt –, aber hier werden Dezennien mit der gleichen Ehrfurcht behandelt, die man anderswo den Jahrhunderten zollt. Solche »old American masters«, zum Teil sehr hübsch, aber selten aufregend, stehen momentan in höchstem Kurs. Herrlich illustrierte Bücher werden ihnen gewidmet, und jeder Amerikaner, der ein Jugendporträt seiner Großmutter hat, fühlt sich als Besitzer eines großen Kunstwertes. Es ist »heirloom«, Erbgut – der höchste Begriff in einer Gesellschaft, die viel weniger ans Erben gewöhnt ist als ans Erwerben.

*

Neben »alten amerikanischen Meistern« werden »young American artists« aber sehr begünstigt. So sehr, daß es ein beängstigendes Überangebot gibt – seitdem das Malen nicht mehr ausschließlich als angeborenes Talent betrachtet, sondern zur Therapie erhoben wird, zum gesunden Abreagieren von allen zeitgemäßen Depressionen, seitdem es unzählige Lehrbücher gibt: »How to paint a picture«, »How to become an artist« usw. – Seit dieser Lösung aller Hemmungen ist die Produktion unheimlich gestiegen.

Der sensationelle Erfolg der »Grandma Moses«, die mit 82 Jahren zu malen anfing und jetzt mit 92 Jahren viele Tausende von Dollars für jede freundliche Landschaft mit Häuschen, Hühnchen und Bäumchen erhält, hat auch alle Altersgrenzen aufgehoben. Und es erweist sich neuerdings als wesentlich leichter, ein Bild zu malen, als ein Bild zu verkaufen. »Antiques« sind immer mehr gesucht, wobei der Zeiger der Antiquität sehr stark vorgerückt wird. »American antiques« – höchst begehrt – konzentrieren sich auf neunzehntes, häufig auch auf beginnendes zwanzigstes Jahrhundert.

*

Mit Ausnahme der großen Sammler, die stockweise Schätze aufgestapelt haben und genealogisch gründlichst gebildet sind, haben die meisten New Yorker kein besonderes Gefühl für Details. »Antik ist, wenn man sich nicht mehr erinnern kann, wann es gekauft wurde«, wie jemand den hiesigen Standpunkt richtig definierte. Europäische Besucher staunen zum Beispiel über die hier zu hohen Ehren gelangten Petroleumlampen aus scheußlichster Epoche – auf Elektrisch montiert sind sie sie sehr beliebte »antiques«. Meißner Gruppen erzielen hohe Preise – es darf nur kein Stückchen daran beschädigt sein. Amerikaner lieben nichts Abgestoßenes, nichts Verblichenes. Nichts Lückenhaftes. So wie man hier wenig schadhafte Zähne sieht – alles neu –, so sieht man auch wenig schadhafte Antiquitäten. Das heißt also: entweder erstklassige, tadellos erhaltene Kunstwerke oder aber tadellos kopierte. Patina steht nicht hoch im Kurs, weder bei Menschen noch bei Dingen.

*

Aber der allgemeine Geschmacksstandard wird immer besser. Denn es gibt großartige Reproduktionen zu erstaunlich billigen Preisen, und man sieht selten ein geschmackloses Bild in einer Wohnung. Das Metropolitan Museum verkauft unglaublich preiswert vollkommene Nachbildungen ägyptischer, römischer, griechischer chinesischer Kleinkunst. Solche, in riesigstem Ausmaß verbreitete Kopien bester Kunst sind bestimmt von großem erzieherischen Wert.

*

Da all diese Reproduktionen so billig sind, kann man sie auch beliebig oft wechseln. Wenig Menschen werfen einen echten Dürer einfach weg – aber bei einer Reproduktion überlegt man sich's nicht lange. Und wenn hier, wie üblich, in jedem Jahr die Wände frisch gestrichen werden und zur Abwechslung eine andere Farbe bekommen, so werden auch die daranhängenden Kunstwerke erneuert... So folgt man den Richtungen der Zeit: voriges Jahr ein Rembrandt, heuer ein Picasso oder eine Marie Laurencin an Stelle des japanischen Holzschnitts. Warum auch nicht? Stabilisierung von Gefühlen und

Geschmack mag »kultiviert« sein im europäischen Sinne – hier findet man, daß Abwechslung »jung« erhält. Und außerdem bringt es Geld unter die Leute.

*

Alle, alle Künstler der Alten Welt kommen jetzt irgendwann nach New York. Sie sind begeistert und verzweifelt. Manche bleiben hier. Aber die meisten eilen wieder davon, wenn sie nichts verkaufen konnten – oder, sobald sie etwas verkauft haben. Denn das einmütige Ideal aller fremden Künstler ist: mit amerikanischen Dollars in Europa zu leben – oder sich damit in Haiti anzukaufen.

EIN BISSCHEN LIEBE 1957
*

Der Städter
auf dem Land

Man spricht gern vom Bauern aus dem Dorf, von der Tante vom Lande, vom Vetter aus der Provinz, die nach der großen Stadt kommen. Mit etwas herablassender Jovialität und milder Überheblichkeit wird über ihre Verstöße gelächelt, über den Schrecken, den die ungewohnten technischen Erfindungen auslösen, über die Verwirrung im Strudel des städtischen Verkehrs.

*

Aber man denkt selten daran, wie wahrhaft lächerlich der Städter wirkt, der aufs Land kommt... Gewiß, er genießt, er ist dankbar, er ist selig. Und er entdeckt die Natur, die ihm sonst nur pulverisiert, kondensiert, mit Benzinduft vermischt oder kärglich in Tröpfchen eingepflanzt präsentiert wird. Seine Verwunderung über die Natur ist immer wieder grenzenlos und die Fragen, die er stellt, sind die eines ABC-Schützen – Aber während der ABC-Schütze noch seinen gesunden Instinkt, noch seine Naturnähe besitzt, hat dies der erwachsene Städter ja längst verloren. Alles in ihm ist verbogen und durch Viel-zu-viel-wissen-Glauben verschüttet. Keine Frage, die der Bauer vom Lande an den Städter richtet, kann je so lächerlich sein, wie die Fragen, die der

Städter an ihn richtet. Man antwortet ihm ohne Überheblichkeit und sehr viel genauer. Denn bei der Landarbeit gibt es kein Halb-, Viertel- oder Achtel-Wissen.

Wer einen »populären« Artikel über die letzten Entwicklungen der Atombombe liest, über ein neues chemisches Produkt, über die politischen Hintergründe in Korea, über Radar-Verbindung auf dem Mond, über neuentdeckte Wellen und altentdeckte Welten – glaubt gerne, dadurch »etwas zu wissen«. Aber er weiß bestenfalls nur bewußter, wie sehr er gar nichts weiß.

✳

Landarbeit kennt keine geistigen, künstlerischen und modischen Chichis. Es gilt, das, was zu tun ist, ganz genau zu kennen. Da staunt der Städter... Marie Antoinette, die in Trianon Schäferin spielte, lebt in Slacks und Pullover zeitlos und klassenlos weiter. Es ist ja herrlich, auf dem Land zu sein und die Früchte zu pflücken, die so schön komfortabel gereift sind – und das pralle junge Gemüse, der krachende Salat, die duftvollen Kräuter.

»Wie kommt es nur, Herr Ringli, daß der Kohlrabi hier so besonders gut schmeckt? Daß ihr Blumenkohl so zart ist...?«

Und dann sagt Herr Ringli einiges – ganz einfach und selbstverständlich – über die Art des Düngers, über die jahrelange Dauer des Prozesses, der notwendig ist, bis das Gemüse die richtige Kraft und den vollkommenen Wohlgeschmack erreicht – über auflockern, übergießen, umpflanzen, Kompost...

Das Wort Mist wird zur Mystik – was es ja auch ist – und das tiefe Geheimnis des Lebens sowie das Geheimnis aller Veredlung springt einem aus jedem Detail eines prachtvoll gepflegten Gemüsegartens entgegen.

Der Städter auf dem Land möchte so vieles, vieles fragen. Aber er schämt sich seines grenzenlosen basischen Unwissens und seines frisierten Allgemeinwissens.

Und dann denkt er: tant pis! und tröstet sich mit dem Gedanken, daß auch analphabetisches Genießen zu produktiver Entwicklung dienen kann – wenn auch nicht anders, als daß es zu den Quellen der Bescheidenheit zurückführt...

✳

Das frische Gemüse betrachtet man eine Weile wieder mit größerer Ehrfurcht, als die Wunderwerke aus Stahl und Eisen. Oder als die Television – bei der sich Mist so gar nicht veredelnd auswirkt...

Eitelkeit der Uneitelkeit

Die Frau, die allzu oft in den Spiegel schaut und ihr Gesicht prüft, wird irrtümlich als eitel betrachtet. Sie mag manchmal ein bisschen lächerlich wirken – aber sie ist im Grunde bescheiden. Denn sie ist so unsicher... Sie braucht die dauernde Bestätigung, die dauernde Prüfung, ob sie auch wirklich »in Ordnung« sei –

Gutes, gepflegtes Aussehen ist heute mit sogenannter »Nachhilfe« identisch. Bei Obst oder Blumen würde man es Veredlung nennen. Und wie bei allzu schönen Früchten der eigene Duft oft verlorengeht, so geht auch bei vielen allzu verschönten Frauen jener Charme verloren, der häufig gerade auf einer Unvollkommenheit beruht. Aber das leise Vertuschen der Nachteile, das diskrete Unterstreichen der Vorzüge, ist Recht und beinahe Pflicht jeder Frau.

*

Früher einmal war es eine kleine Schicht, die sich »schminkte« – die sogenannte große Welt und die sogenannte Halbwelt. Heute ist es die kämpfende, die erwerbende Frau, die um ihr gutes Aussehen bemüht ist. »Make up« gehört zu den vielen Forderungen der Zeit. Es ist die Kampfmaske und die Tarnkappe zugleich. Hinter der schönen Fassade verbirgt sich heutzutage mehr Mut und Tapferkeit als Eitelkeit. Die unzähligen berufstätigen Frauen dürfen keine Sorgenblässe, keine Tränenspuren, kein – Alter zeigen. Sie sollen angenehm, frisch, jung wirken. Kleine Nachhilfen spiegeln Optimismus vor. Je bescheidener, je bedrückter eine Frau ist, desto bereitwilliger ist sie, sich für ihre Umgebung zu verschönern...

Frauen ohne das geringste »make up« können reizvoller sein als alle anderen – wenn sie reizvoll sind, oder wenn sie Güte ausstrahlen, echte Jugend, oder echtes Alter, oder echte Unbekümmertheit. Aber Frauen, die prinzipiell jede Nachhilfe verpönen und in reizloser Ungepflegtheit einhergehen, können viel eitler, viel überheblicher und viel spitzzüngiger sein, als übertrieben bemalte, vielleicht sogar grotesk »nachhelfende« Frauen. Denn sie fühlen sich den anderen moralisch überlegen. Es sind meist Frauen, die in gesicherten Verhältnissen leben. Sie lassen ihre Nase stolz glänzen, ihre Lippen trocken sein, ihre Haare glanzlos. Sie sind überzeugt, daß sie ihrer Umgebung so gefallen, wie sie sind – nun, so gehört es sich doch auch... Da ist bei vielen auch das beliebte

Argument der »Feinheit«. So manche Ehe scheitert im Stillen daran, daß die Frau alle harmlosen kleinen Koketterien unter ihrer Würde hält und nicht einsieht, daß legitime Sekurität auch eine pflegebedürftige Pflanze ist –

Zur Schau getragene Uneitelkeit ist die unangenehmste Form der Eitelkeit. Bei Männern genauso wie bei Frauen. Kleine äußerliche Eitelkeiten verdecken oft die größte innere Bescheidenheit, während die Selbstherrlichkeit sich oft in rücksichtsloser Ungepflegtheit darbietet – zum Beispiel bei den sogenannten »Naturmenschen«...

Ein bisschen bunte Camouflage, Aesthetik, Mode, gehören zu den vielen Ingredenzien, aus denen das Leben zusammengesetzt ist. Es kommt natürlich auf das richtige Maß der Verwendung an – aber nur wenige können oder sollten ganz darauf verzichten.

Es wird jetzt oft – besonders in Amerika – der äußeren Erscheinung allzu große Wichtigkeit beigemessen. Es hat dies aber nichts mit Eitelkeit zu tun – nur mit Geschäftsgeist, mit Berufskampf und mit Nachahmungstrieb. Wie glücklich wären die vielen, vielen arbeitenden Frauen, wenn sie sich gelegentlich gehen lassen könnten und nicht immer »wie aus der Schachtel« wirken müßten. Aber die Eitelkeit der Uneitelkeit ist hier ein Luxus, den sich nur ein paar Millionäre leisten können – sie sind »sophisticated« schlampig...

*

Im übrigen – gerade diejenigen Menschen, die sich am klarsten bewußt sind, daß »alles eitel« ist, sind häufig auch diejenigen, die an kleinen äußerlichen Eitelkeiten ihre Freude haben.

EIN BISSCHEN LIEBE 1957

*

Lebenslehren durch Fragebögen

In populärwissenschaftlichen Zeitschriften trifft man in regelmäßigen Abständen eine immer wieder eindrucksvolle Zeichnung: was der Normalmensch im Laufe seines Lebens an Fleisch, Käse, Milch, Butter, Eiern usw. verzehrt. Der Anblick von so vielen Ochsen, Kühen, Kälbern, Hühnern, Fischen, läßt einen immer neu erschauern... Was entwickelt sich nicht alles aus dem dünnen Schnitzel, der Hühnerkeule, der Forelle, dem Praliné, wenn die Statistik sich damit beschäftigt – Trotzdem: es verändert den Appetit und die Gewohnheiten nicht im geringsten.

Das System wird jetzt in beängstigender Weise auf alles ausgedehnt, was unser Leben ausfüllt. Statistik der Gefühle, der Liebes-Bezeugung, der Seelenkämpfe. Alles in mehrseitigen Fragebögen mit nummerierten §§, die Nebenfragen unter a, b, c aufgezählt. Die Methode ist in Amerika zum Ausgangspunkt aller psychologischen Studien festgelegt worden, und alle, am laufenden Band entstehenden Probleme modernen Lebens werden auf Basis von Fragen, Antworten und Berechnungen gelöst. Oder vielmehr als gelöst angesehen.

*

Auch in Europa nimmt das System auffällig zu. Aber es wird hier nicht so ernstgenommen. Europa hat jene ältere Lebenserfahrung, die mit der Unlösbarkeit vieler Probleme rechnet – während es in der jüngeren neuen Welt nichts geben darf, was sich nicht errechnen ließe.

Das Fragebogen-System auf dem Gebiete der Liebe und Ehe wird immer populärer, weil es erlaubt, unter wissenschaftlichem oder sozialem Deckmantel offen über Dinge zu reden, die jeder gern hört, und die sonst tabu wären.

Es wird jetzt aber allüberall in der Fülle dickleibiger Bücher als Resultat unzähliger Fragebögen ungemütlich. Selbstverständlich gibt es das, was man »Aufklärung« nennt. Von der traditionellen »Séparée«-Unterhaltung zwischen Mutter und Tochter, Vater und Sohn angefangen, zur vernünftigen Aussprache in Schulen und Hochschulen, bis zu ernsten spezialisierten Büchern. Es gibt darin einen großen Fortschritt, einen Zug zur Natürlichkeit. Aber damit hört es merkwürdigerweise schnell auf...

*

Die Menschen sind sich in den ersten und letzten Dingen sehr gleich – in den vielen kleinen Dingen erstaunlich ungleich. Es ist bekannt, daß jeder, jeder Einzelne einen eigenen Daumenabdruck hat, eine andere Schrift. Ebenso verschieden ist auch der (noch) nicht zu erfassende seelische Abdruck, der Zusammenklang der fünf Sinne. Jeder sieht, hört, fühlt, schmeckt auf seine, einmalige Weise. Er lebt sein einmaliges Leben. Er muß sich kennenlernen, sich erproben, sich entdecken, seine Grenzen übersehen und sich über das fast Grenzenlose seiner unausgenützten Möglichkeiten klar werden. Dazu bedarf es der Hilfe. Augenöffner sind die großen Geister aller Zeiten, sind Dichter, Weise. Von ebensolcher Hilfe sind gütige Herzen und schlichte Zuhörer. Aber auf die Offenheit und Zusammenarbeit der eigenen fünf Sinne kommt es am meisten an.

Wir erleben in letzter Zeit eine Überentwicklung des Lebens und Hörens auf Kosten der andern, zum Teil eine merkwürdige Umdrehung der Sinne. Durch das Überhandnehmen der Reklame sieht man, daß etwas gut schmeckt oder riecht, weil es so geschickt angepriesen wird – hört man, daß etwas schön ist, weil es apodiktisch zum zeitgemäßen Ideal ausgerufen wird.

✳

Es wäre ja gut und erfreulich, wenn das Resultat so vieler Fragebögen, das Addieren so vieler Antworten und das Multiplizieren zur Erkenntnis der Norm, zu sinnvollerem Leben führen würde. Aber allzuoft erzeugt eine neue Lehre nur eine neue Leere... Irgend etwas stimmt nicht.

Die dicken Bücher von Professoren-Spezialisten und die mühevollen Zusammenstellungen der Statistiker auf allen Gebieten des Lebens und der Liebe, sind eine interessante Lektüre. Aber sie können dem einzelnen Menschen (auf den es immer und immer wieder ankommt) nicht die tiefe Erleuchtung und Hilfe geben, die er aus ein paar Worten eines großen Dichters, eines großen Weisen gewinnt.

Man bedarf dieser Stütze heute dringender als je, damit die Menschen sich nicht ganz verlieren. Und sie sind ja da, die erleuchteten Geister aller Zeiten – man braucht sie nur von den Regalen herabzuholen, oder denen, die glücklicherweise noch unter uns weilen, zu lauschen. – Es gilt nur, zeitweilig alle modernen Statistiken zu ignorieren, und statt ihrer öfters ein bißchen allein spazierenzugehen... Gang und Gedankengang sind in merkwürdiger Harmonie verbunden.

Dann kommt man plötzlich erleichtert darauf, daß Leben und Lieben anscheinend nicht zum Errechnen da sind – sondern zum Erfühlen. Mit den eigenen unbezahlbaren fünf Sinnen.

✳

Die Statistik hat auf anderen Gebieten sicher ihre grossen Meriten, und von den Fragebögen leben viele, die sonst keine Beschäftigung hätten. Aber sie helfen keinem Menschen zur Erfüllung seiner selbst. Und sie machen ihn oft sehr, sehr konfus.

Der elastische Mensch

M an kann der Zeit, in der man lebt, auch Gutes abgewinnen. Es drängt sich einem nicht gerade auf – es will gesucht werden, eventuell mit der Lupe. Aber es findet sich mit Sicherheit.

Da ist zum Beispiel die Tatsache, daß so viele Menschen heute in Unsicherheit leben. In beständiger Unbeständigkeit. Der Wunsch des französischen Dichters: »oh, naître, vivre et mourir dans la même maison!« geht nur noch den Allerwenigsten in Erfüllung. Der Marschallstab im Tornister ist vom Wanderstab im Flugkoffer abgelöst worden. Das nichtexistente europäische Gleichgewicht bringt auch die solidesten Bürger ins Schwanken. Seßhaftigkeit ist längst kein Programm mehr – höchstens noch ein Privileg.

*

Es ist sehr bedauerlich, sein Haus nicht mehr fürs Leben zu bauen, nicht mehr Stück für Stück liebevoll zu sammeln, nicht einmal mehr in Gedanken Raum und Zeit verschwenden zu können. Seßhaftigkeit ist etwas Schönes. Der jüngeren Generation bietet sie überdies Gelegenheit, gemäßigt dagegen zu demonstrieren – Abenteuersucht ist besonders schön, wenn ein solider Rückhalt da ist. Das kann man jetzt deutlich erkennen: die Fälle häufen sich, wo das Abenteuer gezwungenermaßen von der älteren Generation gesucht wird. Da wird aus begreiflichen Widersprüchen die Seßhaftigkeit wieder zum Wunschbild der Jugend...

*

Es ist aber erstaunlich: durch das schwere, unsichere Leben bleiben die Menschen länger jung. Die Tatsache ist nicht zu leugnen. Unendlich viele leben schlechter, essen schlechter, schlafen härter. Sie werden vom Zeitschicksal herumgeworfen. Aber sie erhalten sich jünger. Weil sie – elastisch geworden sind. Der elastische Mensch tut sich beim Fallen nicht so weh und er bleibt nicht liegen. Er schnellt wieder empor.

Das Millionen-Schicksal, nicht zur Ruhe zu kommen, bringt somit auch etwas Gutes. Frischeren Teint, größere Beweglichkeit, keinen Bauch. Und wenn die Frauen heute so lange jung aussehen, liegt es wirklich nicht nur an der Kosmetik (obwohl ihre Wirkung nicht zu unterschätzen ist). Die Frauen müssen so viel leisten. Die armen Dinger müssen sich oft förmlich zerreißen zwischen Familie, Beruf, Staatspflichten. Daneben gilt es auch noch, den Nimbus des Ewigweiblichen aufrechtzuerhalten – da bleiben sie notgedrungen jung, nämlich elastisch. Ihre Seele altert jetzt schneller als ihr Körper – früher war es umgekehrt.

✻

Das Theater ist der beste Beweis für den hygienischen Wert unseßhaften Lebens. Es gab seit jeher uralte Schauspieler, weil dieser Beruf, wie kein anderer, Elastizität erfordert. Der dauernde Wechsel, den die Bühne verlangt, die ewige Umstellung in eine neue Rolle, in eine neue Kulisse – was anderes verlangt jetzt das Leben von so vielen Zeitgenossen? Nicht jeder hat Talent zum guten Schauspieler, aber man macht eben als Statist mit, wenn's unbedingt sein muß. Kleine Belohnung: man bleibt dadurch länger jung.

Ein reizendes altes Ehepaar, wunderbar wohltuendes Überbleibsel aus der seßhaften Periode, erzählt: »Wir lassen in unserem alten Haus alle paar Jahre sämtliche Tapeten erneuern und wir stellen immerfort Möbel um – da kommen wir uns nie richtig alt vor!«

Die Engländer können sich den großen Luxus erlauben, gleichzeitig seßhaft und elastisch zu leben. Sie halten an ihren am meisten erstarrten Formen fest, und dann spielen sie Fußball oder Criquet, oder gehen ein bißchen nach Indien, Tiger jagen. Wenn man den Lord-Chancellor im House of Lords unbeweglich in seiner riesigen weißen Perücke sitzen sieht, ein goldenes Zepter zur Seite, so erinnert er an den Dalai-Lama. Fünf Minuten nach Schluß der Sitzung springt ein fröhlicher, rotbackiger Mann unter Hallo! ans Steuer und fährt zum Golf. Es ist der Dalai-Lama. Es gibt eben eine Elastizität aus Sport und eine Elastizität aus Not. Es hat mit beiden nur eine Gefahr: Man darf das elastische Band nicht überspannen – sonst reißt es.

✻

Heute ist es so: man bleibt aus Elastizität jung oder man geht daran kaputt. Wenn nämlich vom Sport oder vom Schicksal stark gespannt wird. Homo elasticus, der Zeitgenosse. Trotzdem – die Neu-Elastiker würden oft furchtbar gerne mit den Unelastischen, Seßhaften tauschen. Selbst auf die Gefahr hin, dadurch älter auszusehen.

Glück durch Antiquitäten

W enn die Gegenwart verhängt ist und die Zukunft dunkel, dann sucht man gerne die Vergangenheit auf. Spaziergänge rückwärts bringen manchmal besser vorwärts.

Gespräche mit alten Menschen, das Lesen alter Bücher, das Betrachten alter Kunst – beste Wegweiser und Augenöffner. Natürlich müssen die Menschen und Bücher weise, die Kunst echt sein. Alter allein macht niemand glücklich...

*

Wer sich ein paar schöne Stunden schaffen möchte – und wer brauchte das nicht! –, gehe durch Straßen mit Antiquitätenläden. Es ist nicht einmal nötig, einzutreten. Man presse seine Nase dicht ans Fenster wie Kinder vor Konditorwaren. Und dann sehe man sich alles an, Stück für Stück.

Es ist ein herrliches Durcheinander. Was strömt nicht alles aus altem Silber, altem Zinn, Holz, Kupfer. Der Zauber des Echten dringt seltsam stark aus der Nachbarschaft des Unechten durchs Fenster hindurch. Aber das wahre Glück liegt natürlich im Befühlen der Dinge.

Im Antiquitätenladen ist es erregend schön. Kolumbus, als er Amerika entdeckte, war nicht aufgeregter darüber als ein Sammler, der plötzlich ein »Stück« entdeckt... Oder auch nur zu entdecken glaubt. Jeder Kunstliebende hat ein Zeitalter, das ihm besonders am Herzen liegt – »seine« Zeit. Vielleicht hätte er sich in der Renaissance, unter Ludwig XVI. oder im ersten Kaiserreich gar glücklicher gefühlt als heute. Was ihn jetzt beglückt, ist der Ausdruck jener Zeit, in Gegenständen aufgefangen und aufbewahrt. Distanz und Patina wirken sehr besänftigend.

*

Wer nichts Bestimmtes sammelt und sich einfach durch alle Epochen hindurchgenießt, wird aus jedem Antiquitätenladen bereichert hinausgehen. Er hat in die Vergangenheit gerochen, er hat empfunden, daß auch unharmonische Zeiten Harmonie auslösen. Er weiß wieder, daß Kunst Kaiser überlebt, daß Handwerk edel ist, daß Seele nie stirbt. Denn das ist das große Geheimnis schöner Dinge: sie haben Seele. Die Seele dessen, der sie erdachte, formte, besaß. Ein Gegenstand, der aus der Maschine kommt, sendet keine Strahlen aus.

Es ist herrlich, etwas Bestimmtes kaufen zu wollen und nun genießerisch schlendernd, fast hörbar schlurfend, durch die Antiquitätenläden zu gehen. Oder auch, nichts kaufen zu wollen- und dann doch zu kaufen. Man muß aus Eisen sein, wenn man es fertigbringt, von einem Antiquitätenbummel nichts heimzubringen – und sei es nur ein Wunsch...

Nur eins ist traurig: etwas verkaufen zu müssen. Der Abschied von einem geliebten Gegenstand muß zunächst sich selber abgerungen werden. Ein kleines Stück Schönheit – offiziell als »überflüssig« rubriziert, wird verkauft, um damit eine offiziell anerkannte Lebensnotwendigkeit zu bestreiten. Im Augenblick, wo man sich von einem Schatz trennt, hört er auf, Schatz zu sein. Er schwebt zunächst im feindlichen Lager, im leeren Raum...

*

Es gab einmal einen Bauchredner, der hatte einen Hund, mit dem er viel Geld verdiente. Denn er galt – dank der unsichtbaren, aber hörbaren Kunst seines Herrn als »sprechender Hund«. Man stellte Fragen und der Hund antwortete in tiefen Tönen. Niemand konnte merken, daß es der Bauchredner war. Ein reicher Engländer, der einer solchen Vorstellung beiwohnte, war derart hingerissen, daß er den Hund unbedingt kaufen wollte. Der Besitzer machte viel Schwierigkeiten – dann unterhielt er sich mit seinem Hund: »Willst du wirklich deinen Herrn verlassen?« »Nein, niemals, ich bleibe bei dir«, bellte der Hund zurück. Der Engländer ereiferte sich immer mehr, bot immer höhere Preise. Schließlich sagte der Mann seufzend zum Hund: »Du siehst, es geht nicht, ich muß mich von dir trennen...« Und als der Engländer ihn wegführte, antwortete der Hund laut hörbar: »Dann rede ich von jetzt ab kein Wort mehr...!«

*

So ergeht es mit manchen »Kunstschätzen«, die nur so lange von Wert sind, als sie ihrem Besitzer gehören. Er glaubt an sie oder – er versteht es, etwas in sie hineinzulegen. Plötzlich erweisen sie sich dann als wertlos, wie der sprechende Hund des Bauchredners...

Aber auch Echtes und Schönes geht bei Besitzwechsel durch ein ernüchterndes Stadium – bis es wieder zu reden beginnt. Bis es wieder ein Eckchen hat, von dem es seine Strahlen aussenden kann.

Für die vielen, vielen Menschen aber, die weniger als je heute daran denken können, etwas Schönes zu kaufen – für die vielen ist es empfehlenswert, edle, alte Dinge einfach »anzusehen«. Und immer wieder staunend zu empfinden, daß die Quintessenz einer ganzen Epoche in einer Vase aufgefangen sein kann...

Hoffentlich gibt es in unserer Zeit Künstler, Handwerker, die irgend etwas vollkommen Schönes schaffen. Vielleicht findet auf diese Weise im Jahre 2500 irgend ein Sammler Vergnügen daran. »Haben Sie nicht Stühle – so um 1957 herum? Oder Holzteller mit Wappen? Ich sammle nur 1957 – das war eine gute Zeit...«

∗

Alles, was in dieser Zeit außer Stühlen oder Holztellern gemacht wurde, wird dem Herrn von Anno 2500 höchst egal sein. Vielleicht nicht einmal bekannt...

Ein bisschen Liebe 1957
∗

Der Virus

Jede Zeit hat ihre Mysterien. Die Terminologie, nach der sie anerkannt werden, hängt vom Zeitgeist ab – augenblicklich ist wissenschaftliche Camouflage beliebt.

Da ist, zum Beispiel, der Virus. Das amerikanische Wörterbuch gibt einige medizinische Andeutungen und kondensiert dann den Begriff also: »Etwas, was den Geist oder den Körper korrumpiert oder vergiftet.« Virus ist augenblicklich die allgemein akzeptierte Formel für jedwedes undefinierbare Unbehagen sowohl wie für jedwedes definierbare. Denn Bauchzwicken, Schnupfen, Zipperlein, Halskratzen und ähnliche altbekannte Leibesnöte der Menschheit, kommen sofort in die höhere Kategorie der Aktualität, wenn man sie als Virus bezeichnet.

Das schöne Wort »Influenza« ist seit langem veraltet – es strömt den Rosenwasserduft unserer Großmütter aus, es klingt verstaubt romantisch. Die junge Generation würde es für den Namen einer Tänzerin oder für eine spanische Fiesta halten. – Das Wort »Grippe« wird auch nicht mehr gebraucht, es klingt grimmig und unsympathisch, es läßt keine angenehmen Gedanken aufkommen, weil es so sachlich ist.

Im Mittelalter nannte man es den Teufel, der einen armen Sünder packte und zwackte, und den man vertreiben mußte. Der moderne Teufel tobt sich in Atomen aus, die er in allerlei Splittern auf uns herabfallen läßt – unter anderm im »Virus«... So wird es gern angedeutet, um keine Gelegenheit zu verpassen, die Atome auch mit der Anatomie zu verbinden. Das Unbehagen über die ach so phantastischen neuen Entdeckungen wird immer verbreiteter, und auch das kleinste Leiden wird irgendwie damit erklärt.

✳

Wenn mehrere Menschen jetzt in New York beisammen sind, erfährt man, daß jeder einzelne den Virus hatte, hat, oder kommen fühlt. Und die Ärzte sind stillschweigend übereingekommen, den Virus als Standarddiagnose aufzustellen und im übrigen dann ihre Anweisungen zu geben, die sich mit den traditionellen Heilmitteln mehr oder weniger decken. Wer sich den Luxus leisten kann und will, daheim im Bett zu bleiben, kuriert den modernen Virus genauso wie Tante Amalie ihren Schnupfen – mit heißen Getränken, mit Wärmeflasche und Aspirin. Vor allem mit warmer Ruhe... Aber wer kann und will das – daher bekommt man natürlich die neuesten Spritzen, führt das gewohnte Leben weiter und fühlt sich tage-, respektive wochenlang, müde und elend. Mit dem einzigen Trost, daß man den Virus hat und somit sichtbar mit der Zeit geht.

Es wird immer vom Virus in der Einzahl gesprochen. Der naheliegende Plural von den Virussen ist bisher nicht gebraucht worden, obwohl dies ebenfalls zeitgemäße Assoziationen ergeben könnte...

Mit dem Virus geht es wie mit des Kaisers neuen Kleidern im Märchen. Ein unschuldiges Kind würde sagen: »Aber ich hab' doch keinen Virus, ich hab doch Bauchweh!« Aber so unschuldige Kinder gibt es hierzulande nicht mehr, und alle sagen selbstverständlich: »I have got the virus«, wenn sie sich an ice cream übergegessen haben, oder wenn die Nase läuft.

✳

Im übrigen fühlen sich die Großstädter tatsächlich weniger wohl als je. Müdigkeit, Schlaflosigkeit, Rheumatismus und Magenbeschwerden sind beinahe selbstverständlich geworden. Dazu kommt die Angstpsychose vor Krebs, Polio und Herzleiden – durch teils wohlgemeinte, teils kommerziell inspirierte Artikel und Radiosendungen dauernd geschürt. Einige große Versicherungsgesellschaften basieren ihre Kundenwerbung auf makabre Prognosen – Und manch ein Virus scheint durch die mißhandelten Lüfte und Gewässer wirklich auf uns losgelassen.

Bedenklich ist, daß man sich immer mehr in die Idee unsichtbarer, undefinierbarer und übernatürlicher Feinde hineinredet – und daß immer weniger Menschen in sich selbst nach den Heilmitteln suchen... Die Regeln der einfachen Vernunft befolgen, das eigene Leben sinnreicher oder zumindest weniger sinnlos gestalten, nicht alles Gedruckte, Gesprochene, fertig Verpackte hinnehmen – Kriegsgefahr, Atombombe und Virus könnten sich als gespenstischer Spuk erweisen, wenn man genügend gesunden Selbsterhaltungstrieb aufbrächte. Gelegentlich könnte sogar Vogel-Strauß-Politik nicht schlechter ausfallen als sonstige Politik.

*

Man bekämpft die neuen Schrecken und alten Miseren mit neuen, noch nicht genügend erforschten Mitteln. Man geht nicht mit der Zeit, man rast mit ihr – wobei man immer den Kürzeren zieht. (Und wie...!) Es ist sehr empfehlenswert, sich gelegentlich einfach ins Bett zu legen, heißen Fliedertee zu trinken und den Virus zu ignorieren. Nächstes Jahr heißt er ja doch anders.

Ein bisschen Liebe 1957
*

Surrealismus der Zeit

In den letzten Jahrzehnten gab es eine Kunstrichtung, die man surrealistisch nannte. Es war der Ismus, der auf Impressionismus, Expressionismus, Futurismus folgte. Wahrscheinlich war der Urheber der neuen Malart ein echter Künstler mit grotesker Phantasie. Dann aber wurde seine Idee, wie üblich, von geschäftstüchtigen Malern übernommen, von »dernier cri«-Kritikern bestätigt und in großem Stil zum neuen Stil erhoben. Motto: Épatez le bourgois!

*

In den Pariser und Londoner Ausstellungen surrealistischer Maler gingen die Besucher kopfschüttelnd, belustigt, verärgert oder begeistert herum, je nach Veranlagung. Was stellten diese Bilder hauptsächlich dar? Unmöglich scheinende Dinge mit dem Anstrich der Selbstverständlichkeit: Eine Dame mit Dauerwelle und decolletiertem Abendkleid im Urwald-Orchideen pflückend, ein Grammophon auf rotem Plüschsessel neben ihr und am herabhängenden

Ast ein Affe, die Zeitung lesend. Oder: Im Salon eine Kuh auf einem Klavier. Eine Bratpfanne mit Spiegeleiern mitten auf dem Boulevard einer Großstadt. Eine Limousine quer über dem Dach einer Villa, neben einem Geranientopf.

Wenn man heute aber genauer hinschaut, fällt es einem plötzlich auf: das ist ja längst alles kein abstruser Surrealismus – sondern absoluter Realismus der jetzigen Zeit.

*

Alles, was jene Maler aus Eigenart oder aus Spekulation auf Snobismus dargestellt haben – alles Unmögliche ist zur täglichen Möglichkeit geworden. Ein Blick auf die Bildberichte von Bombardements, von Erdbeben, zeigt den schauerlichsten Surrealismus. Da liegen Bratpfannen, Schaukelpferde, Bettgestelle unter Trümmern auf Verkehrsstraßen. Ein Klavier mag neben den Kuhstall geschleudert worden sein. Frauen im Pelzmantel und Kinder in rosa Flanell liegen in Kellern oder auf den Stufen der Untergrundbahnen. Schiffbrüchige Menschen westlicher Kultur scheitern auf einsamsten Inseln, können vom Flugzeug direkt in den Urwald stürzen. Es gibt keine Dissonanz, die nicht im Klang dieser Zeit enthalten sein könnte. Alle Visionen surrealistischer Maler sind zur phantastischen Wirklichkeit geworden.

*

Die Realität ist so irreal, daß es schwer fällt, sie zu definieren. Was pflegte man früher von einem »real« denkenden Menschen lobend zu sagen? »Er steht mit beiden Füßen auf der Erde.« Heute muß er sich in der Luft, unter Wasser und auf dem Bauch liegend halten können, wenn er real denkt. Oder vielmehr real am Leben zu bleiben gedenkt... Die Zeit verlangt eine noch nie dagewesene Equilibristik. Und ein Phantast ist vielmehr der Mensch, der immer noch glaubt, er könne ruhig mit beiden Füßen auf der Erde stehen...

Was wird ein Künstler neuesten Stils wohl malen, wenn er seine allerkühnsten Visionen hat? Vielleicht eine Familie, Vater, Mutter, Kinder und Enkel, gemeinsam am Mittagstisch in einer Laube sitzend.

*

Phantastisch ist wieder das, was wir allzu lange für selbstverständlich und prosaisch hielten.

Johannisbeeren

Ein großer Obstladen in der Madison Avenue von New York – ein Füllhorn von Früchten aus allen Ländern, aller Jahreszeiten, zu seltsamer Größe entwickelt. Himbeeren, die wie Pflaumen aussehen, Pfirsiche, groß wie Äpfel, Riesenerdbeeren, gewaltige Kirschen. Alles greifbar, tadellos für den eiligen Kunden hergerichtet, mit aufgestellten Preisen, die als Blickfang immer eine 9 tragen: das Pfund zu 29, 39, 59 Cents – es klingt so viel billiger, wenn ein Cent von der runden Zahl fehlt.

*

Da entdeckt das Auge ein paar Körbchen mit roten Johannisbeeren... Sie stehen in der Nachbarschaft von Ananas, Melonen, Mangofrüchten, Bananenbüscheln, riesigen Grapefruits. Sie sehen sehr verloren aus, und sie werden auch gar nicht beachtet. Sie sind für hiesige Begriffe zu umständlich, man muß die Beeren von den Stengeln lösen – welch ein Zeitverlust! – und sie sind auch so klein!

Da, mitten in der Madison Avenue, ist man ganz plötzlich nach Europa zurückversetzt, in einen Garten in Hilterfingen... Dort stehen jetzt die Johannisbeeren in roter Reife dicht hängend auf ihren grünen Büschen. Es ist ihre Jahreszeit, ihr großer Moment. Sie beherrschen den Obstgarten, sie leuchten, sie schmecken köstlich in ihrer herben Süße, sie duften nach Sonne, nach guter Erde, nach »Daheim«. Sie sind freudig begrüßt und voll anerkannt, reihenweise stehen die Geleegläser bereit, um ihre Güte und ihren Duft auf viele Monate einzufangen. Sie haben keine Minderwertigkeitskomplexe durch die Nachbarschaft von großen exotischen Früchten.

Die Augen schließen sich eine Weile, und man spürt den Sommerwind und riecht den Erdduft der Kindheit.

*

Und dann kauft man für 39 Cents ein Körbchen mit den blassen, zu früh gepflückten und leicht verstaubten Johannisbeeren.

Exitus der Zigarette

In relativer Stille und philosophischer Resignation spielt sich in Europa und Amerika eine innere Revolution ab, die weite Kreise zieht. Es ist ein Sieg der Vernunft, der, wie alle vernünftigen Dinge, einen etwas schalen Geschmack hat. Es fehlt das heroische Moment – weil nicht edler Impuls, individuelle Erleuchtung und Begeisterung mitspielen, sondern weil ein Ergebnis nüchterner Statistik und trocken trüber Tatsachen zum Handeln bewog. Vielmehr zum künftigen Nichthandeln: Die Zigarette ist zum Feind erklärt worden – es soll fortan nicht mehr geraucht werden...

Zumindest nicht mehr frischfröhlich und frei, nicht mehr gedankenlos, à la légère, elegant, nicht mehr kettenartig, chronisch, konstant. Jeder, der sich neuerdings eine Zigarette anzündet, ist sich einer trotzigen Aktion bewußt, und nicht sehr stolz darauf. Mit einem Donnerschlag ist die jahrzehntealte Gewohnheit des selbstverständlichen Rauchens beendet worden.

*

Streit über Harm oder Harmlosigkeit des Rauchens hat es immer gegeben. Das vorwurfsvolle: du rauchst zu viel! Von Ehefrauen, Vätern und anderen, wurde sportlich spottend überhört wie irgendeine andere stehende Moral-Redensart. Bei ernsthaften Debatten pro und contra, wurden immer wieder prächtige uralte Raucher gegen schmächtige junge Nichtraucher ausgespielt. Und für Millionen Menschen, die täglich mit reinem Genuß oder aus reiner Gewohnheit ihre vielen Zigaretten rauchten, war dies so natürlich wie atmen, essen, trinken. In Amerika machte die gigantische Reklame der großen Zigarettenfabriken ein übriges, um das Rauchen zum kategorischen Imperativ zu erheben: alle Superlative des Erfolgs, des Liebesglücks, des Wohlgefühls und der Unternehmungslust wurden mit einer Camel, Chesterfield oder Lucky verbunden. Interessanter- und lehrreicherweise hat sich die übersteigerte Reklame ihre eigene Grube gegraben und bumerang-artig gewirkt... Jede Marke wollte die Konkurrenz vernichten und betonte in ihrer Werbung, daß ihre Zigaretten allein keinerlei schädliche Stoffe enthielten – ihr besonderes Mundstück alle Gifte unschädlich mache usw. Es kam schließlich zu einem erbitterten Kampf, und der Sieg der Reklame wurde zur Niederlage auf dem ganzen Feld... Man fing an, intensive wissenschaftliche Untersuchungen zu führen, da soviel von der Schädlichkeit »anderer« Zigaretten die Rede war.

Die lang gemunkelte Befürchtung, daß das Rauchen in unheimlicher Beziehung zu den erschreckend gesteigerten Herz- und Krebserkrankungen steht, ist jetzt von amerikanischen Gelehrten bestätigt worden. Ihr »research work« war wesentlich umfangreicher, gewissenhafter und ernster, als etwa der Kinsey-Report über das moderne Liebesleben... Jeder konnte sich denken, wie erregt die Zigaretten-Fabrikanten (eine Billionen-Industrie) auf das Ergebnis warteten, und wie sie sich auf jede ungenaue oder zweifelhafte Angabe der Statistik stürzen würden. Auch die ungezählten Raucher hofften natürlich auf Leerlauf der Untersuchung, zumindest auf eine ungelöste Investigation, wie es deren ja so viele gibt. Aber nein – in allen Zeitungen stand inmitten politischer Nachrichten die bestürzende Meldung: Zigaretten sind erwiesenermaßen gefährlich...

*

Lebensgefahr wirkt weniger erschreckend als Krankheitsgefahr. So mancher spielt gern mit dem Gedanken: lieber kurz und gut leben, als lang und langweilig – wobei er seine privaten Neigungen und Gewohnheiten zur Richtschnur erhebt. Aber das Gespenst der Krankheit nimmt Übermut und Mut – damit spaßt keiner gerne. Und es sieht aus, als spiele das Rauchen doch eine große Rolle beim Vergiften der Organe – zumindest in einer peinlich großen Anzahl von genau untersuchten Fällen.

Tatsache ist, daß buchstäblich von einem Tag zum andern Unzählige aufgehört haben, zu rauchen. Während sonst Beschlüsse solcher Art – nicht trinken, nicht rauchen, Diät leben – groß ausposaunt werden, hat sich dieser neueste Umschwung in relativer Stille vollzogen. Der einzelne geniert sich etwas dabei – er haßt das Lob seiner näheren Umgebung, und sucht seinen Beschluss zu bagatellisieren, um nicht als Massenopfer einer Angst-Psychose zu erscheinen.

Viele geben zu, daß ihnen das Rauchen nicht wert sei, eventuellen Gefahren zu trotzen. Andere zucken die Achseln, sagen, well – es ist wohl besser, man läßt es sein – und warten darauf, daß irgendeine noch neuere Untersuchung herausfindet, daß Zigaretten lebenswichtige Vitamine enthalten... Denn eins ist sicher: die Tabakindustrie wird nicht müßig dasitzen.

Ein Trost ist ja geblieben: nur Zigaretten ist der Krieg erklärt worden, Zigarren und Pfeifen sollen unschädlich sein! So entstand eine Hausse in allem, was mit Zigarren und Pfeifen verbunden ist. Innerhalb von zwei Tagen hatte die Firma Dunhill in New York ein bisher kaum beachtetes Lager an Damen-Pfeifen völlig ausverkauft, und Kino-Stars lancieren die Mode des weiblichen Zigarre-Rauchens, das ja längst in lateinischen Ländern üblich ist.

Was die Männer betrifft, so versuchen sie einstweilen den gewohnten Zigaretten-Genuß mit Süßigkeiten abzureagieren. Kaugummi, immer schon eine amerikanische National-Leidenschaft, ist populärer denn je. Lutschbonbons aller Größen, Farben und Arten, stehen in Riesenpackungen auf allen Büroregalen. Cellophangeschützt lagern sie in den nunmehr aschelosen Aschenbechern. Das Bedürfnis nach Schokolade steigt täglich, der Absatz an kleinen Packungen mit verlockender Füllung ist ungeheuer.

*

Gleichzeitig mit der neuen Sehnsucht nach Süße, ist die Sorge um die Linie (besonders bei Männern!) aktuell. Daher eine auffallende Nachfrage nach – rohen Karotten. Sie werden geputzt und geschnitten in Cellophansäckchen verkauft, damit sie jederzeit zur Hand sein können. Selbst im Theater konnte man während des Dunkels der Aufführung Männer beobachten, die an einer Karotte knabbern... in Form einer langen Zigarette konnte sogar eine gewisse Illusion bewahrt werden.

Karotten schützen bekanntlich gegen Nachtblindheit und sind unanfechtbar gesund – ob sie das geringste Nirwana erzeugen können, ist bisher noch nicht erwiesen. Aber man kann sie im Mund halten und sie enthalten keine Kalorien – eine etwas triste Angelegenheit. Fruchtbonbons und Schokolade tragen unbedingt den Erfolg davon.

Alle jene, die immer schon Nichtraucher waren, sehen jetzt goldenen Zeiten entgegen. Die Luft wird überall besser, die Teppiche werden geschont, es liegt viel, viel weniger Asche herum. Sie müssen sich nur hüten, ihren moralischen Sieg auszunutzen, und den Refrain: ich habe es ja schon immer gewußt! möglichst herunterschlucken. Denn sie haben es mit gereizten Geretteten zu tun – und man muß auf eine großangelegte Gegenaktion durchaus gefaßt sein. Niemand wird sich trauen, auch nur die kleinste Möglichkeit einer Beziehung zwischen Krebs und Rauchen einfach zu ignorieren. Aber man erfindet heutzutage einfach so viel. Warum nicht auch eine ganz neue Zigarette, die nicht nur »garantiert unschädlich« sondern auch prophylaktisch schützend ist? Und die gleichzeitig vor Haarausfall, Altern, Heuschnupfen und Ehescheidung bewahrt?

*

Unterdessen rauchen immerhin noch eine stattliche Menge von Menschen weiter – und wieder... Sie schleichen langsam zur Zigarette zurück – Entsagung allein füllt das Leben nicht aus. Aber um die leichten Wölkchen hat sich eine dunkle Wolke gebildet...

Kleine Angst
vor Museen

»Wir reisten durchs schöne Italien
und sahen, was alles zu sehn –
den Sultan und seine Gemahlien,
Museen und andere Seen...«
»Der arme Jonathan«, Operette von Millöcker

Menschen, die daheim sehr, sehr selten auf den Gedanken kommen, in eine Gemäldegalerie zu gehen, lassen unterwegs nicht die kleinste Trachtensammlung des kleinsten Städtchens aus. Von den großen Museen natürlich gar nicht zu reden. Wie herrlich könnte das Dasein in Italien sein, wenn es dort nicht die unendlichen, wunderbaren Museen gäbe. Wenn nicht jeder Reisende die qualvolle Ahnung hätte, bei seiner Rückkehr gefragt zu werden: »... Du hast die Madonna des unbekannten Meisters aus dem 14. Jahrhundert in Bergamo nicht gesehen? Ja, dann hast Du doch überhaupt das Schönste in Italien verpaßt!« Ein Reisender, der einer Welt von Freunden später mutig ins Auge sehen will, muß alle bekannten und alle unbekannten Bilder aller Museen unterwegs gesehen haben. Es sei denn, er habe es vorgezogen, in ein kunstgeschichtlich neutrales Land zu reisen. In Spanien, Italien, Holland hat er nichts zu lachen, wenn er auf standesgemäße Rückkehr Wert legt.

✳

Da gibt es nur ein Mittel: als Sonderling zu gelten und zu sagen, man sei in gar keinen Museen gewesen – Platzangst, Rheuma, Testamentsklausel einer Erbtante oder sonst ein triftiger Grund.

✳

Es ist aber wirklich eine schwierige Sache, denn es ist nicht zu leugnen – die schönsten Kunstwerke sind leider ausschließlich in Museen zu schauen. Man hat noch keinen anderen Ausweg gefunden. Da hängen sie nun nebeneinander, übereinander, untereinander, in Saal Ia bis 107d. Lauter Originale, oft kopiert, nie erreicht. Vielhundertmal als bunte Drucke bekannt. Vieltausendmal auf schlichten Postkarten verewigt. Große Meisterwerke, die einen Saal ganz für sich allein beanspruchen müßten. Kleine Meisterwerke, die man am liebsten unter dem Arm nach Hause mitnehmen möchte. Und unendlich viel Werke von geringerer Meisterschaft, die der Tatsache, »aus derselben Zeit« zu sein, ihre Anwesenheit in illustrer Nachbarschaft verdanken.

Jeder große Maler hat leider viele Schüler gehabt. Jeder dieser Schüler hat leider gemalt. Und alle diese Werke hängen leider in den Museen. Labyrinthe, in denen sich der einzelne rettungslos verliert.

*

Es gibt Edelmenschen, die natürlich ganz genau Bescheid wissen. Sie steuern mit unbeirrbarer Sicherheit dem einen Kunstwerk zu, das sie sehen wollen. Sie übersehen alles andere, als wenn es Luft und nicht bemalte Leinwand wäre. Sie vertiefen sich dann stundenlang in den Anblick »ihres« Bildes und gehen wieder fort, ohne nach rechts oder links zu blicken. Andere sehen sich eine einzelne Schule an oder die Epoche eines einzigen Jahrhunderts. Immer gehören Scheuklappen dazu, um den Anblick alles übrigen auszuschalten. Der gesunde Normalmensch, der weder kunsthistorisch noch kunstgewohnt geschult ist, kann es nicht lassen, auf jede Museumswand einen Blick zu werfen und daher einem leichten Irrsinn zu verfallen. Man hat natürlich Abhilfen aller Art geschaffen. Da sind vor allem die Führungen. Wer sich einer Führung anschließt, kann in kürzester Zeit die größte Portion Kunst erledigen. Er geht sicher. Man zeigt ihm jedes Meisterwerk, für das der amerikanische Sammler eine Million Dollars hinlegen wollte – das man ihm aber selbstverständlich nicht verkauft hat. (Diese Geschichte verursacht immer ein angenehmes Gruseln und erhöht die Ehrfurcht vor dem unbestechlichen Idealismus des Staates.) Man sieht bei einer Führung all das, worauf es später beim Erzählen ankommt. Man kann zuhören, man bewegt sich in einem garantiert echten Kunstkreis.

*

Ein dankbares Loblied sei einer neuen Generation von Führern gesungen, die wahre Kunstgelehrte und ohne Standardphrasen und überflüssige Daten beste Augenöffner für Meisterwerke sind. Sie haben sich meist wegen schlechter finanzieller Lage zu diesem Beruf entschlossen – aber für Museumsbesucher sind sie ein Segen. Auch junge Frauen von bester Erziehung und gründlichem Wissen – speziell in Griechenland – verwandeln oft Führungen von einem Muß in einen Genuß.

Die Besucher bilden zumeist eine sehr erdhafte, nüchterne und müde Menge. Der Außenseiter fragt sich verwundert, warum so mancher nette amerikanische Konservenfabrikant nicht draußen auf einer sonnenbeschienenen Kaffeehausterrasse abwartet, bis sich seine Gattin und seine Tochter »durch«gesehen haben. Warum überhaupt so viele, viele Menschen in den Museen sind, denen es offensichtlich so gar keine Freude macht? Mancher betrachtet es unter seiner Würde, an Führungen teilzunehmen, weil er selbst entdecken will. Er entdeckt aber oft nur mit gemischten Gefühlen, daß er aus sich heraus vor den gleichen Kunstwerken haltmacht , vor denen andere mit Führer oder Baedecker sich gruppieren. Es gibt Verschämte, die dann möglichst unbeteiligt dastehen und versuchen, wenigstens ein paar Brocken der erklärenden Führung aufzuschnappen.

*

Filzpantoffeln üben eine besondere Wirkung auf den Museumsbesucher aus. Lähmend und erhebend zugleich. Der Filz an den Füßen zwingt zu größerer Würde. Man schlurft einen vorgeschriebenen sicheren Weg. Seitensprünge in Filzpantoffeln sind unmöglich.

Museen sind für die meisten unzertrennbar mit dem Begriff Reise verbunden. Die Museen der Heimatstadt werden nicht besucht, weil sie »einem ja nicht davonlaufen«. Der Prophet gilt nichts im eigenen Land und das Original nichts im heimatlichen Museum.

Es kann sehr grauslich sein »im Museum«. Wenn man pflichtschuldig in eilender Herde durch die Säle fegt – eine Phantasmagorie von Farben, Gebeinen im goldenen Rahmen im Gehirn. Mit der Angstvision, das »Wichtigste« womöglich nicht gesehen zu haben.

*

Und es kann wunderbar sein im Museum. Still, kühl, geheimnisvoll belebt. Mit dem angenehmen Gefühl, springlebendig inmitten von katalogisierter Unsterblichkeit zu spazieren.

Rausch der Rückkehr

»Und wie wir auch durch ferne Lande ziehn,
da kommt es her, da kehrt es wieder hin,
wir wenden uns, wie auch die Welt entzücke,
der Enge zu, die uns allein beglücke.« (Goethe)

»Das Beste, was man vom Reisen heimbringt,
ist die heile Haut...«. (Persisch)

Es gibt einen Augenblick, der ebenso erregend ist wie der Anblick des Grand Canyon, das erste Bad im Mittelmeer, das Morgenrot auf dem Alpengipfel, die erste Sicht des Parthenons.

Es ist die Rückkehr in die eigene Wohnung nach der Reise – das Wiedersehen mit den eigenen vier, respektive viermal vier Wänden...

Man hat ein paar Wochen oder Monate lang allerlei Wunderbares erlebt. Weil es großartig war oder idyllisch, belehrend oder beglückend. Auf jeden Fall, weil es ungewohnt war. Nun erlebt man die große Sehnsucht beim Anblick dessen, das – gewohnt war.

*

Das Bett – ach, wie wunderbar ist das Bett, wie kühl das Leinen, wie leicht die Decke. Wie schön ist doch dieser alte Schrank, der große Schreibtisch – wie wohltuend die Bilder an den Wänden.

Daheim kommt man sich wieder so wichtig vor. Alle Dinge ringsum bestätigen die eigene Persönlichkeit. Unterwegs ist man extraterritorial – ganz dem Fremden hingegeben, der fremden Landschaft, den fremden Sitten, den fremden Möbeln. Man ist geneigt, manches zu überschätzen, sich selbst zu vergessen. Nun kehrt man nach Hause zurück, wo überall ein unsichtbares Transparent leuchtet: Ich... Meine Wohnung, meine Bücher, meine Badewanne, meine Welt. Jeder Mensch braucht von Zeit zu Zeit seinen kleinen Größenwahn.

Ein »voyage autour de ma chambre« ist für den heimkehrenden Voyageur der große Abschluß der Reise. Die Wiederentdeckung der eigenen Sphäre im Scheinwerfer des Erlebten ändert manche Werte.

Mit neugeöffneten Augen sieht der Heimgekehrte zunächst nur das Gute. Die Kritik fängt erst vierundzwanzig Stunden später an...

*

Endlich daheim bleiben können – kein Sightseeing mehr, kein Aus- und Einpacken, keine Touristen ringsum, keine Hotelkost...

Man ist geladen mit guten Vorsätzen, mit neuen Ideen. Viel zu Hause sein, gute Bücher lesen, Spanischstunden nehmen, Freunde bei sich sehen.

Männer sind besonders beglückt, daheim alles beim alten zu finden. Frauen wollen nach der Reise gern Neuerungen einschalten: andere Vorhänge im Wohnzimmer (wie schön waren die resedafarbenen in jenem Schlößchen bei Florenz), und bei den täglichen Menus werden fremde Rezepte ausprobiert. Seltsam – sie schmecken hier nicht recht, und man kehrt bald zur bewährten Hausmannskost zurück...

Erste Freude des Telephonierens und Wiedersehens mit alten Bekannten. »Ach, da seid ihr also wieder zurück – wie war es?«

Man berauscht sich wieder – ja, es war wunderbar, und man erzählt, man erzählt... Aber es kommt die erste Enttäuschung – die andern hören gar nicht so recht zu. So fragt man höflich – wie war es denn bei euch, während wir weg waren?

Erstaunlich, die andern haben so gar nichts erlebt, ein paar Krankheiten, ein neugeborenes Kind, eine Verlobung, ein Umzug – alles so uninteressant.

Aber sie scheinen es viel wichtiger zu nehmen als die interessanten Schilderungen...

Das Reisen hat den Glorienschein der Seltenheit verloren, seit es immer mehr zur selbstverständlichen Lebensform gehört und seit der Tourismus alles zu einem gewissen Standard reduziert hat. Der Reisende erweckt mit seinen Berichten keine besondere Neugierde mehr – es werden nur Bestätigungen erwartet oder Warnungen...

*

Die Macht der Gewohnheit überfällt den Heimgekehrten innerhalb kürzester Zeit. Man ertappt sich bei genau den gleichen Bewegungen und Handlungen. Es stellt sich heraus, daß man sich nicht im geringsten verändert hat – die Reise ist so schnell verflogen, als wäre sie nicht erfüllter Wunschtraum gewesen...

Glücklicherweise liefern die vielen Photos Bestätigung für Erlebtes und Geschautes. Und man ist voller Eifer, sie in Farben oder Schwarzweiß allen Freunden vorzuführen.

Leider – denn es ist nüchterne Tatsache, daß andrer Leute Kinder und andrer Leute Photos sehr wenig Begeisterung erwecken...

So zieht man sich langsam in die eigene Schale zurück. Und empfindet vielleicht mit neuer Deutlichkeit, daß die Rückkehr der tiefe Sinn aller Reisen ist. Man hat sich in der Weite zu verlieren, um zu sich heimzufinden – und um neu zu träumen und zu planen...

Zwischen der Sehnsucht nach der Ferne und der Sehnsucht nach daheim verbringt der Mensch eigentlich sein Leben. Er sitzt sozusagen immer zwischen zwei Stühlen.

Wer auf Abenteuer immer nur wartet, ohne sie erfühlen zu können, wird sie auch auf Reisen selten finden.

Aber für denjenigen, der das ganze Leben als großes Abenteuer betrachtet, wird jede Reise und jede Heimkehr ein Abenteuer sein...

✳

»Bon voyage!« Glückliche Reise! ist der gute Abschiedsgruß wie »Friede sei mit euch!« Er besagt: Freude sei mit euch... Und das ist es, was jeder erhofft, den es immer und immer wieder in die Ferne zieht – »bon voyage!«.

GEDANKEN ÜBER DIES UND JENES 1971

✳

Eleganz

Eleganz strömt vom Träger aus – nicht vom Getragenen.

✳

Eleganz ist: edler Gebrauch der Glieder, Disziplin des Körpers und des Geistes, Harmonie zwischen äußerer und innerer Bewegung.

✳

Eleganz ist angeboren, nicht anerzogen und nicht angezogen.

✳

Eine elegante Geste ist: zum Ausdruck gebrachte Höflichkeit des Herzens, Noblesse der Gebärde. Die immer seltener werdende Fähigkeit zu einer weder von Opportunismus noch von Pflicht diktierten schönen Tat – l' art pour l'art. Eine Frau besitzt Eleganz, wenn sie sich im Bademantel bewegt, als wäre es Hermelin, und im Hermelin, als wäre es ein Bademantel.

*

Eleganz bedingt Haltung, Haltung erzeugt Würde. Daher ist angeborene Eleganz nie auf seelischer Leere aufgebaut.

*

Zur Eleganz gehört wenigstens ein Minimum von Distanz. Es muß genügend Bewegungsfreiheit sein zwischen Körper und Gewand, zwischen sich und anderen.

*

In Enge und in Eile erstirbt die Eleganz.

*

Die ärmste Bäuerin in Sardinien ist von königlicher Eleganz, sobald sie ihre Hütte verläßt. Wenn sie in ihren weiten Schal gehüllt, die Last hoch auf dem Haupt, barfuß durch die Landschaft schreitet. Sie trägt jahrtausendaltes Schicksal mit der Würde der Ergebung.

*

Elegant ist die wunderbare Geste des großen Dirigenten, der sein Orchester in die Sphären der Harmonie hebt.

*

Eleganz der Rede: Klarheit und Tiefe des Sinnes, natürliche Schönheit des Ausdrucks. »Ciceronische Eleganz« ist ein klassischer Begriff geworden.

*

Eleganz der Gesinnung ist eine geistige Attitüde, die das Leben verschönert und den Tod leichter macht.

*

Wie so vieles andere hat auch der Begriff der Eleganz einen veränderten Sinn bekommen. Eleganz wird heute von Reichtum und Besitz abhängig gemacht – und es entsteht dadurch manchmal das Gegenteil: Vulgarität.

*

Eleganz verliert ihren wahren Wert, wenn sie nur noch zum Warenwert wird.

Distanz

Ohne Distanz könnte es keine Annäherung geben. Und ein Teil Distanz muß gewahrt bleiben, wenn die erreichte Nähe nicht gefährdet werden soll.

*

Wann und wie die Distanz zwischen zwei Menschen überschritten werden darf, ist eine Frage von Instinkt, von Herzenstakt, von Liebe. Dasselbe gilt für die Wiederherstellung der Distanz: die Grenzpfähle werden näher gerückt, dürfen aber nicht entfernt werden.

*

Die Möglichkeit zu körperlicher Distanz ist eine dringende Notwendigkeit im Zusammenleben. Erzwungene äußere Nähe im allzu engen Raum schafft oft unüberbrückbare innere Distanz. Probleme der Zeitverhältnisse.

*

Seelische Distanz ist ein heimlicher Garten in einer Festungsmauer. Aus dem Garten wehen spürbare Düfte – die Festung kann gelegentlich im Sturm genommen werden, wenn der Angreifer die richtigen Waffen besitzt.

*

Distanz schafft Mysterien, die es manchmal gar nicht sind.

*

Weise französische Sitte: das »Sie« zwischen Eheleuten in der Öffentlichkeit – um das »Du« der Intimität um so stärker zu empfinden.

*

Die schönste Form der Liebe: Aufrechterhaltung einer bewussten Distanz, die immer wieder unbewußt verfliegt.

*

Distanz ist die Quelle der Sehnsucht, das Ziel der Träume – und oft der Grund zur Verzweiflung.

Das, was man als »Doppelleben« bezeichnet, ist oft nichts anderes als organisierte Flucht in die Distanz aus allzu organisierter Nähe heraus.

✳

Das große Problem der Liebe. Wenn bei zwei Menschen der Uhrzeiger nicht
die gleiche Stunde zur Annäherung oder zur Distanz weist.

✳

In der Intimität kommt es auf die richtige Dosierung der Distanz an. Zuviel
und zu wenig erzeugen dieselbe Entfremdung.

✳

Ein schlafender Mensch: immer wieder der Inbegriff ewiger Distanz.

✳

Viele beglückende Illusionen sind nur der Distanz zu verdanken.

✳

Distanz muß auch bei Kindern respektiert werden – wer sie nicht gelegentlich träumen läßt, vergeht sich an ihren Rechten. Woran dachtest du eben?
Wo waren deine Gedanken? Du bist ja ganz abwesend! Warum sprichst du
nicht? Verständliche Irritationen – aber immer wieder: Unrecht.

Die Kunst zu Tafeln 1978
✳

A propos Vegetarier

Gemüse, Obst und Kräuter sind herrliche Geschenke der Natur. Aber man
sollte sie nicht zu einer Weltanschauung machen.

✳

Vegetarier sind von Arroganz befallen. Sie sind auf ihre Ethik stolz. Der Verzicht auf alles Carnivorische gibt ihnen ein Gefühl von höherem moralischen

Stand. Sie sind edle Retter der Tiere (die bekanntlich nicht Vegetarier sind) und vergessen, daß auch der Mensch zu jener Spezies gehört.

*

Damit ist auch ihr Feingefühl zu Ende. Kein Vegetarier hört den Schmerz der Karotte, wenn sie geschabt wird, das stille Seufzen der Artischocke, wenn ihr Blatt um Blatt ausgerissen wird, um zu ihrem verborgenen Herzen zu gelangen. Die Enttäuschung der grünen Bohnen, deren Spitzen abgeknipst werden, das Leiden des kräftigen Blumenkohls, der zur völligen Schwäche abgekocht wird... Kein Vegetarier kümmert sich um die Seele der Gemüse, die vielleicht ebenso fein abgestimmt ist, wie die Seele der Tiere – wer weiß es...

*

Vegetarier sind selten milde Menschen, oft sogar gefährliche Bösewichte. Ihr Respekt konzentriert sich ausschließlich auf Tiere. Vielleicht sind da verdrängte Gefühle, die sich Luft machen. Wir wissen – leider von Vegetariern, die nie ein Beefsteak anrührten, aber Millionen Menschen zur Schlachtbank führten.

*

Der geniale Vegetarier G. B. Shaw brachte keine Menschen um, aber wie beißend konnte sein Witz sein, wie vernichtend seine Kritik...

*

Nur Rohkost und Gemüse wirken nicht veredelnd auf den Charakter – es müssen noch einige andere Eigenschaften dazukommen.

Wer eine Abneigung dagegen hat, braucht kein Fleisch zu essen, aber er sollte nicht anderen gegenüber die Flagge »Vegetarier« mit solcher Überheblichkeit schwingen.

*

Man fragt sich: Wenn Eva statt des Apfels vom Baum der Erkenntnis dem Adam ein Steak von einem der vielen Tiere angeboten hätte – vielleicht wären wir noch im Paradies...?

*

Der Mann
in der Küche

In Amerika breitet sich in letzter Zeit in vielen Kreisen ein neuer männlicher
Ehrgeiz aus: Kochen.

*

Seit die »Women's Liberation« die Frauen immer zahlreicher ins öffentliche
Leben drängt und die Männer in die Küche geschoben werden, stellt es sich
heraus, daß sie sich dort sehr wohl fühlen...

*

Viele Männer hätten schon immer gerne gekocht – aber die Küche galt als
Territorium der Hausfrau, und der Mann, der sich hineinschlich, wurde als
Topfgucker verachtet.

*

Nur auf höchstem Niveau waren Männer seit jeher unbestritten anerkannt:
als Küchenchefs der großen Restaurants, als Repräsentanten der Haute Cui-
sine. Innerhalb der Familie spielten sie die Rolle von Eindringlingen in der
Küche. Nur zum Geschirrwaschen wurden sie in den letzten Jahren herbei-
geholt. Jetzt fühlen sie sich plötzlich befreit – und ist es immer häufiger die
Liebe des Mannes, die durch den Magen der Frau und der Kinder geht...
Er kocht und sie verdient das Geld.

*

Man sprach seit jeher von Hausmannskost, obwohl die Frau in der Küche war.
Jetzt bekommt das Wort eine neue Berechtigung.

Das große Durcheinander:
Die Cocktail-Party

D iese praktische Erfindung ist in allen Ländern populär geworden – eine universale Degeneration der Gastfreundschaft traditionellen Stils. Und eine universale Geselligkeitsform der jetzigen Generation.

*

Die Cocktail-Party hat den großen Vorteil, daß man dazu kunterbunt alle Menschen einladen kann, die man kennt oder kennenlernen will oder bei denen man sich »revanchieren« muß. Alte und junge Jahrgänge können gemischt werden.

*

Man braucht keine extra Stühle dazu, denn es ist ungeschriebenes Gesetz, daß man bei einer Cocktail-Party – möglichst enggedrängt – stehen muß. Man braucht keine anstrengende Konversation zu machen – immer wieder ein fröhliches: Hello! Ein paar Standardphrasen, die, englisch betont, am einfachsten sind. You look wonderful! So nice to see you! Have another drink –.

*

Man wird einander manchmal vorgestellt, meist auch nicht; gewöhnlich bildet ein Star von Bühne, Film, Literatur, Sport oder Politik den Anlaß zu einer Cocktail-Party. Der Star wird angestarrt – muß Hände drücken und braucht sich im übrigen über nichts zu äußern, sein Äußeres genügt. Man hat ihm »getroffen« – und er verschwindet gewöhnlich sehr bald.

*

Die allermeisten Männer hassen große Cocktail-Parties, und die allermeisten gehen doch hin – es gehört zu den gesellschaftlichen Pflichten, nicht unter der Rubrik Vergnügen.

Gäste, die eine Sofaecke entdecken oder zwei Stühle und sich darauf zu einem Gespräch niederlassen, werden von der Wirtin scheel angesehen und sehr bald zwecks Vorstellung aufgerufen. Sie betragen sich falsch – die Cocktail-Party ist nicht zum Sitzen da –.

Es werden aufgeputzte kleine Bissen und »snacks« gereicht, die man mit der linken Hand auf einem Teller jongliert, während die rechte das Glas mit dem Drink hält. Je größer die Zahl der Gäste und je enger der Raum, desto erfolgreicher wenn auch nicht genußreicher, ist die Party.

✳

Es gibt besonders begabte Menschen, die es fertigbringen, auf einer Cocktail-Party jemand zu ergattern, von dem sie etwas haben wollen. Sie bitten ihn – oder sie – um die Telefonnummer und um ein baldiges Rendez-vous. Dann hat es sich gelohnt.

✳

Frauen sind viel weniger ablehnend – es gibt ihnen Gelegenheit, sich hübsch oder amüsant anzuziehen und immer wieder zu hören, wie prächtig sie aussehen (you look wonderful). Auch wenn sie sich gerade von einer Operation erholen oder einen sichtbaren Schnupfen haben.

✳

Es wird wenig gegessen und viel getrunken, Gemischtes und Ungemischtes, mit sehr viel Eis darunter. Das verursacht keine Stimmung, aber viel Lärm. Die Hellos! schwirren durcheinander und es wird laut gelacht, auch, wenn es gar nicht komisch ist. Es gehört dazu.

Die Kunst zu Tafeln 1978
✳

Gastronomie und Politik

Man möchte glauben, daß die Gastronomie auch auf den internationalen Frieden Einfluß haben könnte –. Bei jeder »summit«-Konferenz, bei jedem wichtigen Staatsbesuch werden große Diners abgehalten. Die Gaumenfreude und der befriedigte Magen der Teilnehmer spielen bei den politischen Gesprächen bestimmt eine wichtige Rolle. Leider werden aber die Verträge nicht bei Tisch unterschrieben...

Am nächsten Tag mögen die Magensäfte der Staatsmänner nicht ganz in Ordnung sein. Die hochklingenden Champagner-Toasts haben ihre Wirkung eingebüßt. Die Stimmung ist nicht mehr gastronomisch anregend, sondern nüchtern abwägend. Friedensverhandlungen sollten gleich nach dem Dessert eines Staatsdiners unterschrieben werden...

*

Die Tatsache, daß jetzt die ganze Welt offen vor uns liegt und wir einander durch die Lüfte so nahe gekommen sind, könnte zu einer neuen Völkerverbindung führen: Wenn sich die Menschen nicht nur in Atom-, Verteidigungs-, Computer- und Besatzungsfragen, sondern auch zum Austausch von – Kochrezepten und Nahrungsmethoden treffen würden... Nicht nur Finanz- und Kriegsminister sollten zu internationalen Konferenzen kommen, sondern auch Delegationen von Köchen, Hausfrauen und jungen Leuten, die sich für gute Küche interessieren...

DIE KUNST ZU TAFELN 1978

*

Die Kunst, nicht zu essen

Zu den modernen Helden gehören diejenigen, die wahre Freude am Essen haben und gleichzeitig Charakterstärke, aus Gesundheit oder ästhetischem Gefühl darauf verzichten zu können.

Man muß sagen, daß es oft leichter ist, nichts zu essen, als sehr wenig zu essen. Der Appetit wird durch einen köstlichen Bissen so aufgemuntert, daß es größte Mühe kostet, nach solchem Kosten aufzuhören...

*

Selbstdisziplin ist eine selten angeborene Eigenschaft, sie kann aber durch leuchtende Beispiele und pädagogisches Training erworben werden.

Eine amerikanische Institution hat in letzter Zeit sensationellen Erfolg gehabt. Es ist die Gesellschaft der »weight watchers«, der Gewichtsbewußten...

Wer da als Mitglied beitritt, hat es mit einem strengen beinahe religiösen Orden zu tun. Man wird gewogen und natürlich zu schwer, für viel zu schwer befunden. Man erhält die sehr strikten Verordnungen für zunächst eine Woche. Dann muß man sich zur unerbittlichen Prüfung einfinden – wehe, wenn die Hausaufgabe nicht gemacht wurde, das heißt, wenn nicht die ersten Kilos verloren worden sind. Die Tatsache, daß dies vor einer Anzahl anderer »weight watchers« geschieht, ist sehr wichtig – es ist eine tiefe Beschämung, öffentlich als schlechter Schüler dazustehen, während andere gelobt gewogen wurden.

Es folgen die verschärften Verhaltensregeln für die nächsten Wochen – und immer wieder die Prüfungstage.

Den Ehrgeiz sehr anregend ist der Anblick der wunderbar schlanken Lehrerinnen, die alle (so heißt es) von einstiger Überfülle derart verwandelt wurden.

Das Resultat dieser Diät und Enthaltsamkeitsmethode ist tatsächlich erstaunlich. Die Kur dauert einige Monate, wird aber fortgesetzt, wenn der beglückte Schüler so viel Gewicht verloren hat, daß der Ehrgeiz ihn weitertreibt.
Die »weight watchers« geben Kochbücher heraus, die zu Hunderttausenden verkauft werden. Viele Restaurants führen in ihren Menüs eine Rubrik »weight watcher diet«, und an der Börse werden deren »stocks« gehandelt.

*

Es gibt in ähnlicher Art wie die »Alcohol Anonymous« eine Stelle, die sich »Obesity Anonymous« nennt. Das heißt, daß jeder Fettleibige, der eine Diät einhalten soll und plötzlich Heißhunger nach Schokoladencrème spürt, um moralische Hilfe telefonieren kann. Es kommt – zu jeder Tageszeit – ein schlankes Wesen ins Haus, das ihn oder sie durch ihren Anblick und gutes Zureden von der Naschsucht abhält.

DIE KUNST ZU TAFELN 1978
*

Die guten Lebensrezepte

Bei den unvermeidlichen Interviews mit rüstig erhaltenen Jubilaren kommt immer wieder die Frage auf: »Wie macht man es nur, um im hohen Alter so jung und frisch zu bleiben?« Die Antworten sind meist wenig aufschlussreich –.

Gewiß, der eine 8ojährige hat nie geraucht und keinen Alkohol getrunken. Aber ein 9ojähriger raucht immer munter weiter und trank sein Leben lang –.

*

Die Zeitungen brachten einmal die Geschichte und das Bild einer attraktiven 68jährigen Witwe. Sie hatte in zwei Ehen vierzehn Kinder geboren, in späten Jahren Medizin studiert, den Doktortitel erworben, und jetzt heiratete sie einen um zwanzig Jahre jüngeren Mann...

Die Reporter wollten wissen, welchen Lebensrezepten sie ihre Tatkraft und Frische verdanke? Die tüchtige Frau lachte: »Viel Spinat, viel Joghurt und keine Angst vor der Liebe...« Leider sagte sie nicht, wie viel Spinat, wie viel Joghurt und wie viel Liebe...

*

Die Interviews mit weiblichen Fernseh- und Bühnenstars bringen wenig Lehrreiches. Die Stars erzählen den Reportern etwas, was ihrer Publizität nützt und das Publikum verblüfft. Das Geheimnis meiner Schlankheit? Eine grüne Tomate auf nüchternen Magen – Die duftigen Haare? Nur bei Halbmond waschen und mit einem Cashmere-Wolltuch trocknen – Die wunderbaren Beine? Ganz einfach: morgens und abends siebzehn Mal auf den Zehenspitzen hüpfen –

*

Hie und da sagt ein Star, grausam lächelnd: »Ich treibe keine Gymnastik, ich esse alles, was mir schmeckt – ich werde eben nie dick –«. Das hört niemand gern. Natur imponiert nicht – Vollkommenheit muß durch ein System oder durch ein Vitaminprodukt errungen werden.

Die wunderschönen, wunderschlanken »Models« im Bikini, die alle Magazine zieren und das Sehnsuchtsideal der Leserinnen darstellen, vermögen auch sonstige Eigenschaften haben. Aber eines steht fest: Sie sind immer ausgehungert... Jedes Gramm Fett, jeder Plus-Zentimeter bringt ihre hochbezahlte Karriere in Gefahr. Sie können erst dann sattwerden, wenn sie den Ölmagnaten ergattert oder sich zu hausbackenem Eheglück entschlossen haben–

*

Viele große Künstlerinnen bringen es fertig, guten Appetit mit Berühmtheit zu vereinen. Bei Charme, Talent und Lebenslust werden Gewicht und Zentimetermaße übersehen – es spielen andere Faktoren mit – ...

Sei ein Geschenk noch so bescheiden, darf es
nicht minder achtsame und liebevolle Wahl
verraten. Schenkt eine Dame Zigaretten,
wird sie daher nur eine Marke wählen,
deren Name Begriff wurde für «Zigarette».

B L A U P U N K T
WAS AUTO DORI FA

Ernst Dryden: Zwei Werbeanzeigen für die Zigarettenmarke Blaupunkt der
Firma Waldorf-Astoria. Sie erschienen 1928 in der »Dame«.

Ernst Dryden: Titelseite der »Dame« vom März 1927.
Der Originalentwurf existiert nicht mehr.

Warum der Prinz von Wales
immer so traurig ist
und andere Fragen des Lebens

E twa 120 Texte von einer Autorin zu präsentieren, die Hunderte verfasst
hat, bedeutet, einen Anspruch auf repräsentative Auswahl gar nicht erst
erheben zu können. Den Herausgebern kam es darauf an, zu zeigen, wie
Anita Daniel, eine junge Journalistin, sich anschickte, eine der populärsten
Stimmen im führenden Zeitgeistmagazin des Berliner Ullstein-Verlagskonzerns zu werden und unzählige Leser begeisterte, wie sie, zutiefst im Bürgerlichen verwurzelt, zum Inbegriff von Modernität wurde – und darauf, über
ihre Feuilletons ein Fenster ins Berlin der Zwanziger und in die Welt Midcentury-New Yorks zu öffnen. Dieses Buch fasst Texte der Autorin aus sechs
Jahrzehnten erstmals in einem Band zusammen.

Anita Daniel war eine der bekanntesten Journalistinnen der Berliner Frauenzeitschrift *Die Dame* – des tonangebenden Gesellschafts- und Modemagazins der Weimarer Republik, Untertitel: »ein deutsches Journal für den verwöhnten Geschmack«. 1912 vom Ullstein-Verlag gegründet, erschien das
illustrierte Heft bis 1937 bei Ullstein, die letzte Nummer kam im März 1943 –
im nun »arisierten« Unternehmen – auf den Markt. Der Ullstein-Verlag war
mit seinen Zeitungen und Zeitschriften, seiner Buchsparte und anderen
Geschäftsfeldern die führende Adresse für Unterhaltung und um 1930 das
größte und wohl einflussreichste Verlagsunternehmen Europas, einer der
ersten Medienkonzerne auf dem Weltmarkt überhaupt. Und die *Dame* noch
vor *Harper's Bazaar* und *Vogue* »das« trendbestimmende Journal seiner Art.
Im Geviert um die Kochstraße in Berlin-Mitte erstreckte sich der Verlag, dessen Hauptgebäude aussah wie ein wilhelminisches Stadtpalais, auf einen ganzen Block. Zudem hatte das expandierende Unternehmen ein modernes
Druckhaus in Tempelhof gebaut, ein Juwel der Industriearchitektur – und

hochprofitabel. Um 1928 produzierte Ullstein anderthalb Dutzend auflagen-starke Zeitungen und Zeitschriften. Auch die anderen großen Mitbewerber unter den Printmedienhäusern wie Mosse und Scherl hatten ihren Sitz in der deutschen Hauptstadt. In der Hochphase dieser Erfolgszeit, von 1925 bis 1933, schrieb Anita für *Die Dame* und andere gesellschaftsprägende Ullstein-Pub-likationen Feuilleton-Stücke über die moderne Frau. Über die smarte Frau, die nach dem Ersten Weltkrieg das Wahlrecht errungen und sich von alten Rollen, Konventionen und Klischees befreit hatte. Über die Frau, die alles kann, in allen Lebenslagen bella figura macht. Die Kinder hat, in der Küche nicht völlig verloren und im Technischen nicht gänzlich unbeschlagen ist – wenn es um ihr Automobil geht. Die auf Bildung hält und Traditionen liebt, sich in der Welt zu bewegen weiß und ihr mit Neugier begegnet. Die immer auf der Suche nach irgendetwas ist, immer up to date, aber den Blick für das Wesentliche hat, und ein Ziel immer vor Augen: »Sie will sich verwirklichen, ausleben. Wie, ist ihre Angelegenheit.«

✦

Das Automobil spielte eine wichtige Rolle bei der Selbstverwirklichung, die nun so en vogue war. Als Fortbewegungsmittel, aber auch als Accessoire. Auf vielen Auto-Fotos in der *Dame* wirkt das jeweils vorgeführte Gefährt wie ein modisches Attribut. Die exquisiten Modelle mit Armaturen so ordentlich wie ein Toilettentisch, mit eingebauten Blumenvasen, kleinen Waschbecken und Schminkspiegeln passten zur Dame von Welt mit Allüre wie ein schickes Kleid, und das in Fotostrecken beworbene Kraftwagenzubehör, darunter die begehrten dicken Wollpelzhosen fürs zugige Cabrio, schmeichelten vielleicht nicht der Silhouette, aber dem Stilgefühl umso mehr. Berühmte »Selbstfahre-rinnen«, wie man die kühnen Frauen ohne Chauffeur nannte, waren junge Schriftstellerinnen wie Erika Mann, Annemarie Schwarzenbach und Ruth Landshoff-Yorck, die das Prinzip Ausgehen und Ausfahren zur mondänen Maxime erhoben hatten. Und sie sahen gut aus dabei. Die autobegeisterte Jetset-Malerin Tamara de Lempicka, deren berühmtestes Bild – das kühle Selbst-porträt »Tamara im grünen Bugatti« – eine *Dame*-Titelseite im Juli 1929 zier-te, sagte einmal über Stil am Steuer ihres gelb-schwarzen Renaults: »Wenn ich ihn fuhr, trug ich einen Pullover in derselben Farbe, immer mit einem schwarzen Rock und schwarzen Hut. Ich war angezogen wie das Auto und das Auto wie ich.« Auch die beliebte Operetten-Diva Fritzi Massary ließ sich mit ihrem 70-PS-Maybach-Cabriolet in der *Dame* ablichten. Virtuos bedien-ten die Künstlerinnen mit solchen Bonmots und Auftritten die Inszenie-rungswünsche der Medien und nährten die Träume unzähliger Leserinnen.

Natürlich war auch Anita Daniel autobegeistert, das Frontispiz-Foto in diesem Buch zeigt es: Anita, geschmackvoll gekleidet, motorisiert auf Reisen in nordischen Gefilden.

◆

Mit Nonchalance und Weltläufigkeit erging sie sich in ihren Kolumnen in Betrachtungen über das temporeiche Unterwegssein, die Etikette im Eisenbahn-Coupé, im Hotel oder Landhaus. Sie schrieb über Shoppen, Feiern und Moden jedweder Art, über Ihresgleichen und die nicht so Gleichen, über Glamour und das perlende Verlangen nach Genuss, über wachsenden Freiraum und verheißungsvolle Annehmlichkeiten. All dies wenige Jahre nach Ende des Ersten Weltkrieges und der verheerenden Wirtschaftskrise, all dies, als die Ära der Konsumkultur gerade erst begann, als überall nun Frauen das Heft in die Hand nahmen, auch als Antwort auf die traumatisierten, gebrochenen Rückkehrer aus dem Krieg. Zwei in der *Dame* erschienene Novellen aus Anitas Feder kreisten, wie 1927 »Die drei Wochenenden der hübschen Yvonne«, um das noch unverbrauchte neue Lebensgefühl, um Spritztouren und Liebelei, um Freiheit und Weltgewandtheit. Die Sehnsucht danach behandelte Anita mit Augenzwinkern: 1928 klagt in »Die Reisen der naturliebenden Frau Joe« besagte Titelheldin nach drei Wochen St. Moritz (wo 1928 Olympische Winterspiele stattfanden), sie könne »dieses oberflächliche Leben nicht mehr mitmachen«, es sei »trostlos – immer wieder Tanzsoupers und Tennis und Golf« und Five o'clock-Tea »und Schönheitsturniere«. Wirklich? »Du siehst so wohl aus, Herzchen«, entgegnet ihr Mann. Voilà – St. Moritz steht der Gattin so schlecht nicht...

Ihre Novellen und Artikel zeichnete Anita fast immer schlicht mit ihrem aparten Vornamen, der, wie sie fand, genüge. Einwortnamen galten als schick in der urbanen Bohème und entsprachen ganz dem Stil der Zeit. Der Fotograf Otto Umbehr etwa, der seine Lieblingsmuse Ruth Landshoff-Yorck immer wieder als Ideal ihrer Zeit inszenierte, wählte das Akronym »Umbo« als Künstlernamen, und die Mode- und Porträtfotografin Else Neuländer, die später den jungen Helmut Newton ausbildete, nannte sich »Yva«. Auch Yva arbeitete für Ullstein-Publikationen.

Ihre Leser begeisterte Anita mit kulturkritischen Reflexionen über den von der Neuen Sachlichkeit geprägten Zeitgeist, ihr von Esprit und Bildung zeugender Stil versprühte das Flair kultivierter Salons. Als Modejournalistin richtete sie ihr Augenmerk natürlich insbesondere auf den dernier cri der Saison, auf Eleganz und Chic. Eleganz sei eine Frage der inneren und äußeren Haltung, Chic sei Mode, bevor sie zur Mode geworden sei, sagte sie. Anita erkannte, wie sehr Mode mit imaginären Qualitäten und symbolischer Bedeutung aufgeladen war und wie stark sie Leserinnen, Käuferinnen, dazu verführte, Bedürfnisse auf sie zu projizieren. Dass Mode als Seismograf der Gesellschaft taugt. Zu dieser Wirkung beigetragen haben die hochwertigen Illustrationen im Heft, die von Künstlern wie Steffie Nathan und Marlice Hinz stammten.

Oder von Ernst Dryden (1887-1938). Dryden, als Ernst Deutsch in Wien geboren, war schon vor dem Ersten Weltkrieg in Berlin als hervorragender Plakatkünstler für Werbung, Mode und Stummfilm bekannt worden. Nach Plagiatsvorwürfen in seine Heimatstadt zurückgekehrt, änderte er seinen Namen, spezialisierte sich auf Modezeichnung, verhalf als Designer dem Wiener Herrenausstatter Knize zu Weltruf und entwarf für die Boutique »Hello«, die seiner Freundin Helene Wolff gehörte. 1926 zog er nach Paris, von wo aus er als Idealbesetzung über Jahre die Artdirektion für *Die Dame* versah, Berichte in Skizzen von den Laufstegen schickte, für Coco Chanel entwarf und Kampagnen für Marken wie Bugatti konzipierte. Drydens Stil war classy, unverwechselbar und sein Ruf als Dandy vom Scheitel bis zur Sohle längst etabliert, als er schließlich in die USA auswanderte, wo er im Hollywood der dreißiger Jahre als Kostümbildner für Stars wie Marlene Dietrich Filmgeschichte schrieb. Nicht nur für den Regisseur Billy Wilder war Dryden der »eleganteste Mann der Welt«. Und so avancierte der Modepionier, auch als Kreateur einer Pflegeserie namens »Knize Ten« – Ten, die höchste Punktzahl im Polo – zu einem Vorbild für nachfolgende stilprägende Designer wie Ralph Lauren.

✦

Ein Cover der *Dame* bestand typischerweise aus zwei Teilen: einem ölgemalten, aquarellierten oder gezeichneten Außenblatt und einem fotografisch aufgemachten Innenblatt. Eine Phalanx von hochkarätigen Malern und Zeichnern wie Jeanne Mammen, Hannah Höch, George Grosz und Walter Trier sowie Fotografen wie Yva und Madame d'Ora (Dora Kallmus) gestalteten sie. Manche, so das Art-Déco-Cover von Tamara de Lempicka 1929, sind zu Bild-Ikonen geworden. Begleitet wurden die Artikel in der *Dame* von makellosen Gesellschaftsfotos vor schönen Kulissen: Strandimpressionen aus dem sonnigen Monte Carlo, Asta Nielsen am Meer, Alma Mahler-Werfel in Wien, eine Operettensängerin in der Sommerfrische, die Berliner Wohnung des Regisseurs Erik Charell, ausverkaufte Tribünen beim Pferderennen, volle Foyers im Theater. Viele Aufnahmen in der *Dame* stammten von den innovativsten Meisterfotografen wie Erich Salomon. Anitas Artikel »Landhaus am See« bebilderte eine Fotostrecke mit Ansichten eines Bauhaus-Anwesens am Schwielowsee bei Berlin, gestaltet hatte es der Architekt Ernst L. Freud – Sigmund Freuds Sohn, Lucian Freuds Vater. Nicht zuletzt potenzierten kunstvoll gestaltete Werbeanzeigen die Wirkung der Textbeiträge, beworben wurden in der *Dame* feine Luxusprodukte wie Kupferberg-Riesling, Elcaya-Creme oder hochklassige Achtzylinder-Automobile: »Die Dame von Welt wählt Stoewer«.

✦

Bezeichnend für *Die Dame* war neben gehobenem Boulevard ihr schöngeistiger Anspruch. In der *Dame* erschienen Geschichten und Gedichte von Schnitzler und Tucholsky über Brecht und Klabund bis Polgar und Zuckmayer, zur den Autorinnen gehörten Schriftstellerinnen wie Colette und Victoria Wolff. Zwischen Wolff, einer Nichte Albert Einsteins, und Anita entspann sich eine lebenslange Freundschaft. Zum Personaltableau der Autoren im Hause Ullstein gehörte auch die gebürtige Wienerin Vicki Baum, die zum ersten Medienstar des deutschen Literarturbetriebs avancierte. Die Schriftstellerin und ausgebildete Harfenistin, die während ihrer Konzertkarriere zu schreiben begonnen hatte, war 1926 als Redakteurin für *Die Dame* nach Berlin gekommen und um 1928 die finanziell erfolgreichste Autorin des Ullstein-Verlages, der sie als »Neue Frau« geschickt zu vermarkten wusste. Vicki Baum stand für Unterhaltungsromane im Stil der Neuen Sachlichkeit. Ihr Bestseller *Menschen im Hotel* ebnete ihr den Weg zum Broadway und sogar nach Hollywood. Die Story wurde unter dem Titel »Grand Hotel« mit Greta Garbo in der Hauptrolle verfilmt und ein sagenhafter Erfolg, auch in Amerika, wo Vicki Baum ab 1932 lebte. Zu Anitas Kolleginnen gehörte zudem Gina Kaus, die ebenfalls für *Die Dame* und andere Ullstein-Publikationen schrieb, Romane verfasste und auf dem internationalen Buchmarkt Fuß fasste. Später erzählte Vicki Baum, dass der Chefredakteur der *Dame* sehr darauf bedacht gewesen sei, seine Stars – die schillernden Schriftstellerinnen und sein glamouröses Zugpferd Anita – auf Distanz zu halten zum Kollegium der Frauen aus der Schnittabteilung und ihrem »Bekleidungstechnik-Jargon«. »Sei sparsam, Brigitte, nimm Ullstein-Schnitte!«, mit diesem Slogan warb der Verlag für die kommerziell höchst erfolgreichen Schnittmuster. Anitas Zielgruppe aber war entschieden eine andere: Damen, deren Idol eine Diva a là Greta Garbo war, die das Schönheitsideal der zwanziger und dreißiger Jahre verkörperte wie kaum eine andere.

Um 1926 gab Ullstein Anita eine eigene Kolumne. Und während andere Modejournalisten damit befasst waren, ein weibliches Ideal abzustecken, versuchte Anita ihre Leserschaft zu überzeugen, dass es in der Realität weder um das mondäne Fashion-Girl noch die feine Dame in Reinkultur gehe. Sie entwickelte eine Definition von Modernität, die Frauen nicht auf Modepüppchen reduzierte, weder Individualität noch Entfaltung von Selbstbestimmtheit ignorierte. Vor allem adelte Anita die Mode zum Kulturnarrativ. Sie räsonierte für ihre Leserinnen so humorvoll wie intelligent über Schuhe, Taschen und Düfte, über die Frau ihrer Zeit, die eigentlich nur noch die Ketten anlegen will, die sie als Schmuck begreift, die alle möglichen Fesseln gesprengt, sich dafür aber »mit Haut und Haar« in die freiwillige Gefangenschaft des Schönheitsdiktats begeben habe. Die sportlich sei und jung bleiben wolle, trainiert und massiert, und sklavisch auf »Schönheitsideale in Zentimetern« achte. Und auf Sonnenbräune. Jetzt rücke man der Zivilisation zu Leibe, indem man »Kultur im Urkult sucht«, spöttelte Anita. Sie nahm den – amerikanisch inspirierten – Trend zu legererem Auftreten unter die Lupe, die neue »Formlosigkeit als Gesellschaftsform«, sie philosophierte über Wohnkultur und in »Tischherren – die große Lotterie« über Glück und Pech mit dem Sitznachbarn beim Dinner. Überhaupt das Dinner: Elektrisches Licht habe jetzt ja jeder, wirklich avantgardistisch sei die »Rückkehr zum Kerzenlicht«.

Sie zeigte, dass die vielbeschworene »Neue Frau« keineswegs eine auch biologisch junge sein müsse, dass sich auch Damen fortgeschritten Alters mitreißen ließen, selbst Großmütter keine Gestalten mit Spitzenhäubchen, verzeihendem Lächeln und nie versiegenden Schokoladenvorräten mehr waren – sondern zum Tennis verabredet. Geradezu ein Signet wurden Anitas kluge Aphorismen über die Dinge des Lebens, mit denen sie ihre Leser beglückte. Damit bespielte sie ein ähnliches Feld wie Franz Hessels Frau Helen Hessel, die ab 1925 Pariser Modekorrespondentin der *Frankfurter Zeitung* war und ebenfalls als Aphoristikerin berühmt. Schrieb Helen ihre Feuilletons über das Leben à la Parisienne, entführte Anita den Leser ins boomende Berlin. In jeder Hinsicht am Puls der Zeit, flocht sie Namen Prominenter der Stunde wie den der Rekorde über Rekorde einheimsenden Wimbledonsiegerin Suzanne Lenglen in ihre Texte, streute noch ungebräuchliche Anglizismen wie »best seller« und »cock-tail« ein und verwertete die frischesten Modewörter. Wer wüsste heute noch, dass der Ausdruck »mensendiecken« »Gymnastik betreiben« meint und auf die Bewegungstherapeutin Bess Mensendieck zurückgeht, die damals so bekannt war, dass ihr Name zum Verb umgebildet in den Sprachgebrauch einging?

Mit ihrem Gespür für das Beiläufige und Kuriose am Rande traf Anita Daniel einen Nerv. Je witziger das Thema, umso trockener ihr Ton. In ihren pointierten Beschreibungen und originellen Ansichten – zum Beispiel »Was ich bei Kostümfesten nicht mehr sehen möchte« – erkannten sich viele Leserinnen wieder. Eine so radikal subjektive Sicht auf die Dinge – wer traute sich das schon? Ihre Texte folgen einer feinen Dramaturgie, haben meist zwei

Ebenen und handeln von etwas Unausgesprochenem, heben an mit einem Thema, um am Ende bei einem ganz anderen zu landen und mit einer überraschenden Synthese zu schließen. Sie sind reflektierend und unterhaltend, lakonisch, mitunter ironisch, nie zynisch, immer souverän. Ihre Kolumne wurde von den Lesern verschlungen.

Anita war so populär, dass die Ullstein-Redaktion auf ausdrücklichen Wunsch der begeisterten Stammleser im Juli 1930 sogar ein Foto der charismatischen Journalistin im Heft abdruckte, ein Novum in der *Dame*. Bildunterschrift: »Auf vielseitiges Verlangen: Unsere Mitarbeiterin ›Anita‹, die Verfasserin der Aufsatzreihe ›Lebensstil 1930‹«. Das von Rolf Mahrenholz aufgenommene Porträt zeigt die beliebte Lifestyle-Expertin aber nicht im Stil etwa einer Ruth Landshoff-Yorck, die mit Kuhfellmantel, lässiger Zigarette und der Aura eines verwegen-interessanten Privatlebens als It-Girl der damaligen Berliner Edelbohème imponierte – Anita zeigte sich den Lesern verblüffend ladylike: Schwarzweiß im Chanel-Look und mit schwarzer Schleierkappe. Ihre große Beliebtheit beruhte nicht zuletzt darauf, dass sie in einer Zeit, in der Auftritt und Aufmachung Waffen im Überlebenskampf geworden waren (überall haben es die Hübschen und Gepflegten leichter), weder einem strengen Modediktat noch einem femininen Ideal das Wort reden wollte, ob Flapper-Girl, Bücherwurm mit Hornbrille oder mondäne Salondame. Sie selbst beherrschte diese Gratwanderung zwischen »Dame« und »Neuer Frau« perfekt. Zeitlebens verortet im kultivierten Bildungsbürgertum, ermutigte sie zum Eigensinn, zu der Erkenntnis, dass moderner Stil gerade auf Persönlichkeit beruhe, die es auf allen Ebenen zu entwickelnden gelte. Sie selbst war, nicht nur modisch, ein Paradebeispiel dafür.

Zurückhaltung in persönlichen Angelegenheiten war ihr ein hohes Gut. Sie hielt sich bedeckt, gab über ihr Leben wenig preis. Die Klappentexte zu ihren Büchern glichen sich, vage blieb sie in der Angabe von Daten. Das fängt bei ihrem Geburtsdatum – 21. Juni – an. Es sei nicht sicher, an welchem Tag genau sie geboren wurde » – was für Astrologen ein Unglück ist!«, schrieb sie später in einem Brief. Insbesondere ihr Geburtsjahr machte sie zum Gegenstand von Spekulation. Es galt als offenes Geheimnis, dass Anita sich um Jahre jünger ausgab. Doch niemand war so uncharmant, dies auszusprechen, zumal sie tatsächlich jünger wirkte. 1902 ist als ihr Geburtsjahr in den meisten Quellen vermerkt, in Kürschners Deutschem Literaturkalender, in Archiven und Anmerkungsapparaten. In anderen Quellen, etwa dem Buch »Women in Weimar Fashion« von Mila Ganeva über die Modeszene im Berlin der zwanziger Jahre, findet sich eine Jahreszahl deutlich vor der Jahrhundertwende: 1893, in wieder anderen: 1892. Anitas Kollegen, die Ende der siebziger Jahre Nachrufe auf sie verfassten werden und über Jahrzehnte persönlich mit ihr zu tun gehabt hatten, schrieben, die Verstorbene sei Mitte achtzig gewesen, das deckt sich mit einem Geburtsdatum in den frühen 1890er Jahren. Auch Anthony Heilbut, dessen aus Berlin nach New York emigrierte Eltern mit Anita und deren Brüdern befreundet waren, bekräftigt diesen Eindruck. Demnach darf man Anita Daniel gerade noch als eine Person des 19. Jahrhunderts bezeichnen.

✦

Anita Daniel wurde in der im Nordosten Rumäniens liegenden Universitätsstadt Jassy (Iași), geboren, im 19. Jahrhundert ein bedeutendes Zentrum rumänischer Kultur. Um 1900 war gut die Hälfte der Bewohner von Jassy jüdisch. Im Sommer 1941 erlangte die Stadt durch das als »Iași-Pogrom« in die Geschichte eingegangene Massaker traurige Weltberühmtheit: mehr als 13.000 Juden wurden dort binnen Tagen ermordet, ein Schritt auf dem Weg zur »ethnischen Säuberung« des rumänischen Territoriums, die der mit Hitler verbündete Diktator Ion Antonescu damals anstrebte. Anita Daniel stammte aus einer wohlhabenden jüdischen Familie, ihr Vater Nathaniel Albert war Bankier. Sie wurde zweisprachig, Deutsch und Französisch, erzogen, war schon von früher Kindheit an mit ihren Eltern viel auf Reisen, immer wieder in die Schweiz, die zur Wahlheimat wurde. Nach Studienjahren in der Schweiz und in Frankreich ging Anita nach Berlin, um als Ullstein-Autorin Furore zu machen.

Um 1930, als sich die Machtverhältnisse in Deutschland zu verschieben begonnen hatten, wandelte sich die herausragende Stellung der Star-Journalistin des Edelmagazins *Die Dame* in eine weniger exponierte. Anita, die bei Ullstein auch für den anspruchsvollen *Querschnitt* (zum Beispiel »Die Soziologie der geschiedenen Frau«) und das beliebte Magazin *Uhu* schrieb, veröffentlichte zunächst noch unter ihrem populär geworden Namen, dann unter einem daraus destillierten Pseudonym: Aus Anita Daniel wurde »Ada Niel« – phonetisch »A. Daniel«. Ton und Themen der Ada Niel im *Uhu* – »Haben Sie nicht meine Tasche gesehen?« – aber blieben unverkennbar Anita: launig. Beide Magazine setzten in bewährter Weise auf das neue Selbstverständnis und kesse Fragen rund um optimierte Performance. Aber es stahl sich doch ganz leise ein weniger hedonistischer Zug ein, wieder etwas näher an der Tugend: »Männer zu vermieten« rührte an ein Tabu. Ada Niels »Was Hollywood aus schönen Frauen macht« kritisiert den frivolen Revuegirl-Stil mit allzu künstlichem Makeup, Federn und Chichi und plädiert in Vorher-Nachher-Bildern für edle Natürlichkeit. Auch »Die junge Engländerin« feiert andere Werte als Nightlife-Ausgelassenheit und das Artifizielle. Es fehlte desgleichen nicht an dezenten Seitenhieben auf den Konsumrausch in Amerika. Und der

Titel ihres Stücks »Warum ist der Prinz von Wales immer so traurig?«, erschienen im Herbst 1933, transportiert schon unverhohlen Melancholie.

1933 verließ Anita Deutschland. Sie emigrierte in die Schweiz, wo nun viele Texte der deutschen Exilliteratur in Zeitungen erschienen und sie langjährige Mitarbeiterin der renommierten Basler *National-Zeitung* wurde. Spätestens ab 1935 erschien beinahe jede Woche ein Feuilleton von ihr in der Sonntagsausgabe – Otto Kleiber, der Kulturredakteur, scheint ihre Texte sehr geschätzt zu haben. Bis in die sechziger Jahre (Kleiber starb 1969) stand Anita in herzlichem Kontakt mit ihm. Unter Kleiber, der das Feuilleton der *NZ* bis 1953 leitete, pflegte das Blatt einen hohen literarischen Anspruch und brachte ab 1933 Beiträge von Autoren wie Thomas Mann, Klaus Mann, Stefan Zweig, Alfred Polgar, Roda Roda, Robert Musil, Annette Kolb, Irmgard Keun, Else Lasker-Schüler, Gina Kaus, Max Brod, Ludwig Marcuse, Hermann Kesten, Oskar Maria Graf, Siegfried Kracauer, Kurt Hiller, René Schickele und Manfred George, um nur einige zu nennen. Auch die Episoden-Geschichte »Das weiße Abendkleid« von Victoria Wolff wurde zuerst als Fortsetzungsroman in der *NZ* abgedruckt. Aber tatsächlich ist Anita, die gelegentlich auch für andere Schweizer Publikationen wie die *Schweizer Illustrierte* schrieb, unter den exilierten Autoren diejenige, die am meisten in der *NZ* publiziert hat. Hunderte Texte, von denen viele später in ihren Büchern erneut erschienen, und in denen sie vom »Umgang mit Spargel« über die »Freude an Café-Terrassen« bis zum »Luxus des Alleinseins« kaum einen Aspekt des Alltags ausließ.

✦

Ihre Artikel zeichnete sie in den dreißiger Jahren auch als Anita Joachim-Daniel, wie sie seit ihrer Heirat 1921 hieß. Über ihren Mann gab sie wenig preis, er war – so viel verriet sie – Mathematiker und Atomphysiker. Fügt man die Puzzleteile zusammen, ergibt sich Folgendes: Dr. Hans Joachim, geboren 1891 in Berlin, studierte Physik, Chemie und Mathematik unter anderem in Genf und Berlin, wo er auch promovierte. Unter den Koryphäen, mit denen er arbeitete, waren Physik-Professoren von Max Planck bis Albert Einstein. Joachim vertiefte sich in mathematische Probleme der Relativitätstheorie und Quantenphysik, bevor er 1927 in Berlin bei der Allgemeinen Elektrizitätsgesellschaft, der AEG, anfing. Dort wurde an Akustik-Apparaturen für die brandneue Tonfilm-Technik getüftelt, die in den nahen Ufa-Studios kurz vor dem Durchbruch stand. Dem kulturaffinen Hans Joachim oblag die Entwicklung und Herstellungsleitung der für den Tonfilm nötigen Apparate. 1932 wurde er Partner in einer Berliner Manufaktur für Feinsteuerungstechnik mit Zweigstelle in der Schweiz, wohin es ja auch Anita zog. Als Hitler an die Macht kam, kappte er seine Verbindung zu diesem Unternehmen. Anfang 1934 ging Hans Joachim nach England.

In jenem Jahr, 1934, begleitete Anita Joachim den niederländischen Fotojournalisten Willem van de Poll auf einer Reportage-Reise nach Island. Per Automobil erkundete das abenteuerlustige Gespann die dünn besiedelte Vulkaninsel, Anita als der schreibende Teil des Reporter-Duos. Poll war im Auftrag der amerikanischen Agentur Associated Press (AP) unterwegs. Seine Karriere führte ihn vom *Berliner Tageblatt*, das um 1920 sein erstes Pressefoto gedruckt hatte, über Magazine wie *Vogue* bis in höchstadlige Kreise: Nach dem Krieg wurde er langjähriger Hoffotograf der holländischen Monarchen, porträtierte die künftige Königin Beatrix der Niederlande, besuchte mit Prinz Bernhard die von den Alliierten befreiten Städte des Landes. 1934 aber hielt er mit der Kamera die Impressionen während des Island-Trips mit Anita fest. Sie zeigen die Journalistin auf einem Islandpony in felsiger Lava-Landschaft oder auf dem Trittbrett eines exquisiten Fahrzeugs in vulkanischem Geröll. Mal zusammen mit Honoratioren in Laugarvatn, mal mit der Malerin Kristin Jónsdóttir und deren Mann, dem Verleger und Schriftsteller Valtýr Stefánsson. Mal im Atelier des Künstlers Guðmundur Einarsson, mal mit dem Fabrikeigentümer Sigurjon Pétursson im Wollindustriestandort Álafoss, mal mit Zigarette beim Picknick mit Freunden – und bei all diesen Stippvisiten präsentierte Anita sich gelöst, versprühte sie Lebensfreude pur.

Allmählich streckte Anita die Fühler auch nach Publikationsmöglichkeiten im Ausland aus. Ende 1936 veröffentlichte sie als Anita Joachim-Daniel gleich die Titelgeschichte im Novemberheft der Frauenzeitschrift *Delineator,* ein vielbeachtetes Feature auf Englisch: »Why I envy American Women«. Die *Vogue* brachte, ebenfalls im November 1936, ihren Artikel »Kings at Home«, in dem sie über die Aufgaben und das Los von gekrönten Häuptern Europas sowie einen Hausbesuch bei Hofe schrieb. Anlass für den Beitrag war die sich zuspitzende Krise im englischen Königshaus. Ausgelöst hatte die der thronmüde King Edward, der sich immer häufiger in Begleitung seiner anrüchigen – geschiedenen, amerikanischen – Geliebten Wallis Simpson zeigte und schließlich seine Abdankung verkündete. Im September 1937 brachte *Vogue* einen Artikel von Anita über »Ascona – the Enchanted Village«. Er verwies auf der Autorin besondere Sympathie fürs Tessin, stellte außerdem ihr Gespür für kurzweilige Reiseliteratur unter Beweis. Vor allem warf mit den *Vogue*-Beiträgen auch die Übersiedlung nach Amerika ihre Schatten voraus.

Ein Brief von Albert Einstein erreichte Anita im Februar 1938 noch in Europa. Das Schreiben bezog sich auf einen ihrer in der Schweiz erschienenen Reportage-Artikel, der viele bewegt hatte: »Letzter Besuch bei Max Liebermann«. Der große Maler war im Februar 1935 verstorben. Einstein, dem dieser Bericht über Otto Nathan zugegangen war, zeigte sich in seinen Zeilen an Anita sehr berührt über Anitas Schilderungen und »die verzweifelte Stimmung seiner letzten Tage«. Otto Nathan war ein gemeinsamer Bekannter von Einstein und der Adressatin: Nathan war ein enger Vertrauter und wurde später der Nachlassverwalter des Physikers, Anitas Bekanntschaft mit dem Ökonomen und Juristen Nathan dürfte noch in Berlin geknüpft worden sein, über ihren Gatten, den Physiker.

✦

Im Jahr 1941 ging auch Anita in die USA. Sie emigrierte zu ihrem Bruder Leon nach New York. Wie Willem van de Poll stand auch Leon Daniel in Diensten der Presseagentur Associated Press. Leon war in Berlin seit etwa 1927 der zentraleuropäische Vertreter der AP gewesen. 1935 beschränkte die NS-Regierung die Möglichkeiten aller anglo-amerikanischen Bildagenturen entscheidend, Associated Press hatte sich gleichwohl gegen eine Schließung ihrer Berliner Niederlassung entschieden, akzeptierte dafür notgedrungen das NS-Schriftleitergesetz und trat damit Einfluss auf die Themenwahl und Personal an das Propagandaministerium ab. Leon Daniel hatte sich, als Jude nun unerwünscht, daraufhin auf der Île de France nach New York eingeschifft. Dort ließ er sich in der 52. Straße auf der Eastside nieder und gründete im Januar 1936 mit anderen aus Deutschland geflohenen Fotografen, darunter Celia Kutschuk, nahe der Park Avenue mit PIX Publishing eine eigene Bildagentur. Der wichtigste dieser mit ihm emigrierten Kollegen, mit denen Leon Daniel sich in seiner Pressefoto-Agentur nun zusammentat, gehörte zu den besten Fotografen Europas; jener Lichtbildkünstler, der zu Beginn seiner Laufbahn die Aufnahme von Thomas Mann bei der Nobelpreisverleihung in Stockholm geschossen hatte, der schließlich als Gestalter von fast 100 *Life*-Covers und »Auge des Jahrhunderts« weltberühmt werden würde: Alfred Eisenstaedt. Auch Robert Capa arbeitete vor Beginn seiner Karriere als Magnum-Fotojournalist kurzzeitig für Leon Daniel und PIX. Überdies war Anitas zweiter Bruder, Henri, ebenfalls im Fotoagenturbusiness tätig.

In Amerika angekommen, beschritt Miss Daniel journalistisch neue Wege. Ihr Bruder Leon konnte ihr dabei mit seinen Kontakten Wege hier und da ebnen. Im Polit-Magazin *American Mercury* veröffentlichte sie im Mai 1942 eine lange Abhandlung über »The Miracle of Switzerland«, in der sie erörterte, warum die Neutralität der Schweiz eine so fragile wie diffizile sei. Im Mai darauf brachte *American Mercury* ein Stück von ihr über das Thema Glauben. In gelegentlichen Beiträgen für das *New York Times Magazine* bewegte sie sich hingegen thematisch auf gewohntem Terrain: Im Januar 1945 sinnierte sie über die (von ihr erfundene) »Bagology«: Anita untersuchte die Frage, was das Innenleben einer Handtasche über die Besitzerin aussagt. Diesem Artikel ließ sie im Februar mit »The Umbrella. Halo of the Just« eine parabelhafte Betrachtung über Regenschirme folgen. Ungeachtet dieser neuen amerikanischen Möglichkeiten hielt Anita ihren Schweizer Verbindungen die Treue. Der in Basel ansässige Verlag Birkhäuser brachte im Weltkriegsjahr 1942 Anitas ersten Sammelband mit dem hoffnungsvoll-optimistischen Titel *Ein bißchen Glück* heraus. Auch Folgebände wie *Gedanken über dies und jenes* erschienen, von Zeichnern wie Lino Lipinsky oder Lotte Günthart illustriert, bei Birkhäuser. Sie sammelten großenteils Arbeiten, die zuvor in der in Basler *National-Zeitung* oder im New Yorker *Aufbau* erschienen waren.

Zum Stab der freien Mitarbeiter der deutschsprachigen New Yorker Emigrantenzeitung *Aufbau* gehörte Anita schon zu Anfang ihrer Zeit in New York. Der *Aufbau*, die bekannteste, größte und langlebigste deutschsprachige Wochenzeitung im Exil, brachte bis in die siebziger Jahre Anitas Reisereportagen, Theater- und Filmkritiken, Buchrezensionen, Interviews und Aphorismen. Der *Aufbau* war 1934 gegründet worden, zu Beginn ein Vereinsblatt des aus dem German Jewish Club hervorgegangenen New World Club. Das Blatt wuchs bis Ende 1939 zu einer landesweit gelesenen Wochenzeitung mit wachsendem Abonnentenstamm. Der *Aufbau* als Sprachrohr der deutschsprachigen Juden wurde für Hunderttausende sowohl eine Einstiegshilfe in die amerikanische Gesellschaft als auch eine Brücke in die alte Heimat. Zu seinen Beiträgern gehörten Autoren wie Albert Einstein, Thomas Mann, Lion Feuchtwanger, Oskar Maria Graf, Franz Werfel und Hannah Arendt. Unter dem langjährigen Chefredakteur Manfred George und seinem Nachfolger Hans Steinitz stellte das Blatt die Integration und Anpassung an den American Way of life in den Fokus, die Versuche der jüdischen Emigranten, aus dem Nichts etwas wiederaufzubauen, in der neuen Heimat Fuß zu fassen, ihre teils gedeihlichen, teils schmerzhaften Bemühungen, aber auch ihre Chancen, Erfolge, ihr Kulturleben und ihren Alltag in allen Facetten, während es zugleich ein Auge fest auf die dramatischen Ereignisse in Europa gerichtet hielt.

Mit »Lebensraum« hatte Anita zum Einstand beim *Aufbau* 1939 einen politischen Text geliefert, der mit dem brach, wofür ihr Name bis dato stand. Doch mit ihren Kolumnen-Beiträgen für die *Aufbau*-Rubrik »Welt der Frau« – Texte über Stil, Mode und Lifestyle – knüpfte Anita durchaus an die Berliner Glanzzeit bei der *Dame* an, widmete sich den schillernden Socialites der New Yorker Gesellschaft, neuen Trends wie »Photo-Graphologie«, erging sich in Betrachtungen über Schrebergärten als »das Glück der New Yorker Millionäre«.

Sie schrieb Modejournalistisches über die »Pariserinnen 1948«, die den stoffreichen »New Look« nach Christian Dior ausführten, einen femininen Look für die Frauen, deren Weiblichkeit sich während der Kriegsgräueljahre als so widerstandsfähig erwiesen hatte, für die Frauen, die nun, so Diors Parole, wieder Schönheit verdient hätten. Es waren Sujets, die so auch in der *Dame* hätten behandelt werden können. Man kannte Anitas Stärken eben, schließlich waren viele Kollegen in der New Yorker *Aufbau*-Redaktion – so etwa ihre »Welt der Frau«-Kollegin Vera Craener – wie sie aus Berlin gekommen. Allen voran *Aufbau*-Chefredakteur Manfred George (1893-1965), einer der bedeutendsten politisch-kulturellen Autoren und Filmkritiker, der ebenfalls für den Ullstein-Verlag gearbeitet hatte und 1938 in die USA emigriert war. Anita und er pflegten ein sehr herzliches Verhältnis, aber man blieb trotz wechselseitiger Einladungen zum Dinner oder »quick lunch« noch über Jahre, ganz old school, beim Sie.

✦

Wie einst in *Die Dame* bewies Anita auch im *Aufbau* ihr Faible für kleine moralphilosophische Aphorismen über Themen wie Nähe, Güte, Zeit oder Klugheit; Zeilen, die von Anitas Eloquenz, Esprit und Stilgefühl zeugen und sich – gewissermaßen in der Tradition großer Moralisten von Montaigne über Oscar Wilde bis Elias Canetti – für die Konstanten des menschlichen Charakters ebenso sehr interessieren wie für die Wandlungen der Gesellschaft. Anita besprach Bücher, schrieb über die Anfänge der heute weltweit etablierten US-Denkfabrik »Aspen-Institute«, über Goethes schweren Weg in die neue Welt und die Bemühungen, mit denen der bis dato drüben wenig beachtete deutsche Dichterfürst einem größeren amerikanischen Publikum nahegebracht werden sollte. Sie berichtete über Kunstaustellungen wie die der aus Wien emigrierten Textilkünstlerin und Landschaftsmalerin Ilza Halo, über Lesungsabende. Und gewann über die Jahre große Persönlichkeiten für Gespräche. König Gustav V. von Schweden erwies ihr die Ehre, sie in seinem Schloss in Stockholm zu empfangen, dem jungen Präsidenten Kennedy begegnete sie bei einem Besuch im Weißen Haus. Zwar konnte ihr Bruder Leon ihr abermals manche Wege ebnen. Doch Anita öffneten sich Türen auch ohne Zutun. Sich in vornehmer Zurückhaltung durch die journalistische und diplomatische Welt bewegend, warmherzig und offen im Umgang, erfreute sie sich einer oft geradezu staunenswerten Beliebtheit, wie ihre Kollegen beim *Aufbau* immer wieder erlebten und bezeugten.

Privates und Berufliches verschmolzen dabei häufig. So begleitete Anita im Sommer 1943 als Pressevertreterin die Society-Hochzeit der US-Top-Journalistin Dorothy Thompson mit dem tschechischen Maler und Bildhauer Maxim Kopf. Thompson war durch ihre 1928 geschlossene Ehe mit Sinclair Lewis und das Interview, das sie als Korrespondentin in Berlin 1931 mit Hitler im Hotel Kaiserhof geführt hatte, international bekannt geworden, und spätestens seit 1939 galt Thompson in den USA als beinahe so einflussreich wie die mit ihr befreundete First Lady, Präsidentengattin Eleanor Roosevelt. Geladen zur Feier in den Bergen von Vermont waren unter anderem Carl Zuckmayer und seine Frau Alice »Lizzie« Herdan-Zuckmayer, mit denen Anita ebenfalls freundschaftlich verbunden war. Der Dramatiker lebte seit einiger Zeit in der Nähe der Thompson, für die Hochzeitsgäste spielte er Laute und sang österreichische Lieder. Exklusiv als Fotografin bei der Feier zugelassen und mit Anita im Team gekommen, war eine ihrer alten Bekannten: Elli Marcus, die in Berlin mit Porträts von Ufa-Stars und Theatermimen berühmt geworden war. Noch Jahre später erinnerte Anita sich an diese Feier mitten im Krieg, an die große Schüssel Kaviar, die kredenzt wurde, und die sie mit Suppenlöffeln ausleerten. Seit Anitas Übersiedlung in die USA dürfte auch die Trennung von ihrem Mann Fakt geworden sein. Hans Joachim, der in den Vorkriegsjahren in England mit der Entwicklung von Kurzwellengeräten befasst gewesen war und wissenschaftliche Grundlagenforschung für Sensortechnik betrieben hatte, beriet während des Krieges die britische Regierung und arbeitete an einem System zur automatischen Torpedokontrolle. Ende 1947 aber ging auch er in die USA, nach New York. Was aus ihm wurde, aus Anitas Ehe, bleibt ein Rätsel. Und er der große Unbekannte.

In ihrer kaleidoskopischen Gesamtheit öffnen Anitas Texte der vierziger Jahre ein Fenster in eine seltsame Welt. In Europa herrschte ein gewaltiger Krieg, in New York ging das Leben weiter, auch und gerade am Broadway, in den Theatern und Kaufhäusern. Eine Feier des Lebens und Überlebthabens. Ihre Erfahrung als Neu-Amerikanerin ließ Anita in ein Buch münden, den amüsanten Reiseführer *You'll love New York,* ein Bestseller, der, illustriert von J. Marianne Moll, 1950 als *Ich reise nach New York* auch in deutscher Sprache erschien und Leser im kriegszerstörten Europa von einer Atlantiküberquerung per Ozeandampfer oder gar von einem Flug in die Wolkenkratzerstadt träumen ließ, die Anita als das »größte Reiseziel der Welt« rühmte. Das New-York-Kompendium war der Auftakt für eine ganze Serie von (teils auch auf Englisch erschienenen) unterhaltsamen Reisehandbüchern, mit denen die Ausgewanderte das Fernweh der Wirtschaftswundergesellschaft anfachte. Und die ihr Gelegenheit für regelmäßige und ausführliche Aufenthalte gaben, mitunter tourte Anita fast ein halbes Jahr zu all den Plätzen, die sie interessierten.

Mit ihren spritzigen Reisevignetten wie *Komm mit nach London* und Pendants für andere Destinationen wie Paris, Italien und sogar Mexico, gab sie Touristen eine Gebrauchsanweisung für das Leben in der fremden Großstadt, erzählte von Land und Leuten, von Architektur und Sitten, von Flora und Fauna des Landes. Den Tourismusbüros entging keineswegs, wie viele Reisende sich durch die Lektüre zu einem Besuch animieren ließen. Als Anita im Frühjahr 1951 damit beschäftigt war, ihr Reisebuch über die Schweiz auszuarbeiten, ließ sie die Organisatoren wissen, dass sie es begrüßen würde, während ihres Recherche-Aufenthaltes im Hotel Bellevue-Palace in Bern mit einigen Persönlichkeiten zusammenzutreffen. Im Sommer 1956 führte sie, im Rahmen ihrer üblichen Europamonate, der PEN-Club-Kongress nach London. An dieser Tagung des internationalen Schriftstellerverbandes Ende Juli nahm auch Erich Kästner teil. Kästner wurde mit anderen deutschsprachigen Kongressteilnehmern von der britischen Königinmutter Queen Mom zum Tee geladen, wobei, wie *Der Spiegel* damals berichtete, Majestät mit Kästner Deutsch gesprochen und sich als begeisterte Leserin von »Emil und die Detektive« zu erkennen gegeben habe. Ob auch Anita bei der Tea Time zugegen war, lässt sich leider nicht mit Gewissheit sagen…

✦

Ob in London, England oder Italien – Anita tauchte bei ihren Reisen vor Ort tief ins Geschehen. Sie schonte sich nicht – immer unterwegs. Als sie 1959 in Florenz recherchierte, erlitt sie beim Besuch eines Gotteshauses sogar einen Unfall, befand sich allerdings zum Glück rasch auf dem Weg der Besserung. Doch so sehr Anita dem alten Kontinent durch ihre Reisebücher auch verhaftet blieb, so nah war sie am amerikanischen Zeitgeschehen und Kulturbetrieb. Ihr Interesse galt aktuellen Ausstellungen, Filmabenden, auch Popkulturellem. In einem *Aufbau*-Text über den Kinderhelden-Cowboy Hopalong Cassidy umriss sie das Phänomen Werbung und Merchandising. In einem Beitrag befasste sie sich Ende der fünfziger Jahre mit einem neuen »unsichtbaren, undefinierbaren und übernatürlichen Feind«, einem grassierenden Virus, vor dem sich die Menschen wie vor einem gespenstischen Spuk fürchteten. In der Jetztzeit 2021, in die sich die Angst vor einem viralen Erreger, diesem seltsamen Gegner, wieder eingenistet hat, in der unsere moderne Welt plötzlich in die Defensive geraten ist, wirkt Anitas Text wie ein Vorgriff auf eine Situation, in der der Tod als Gegenspieler unseres Lebens eine neue Realität zu schaffen vermocht hat.

Parallel zu ihrer Arbeit für die Zeitung war Anita weiterhin als Buchautorin tätig. Sie schrieb eine Biografie über den populären Missionsarzt, Philosophen, Organisten und Theologen Albert Schweitzer, dessen Wirken als »Urwaldarzt« im zentralafrikanischen Lambarene ihn weltberühmt gemacht hatte und sie faszinierte. Anita hatte den Universalgelehrten bereits 1949 in Aspen erlebt, seinen Auftritt, seine Aura, und im *Aufbau* darüber berichtet. Sie traf ihn mehrfach. Zwölf Tage verbrachte sie bei ihm im elsässischen Gunsbach, wo sich das Elternhaus des Pfarrersohns befand, das Haus, das ihm als Drehscheibe zwischen seinem Spital, seinen Konzerten und Vortragsreisen diente und heute das Albert Schweitzer Museum ist. Im Oktober 1952 traf Anita den Philanthropen, der im Vorjahr mit dem Friedenspreis des Deutschen Buchhandels ausgezeichnet worden war, in einem Pariser Café erneut. Die Idee, über ihn zu schreiben, nahm endgültig Formen an. Fotos steuerte die aus Wien stammende amerikanische Fotografin und Filmemacherin Erica Anderson bei, die viele Reisen zur Krankenstation Lambarene in Gabun unternommen, dabei Tausende von Fotos geschossen und für ihre Filmdokumentation »The Life and Times of Albert Schweitzer« einen Oscar gewonnen hatte. Der Film hatte im Januar 1961 große New York-Premiere. Eine Langspielschallplatte mit Anitas Schweitzer-Geschichte verkaufte sich ebenfalls gut.

All die Aktivitäten zwischen *Aufbau*-Redaktion, Bücherschreiben und Rechercbereisen koordinierte sie von ihrem kultivierten Appartement in Manhattan aus. In den vierziger, fünfziger Jahren residierte sie auf der Eastside in der 233 East 60th Street, zuletzt in einer um eine Terrasse erweiterten kleinen Wohnung in der 120 East 62nd Street, eskortiert von den ihr lieben Geistern des Gestern, zwischen Reiseandenken, Antiquitäten und Korrespondenzmappen. Anita schrieb Schweizer Weggefährten und Bekannten wie dem Kunstszenepaar Alice und Christoph Bernoulli, der während der NS-Zeit zahlreiche Emigranten unterstützt und sein Haus in Basel zu einem Zentrum für einen Künstlerkreis gemacht hatte, ein universal gebildeter und kosmopolitischer Kunsthändler, dessen Vermittlung das Basler Kunstmuseum Bilder von Künstlern wie Rousseau verdankt. Anita schrieb amerikanischen Freunden wie Dorothy Thompson, korrespondierte mit Freunden wie Carl Zuckmayer und seiner Frau Alice, zeitweise mit der deutsch-französischen Schriftstellerin Annette Kolb, die ebenfalls Deutschland 1933 verlassen und in der *National-Zeitung* veröffentlicht hatte, mit *Aufbau*-Kollegen wie Hans Sahl und Manfred George. Und mit Victoria Wolff (1903-1992). Die Exilschriftstellerin, die, wie Anita, 1941 in die USA emigriert war, und mit ihrem Mann, dem Berliner Kardiologen Erich Wolff, in Kalifornien lebte, teilte Anita nicht nur die Ullstein-Vergangenheit in Berlin, sondern auch eine besondere Verbindung zu Ascona, diesem malerischen Ort mit dem berühmten Kurhotel

Monte Verità und der noch berühmteren Künstlerkolonie. Wolff kannte die Szenerie im Tessin gut, war sie doch im April 1933 mit ihren Kindern zunächst ins Tessin emigriert, das sich zu einem Zentrum deutscher Exilanten entwickelt hatte, und wo sie sich mit Erich Maria Remarque, Leonhard Frank und Tilla Durieux anfreundete. Anita widmete Ascona in ihrem Schweiz-Führer mehrere Seiten, Victoria Wolff widmete Ascona gleich einen ganzen Roman: »Die Welt ist blau«, eine Liebesgeschichte im Sommer 1933 am Lago Maggiore, inmitten einer bunten Schar von Lebenskünstlern.

✦

In den sechziger Jahren, einer beidseits des Atlantiks vom Wirtschaftsaufschwung geprägten Phase, war New York der Nabel der Welt, prägten Filme wie »Frühstück bei Tiffany« und Technicolor-Komödien mit Doris Day als patenter Werbeagentin, die sich an der Madison Avenue mit Rock Hudson beharkt, das Bild vom modernen Manhattan. Das Magazin *New Yorker* gab den intellektuellen Ton an, High Heels klackten auf der Fifth Avenue, wenn nun Damen wie Maeve Brennan, gefeierte *New Yorker*-Autorin und amerikanische Großstadtikone der Sechziger, im Kleinen Schwarzen, mit Perlenkette und Beehive-Hochsteckfrisur, in die Redaktion eilten. Es heißt, so Brennan-Biografin Michaela May, Maeve sei das Vorbild für die Holly Golightly in Truman Capotes »Breakfast at Tiffany's« gewesen. Style und Spirit – das war in New York nie ein Gegensatz.

Der private Kosmos der Anita Daniel aber war nach wie vor der schöngeistige der deutschsprachigen Emigranten, euro-nostalgisch. Miss Daniel war, sagt Anthony Heilbut, nach wie vor »old-worldly and very charming«. Sie kleidete sich nach wie vor mit Noblesse, Kostüm mit kurzer Jacke und knielangem Rock – ganz kultivierte Upper East Side eben. Gäste lud Anita gern zu »rumänischem Goulasch« oder »Poule-au-feu« zu sich: Gerichte wie diese holten die Vergangenheit zurück. Das erzählte auch Gertrude Urzidil, eine aus Prag stammende Dichterin und Frau des Schriftstellers und *Aufbau*-Autoren Johannes Urzidil, die, mit Blick auf deren Auftreten, deren Hintergrund, Anita schlicht als »Golden Girl« bezeichnete. Anitas Kreis in der Neuen Welt repräsentierte mithin entschieden das alte Europa. Das Fin de Siècle. Das alte Wien, Berlin. Dazu zählte Erich Mosse, dem sie 1961 mit einem Artikel zum 70. Geburtstag gratulierte. Er, Neffe des Berliner Verlegers Rudolf Mosse, war Arzt, Psychoanalytiker, Schriftsteller, Theaterregisseur und obendrein Bildhauer. Ein Multitalent, das sich, wie Anita schrieb, in der »besten kulturellen Atmosphäre von Berlins Glanzzeit entwickelt« hatte. Auch der 1939 aus Wien emigrierte Architekt und Möbeldesigner Felix

Augenfeld, der durch den außergewöhnlichen Schreibtischstuhl, den er für Sigmund Freud entworfen hatte, berühmt geworden war, gehörte mit seiner Frau zu Anitas New Yorker Zirkel. Und *Aufbau*-Kollegen wie Kurt Pinthus, der in Berlin Dramaturg bei Max Reinhardt gewesen war, als Theater- Literatur- und Filmkritiker gearbeitet hatte und 1937 in die USA emigriert war. Kontakt hielt Anita auch zu Repräsentanten der Kunstszene, darunter Justin Thannhäuser, Sohn des Sammlers Heinrich Thannhäuser. Der war in den zwanziger Jahren in Berlin als Kunsthändler erfolgreich gewesen und hatte 1933 seine Galerie nach Paris verlagert, deren Bestand 1940 beschlagnahmt wurde. Doch Thannhäuser hatte sich mit einem Teil des Bilderschatzes nach New York retten können. Später übergab Justin die von ihm und seinem Vater aufgebaute Sammlung, zu der bedeutende Gemälde von Manet, Pissarro, Gauguin und van Gogh gehörten, als Thannhauser Collection an das Guggenheim Museum.

✦

Nicht nur in puncto Kunst, über die Kulturszene überhaupt, hielt Anita sich auch im höheren Alter noch auf dem Laufenden. Sie sah die neuesten Kinofilme aus Hollywood, verfolgte politische Debatten, die sie teils mit John Brown, einem befreundeten Journalisten von der *Washington Post*, diskutierte. Sie liebte es, durch Manhattan zu spazieren, die Pracht von Bloomingdale's wie ein prächtiges Museum zu bewundern, Stunden im Central Park zu verbringen, in netten Restaurants zu speisen, Festivals, Cocktails und Premieren zu besuchen, bei denen sie schon mal Berühmtheiten wie Marcello Mastroianni begegnete und sich in Plaudereien verwickelte. Intellektuell vielseitig und anspruchsvoll, verströmte Anita Daniel überall Esprit, Extravaganz und Attitüde, leistete sich die ein oder andere Caprice und eine harmlose Schwäche für ein wenig Luxus. So schlief sie gern unter einer Pelzdecke, und mit den Worten »Thanks a lot für die große Chanel-Flasche« dankte sie einmal für ein Geburtstagsgeschenk: Chanel sei ein »Hauch Zeitlosigkeit« und damit zum Geburtstag besonders passend. Ihre Lektüre war die *New York Times* und der *New Yorker*, wo nun allmählich junge Autoren wie die coole Susan Sontag zu Leitfiguren aufstiegen, sie las Illustrierten-Stories über Stars wie Kirk Douglas, schätzte den Interviewstil der streitbaren italienischen Journalistin Oriana Fallaci, verschlang Novellen vom späteren Literaturnobelpreisträger Isaac Bashevis Singer, der so gekonnt Mystik und Fakten zu verbinden wusste, vertiefte sich in Literatur von Elias Canetti, dem Anita sich seiner und ihrer osteuropäischen Wurzeln wegen seltsam vertraut fühlte, und liebte die Kurzgeschichten aus der Feder ihrer Freundin Victoria Wolff.

Das Telefon, das sie eifrig nutzte, hielt Anita für eine der besten Erfindungen überhaupt, beinahe genauso erfreute sie später ihre brandneue »Color Television«, die ihr »Anna Karenina« und Piano-Konzerte mit Vladimir Horowitz ins Appartement holte, und all das, während sie im Schlafrock auf der Bettstatt ruhte, fast so, wie sie es einst in ihrem Text »Das geliebte Bett« im Januar 1931 in der *Dame* beschrieben hatte: »Das Bett als Oase. Das Bett als Sanatorium. Das Bett als Nirwana.« Noch immer versprühte Anita Grandezza und verfügte über eine Vitalität und Präsenz, die sie zwanzig Jahre jünger wirken ließen. Der verrinnenden Lebenszeit war sie sich gleichwohl bewusst, wie ihre Aphorismen zum Thema »Zeit« zeigen. Häufiger musste sie nun den Verlust von Weggefährten und Bekannten verschmerzen. »Es ist schwer, sich an die Leere zu gewöhnen, die gute Weggenossen hinterlassen«, sagte sie. Ende Januar 1966 verfasste Anita den Nachruf auf die Schriftstellerin und Kollegin Ruth Landshoff-Yorck, das unvergessene It-Girl der Berliner Edelbohème der Roaring Twenties, deren Stücke im *Aufbau* erschienen waren, die als »Poet Lady« und Off-Broadway-Dramatikerin gefeiert wurde. Auch sie, Ruth, eine Nichte des Großverlegers Samuel Fischer, stand für das alte, unwiederbringlich verlorene Berlin. Und 1965 starb mit Manfred George, der längst den Beinamen »Mr. Aufbau« hatte, ihr langjähriger Chefredakteur. Fast bis zuletzt hatten Anita und er in freundschaftlichem Kontakt gestanden.

✦

Ihr letztes Lebensjahrzehnt bescherte ihr nicht nur familiär Veränderung und verlangte ihr vieles ab. Nachdem Anitas Bruder Leon sich 1969 von seinem Posten als Leiter der PIX, Inc. ins Privatleben zurückgezogen hatte, heiratete er im Jahr darauf die aus Oberschlesien stammende Gerda Blumenthal Miodownik, Witwe des Geschäftsmannes Alfons Miodownik. Die Hochzeit, berichtete die *New York Times* damals über den Anlass, fand Anfang Juli 1970 in der Synagoge Congregation Kehilath Jeshurun auf der Upper Eastside statt. Nur wenige Jahre später, Ende Dezember 1974, starb Leon. Dass auch ihre eigene Zeit verrann, spürte Anita danach mehr und mehr. New York, fand sie voller Tristesse, habe sich verändert, und das nicht zum Vorteil. Die Kriminalität habe zugenommen, die Straßen seien unsicherer geworden, der Alltag war in vielem ein anderer. Mitte der siebziger Jahre erkrankte sie schwer. In einem bewegenden Brief verabschiedete sie sich von einem Freund in der Schweiz, wo einige ihrer treuesten Weggefährten lebten. So lange ihre Kräfte es zuließen, legte Anita daher Wert auf ihre traditionelle sommerliche Schweiz-Reise, ihre Tour de Suisse, mit »a bit of France nachher«, wie sie es in dem für sie typischen Denglisch einmal ausdrückte. Es zog sie ins Engadin, nach St. Moritz, nach Sils Maria ins legendäre »Hotel Waldhaus«, Ort der Dichter und Denker, wo Nietzsches Nimbus und ein distinguiertes, bildungsbürgerliches Publikum die Atmosphäre prägen. Der Mythos des »Waldhauses« als vielleicht berühmtestes Künstlerhotel Europas gründet auf dem Charme der Belle Époque, aber auch auf dem Gästebuch, in das sich Kulturgrößen wie Richard Strauss, Erich Kästner, Thomas Mann, Kurt Tucholsky, Max Reinhardt, Otto Klemperer, Max Liebermann, Marc Chagall und Hermann Hesse eingetragen haben. Eine Ambiance, die auf Anita umso inspirierender gewirkt haben mag, als ihre Touren auch der Recherche für ihre Reisebücher dienten, die noch Mitte der siebziger Jahre (aktualisierte) Neuauflagen erlebten.

Victoria Wolff in Kalifornien konnte sie im Sommer 1976 an der Westküste noch einmal besuchen, Lisa Schwarz, auch sie eine Berliner Emigrantin, 1976 als die neue langjährige (bis 2004) Büroleiterin der *Aufbau*-Redaktion am Broadway 2121 noch kennenlernen. Ab 1977 aber ging es Anita gesundheitlich zunehmend schlechter. 1978 schwand die Kraft, um überhaupt unter Leute zu gehen oder Gäste zu empfangen. Aber sie zwang sich zum Schreiben, um ein begonnenes Buchprojekt zu vollenden. Und warf noch einen Blick auf Anthony Heilbuts erste Ideenskizzen für sein Buchvorhaben »Exiled in Paradise«.

An einem Samstag im Spätfrühling 1978 endete, nach mit großer Tapferkeit ertragenem Leiden, Anita Daniels Leben. Sie starb am 18. Juni zu Hause in ihrer Wohnung in der 62. Straße auf der Eastside, »tiefbetrauert von allen, die sie kannten«. Es war Gerda Daniel, die Witwe ihres Bruders, die spät im Leben ihr zugefallene Schwägerin, die allein als Hinterbliebene Anitas Traueranzeige unterzeichnete – »im Namen Aller in der ganzen Welt, die ihr nahestanden und sie vermissen werden«. *New York Times* und *Aufbau* widmeten ihrer ehemaligen Mitarbeiterin jeweils einen Nachruf. Auf ausdrücklichen Wunsch ihrer Freunde druckten ihre Kollegen im *Aufbau* noch einmal eines ihrer Gedichte: »Blätterfall«, ein melancholisches Poem. Ihr letztes Buch hatte Anita noch beenden können, *Die Kunst zu Tafeln*, 1978 von Benteli in Bern verlegt, in dem sie sich dem Phänomen Cocktailparty genauso widmete wie vegetarischer Nahrungsethik – vornehm, heiter, amüsant, auf der Höhe der Zeit. Es wirkte nun wie ein Gruß aus einer untergegangenen Ära. Noch einmal hatte sie darin die Zeitgeistigkeit ihres Blicks auf die Welt bewiesen. Ein feines Lifestyle-Brevier als Vermächtnis – Anita blieb dem Geist von *Die Dame* verbunden, bis zuletzt.

Katja Behling, Januar 2021

Ernst Dryden: Titelseite der »Dame« vom
Oktober 1929. Bleistift und Aquarell.

Literaturauswahl

Braun, Bettina: *Das Feuilleton des Exils. Veröffentlichungen in der Basler National-Zeitung 1933-1940*. Schwabe, Basel und Berlin, 2021

Ferber, Christian (Herausgeber): *Die Dame. Ein deutsches Journal für den verwöhnten Geschmack 1912 bis 1943*. Ullstein, Berlin und Frankfurt, 1980

Ganeva, Mila: *Women in Weimar Fashion. Discourses and Displays in German Culture 1918-1933*. Camden House, Rochester, NY and Woodbridge, UK, 2008

Heilbut, Anthony: *Exiled in Paradise: German Refugee Artists and Intellectuals in America from the 1930s to the Present*. University of California Press, Berkeley, Los Angeles, 1983. Deutsch: *Kultur ohne Heimat. Deutsche Emigranten in den USA nach 1930*. Ullstein/Quadriga, 1987

Lipman, Anthony: *Divinely Elegant. The World of Ernst Dryden*. Foreword by Billy Wilder. Pavilion Books, London, 1989. Deutsch: *Der Dandy als Designer: Ernst Dryden, Plakatkünstler und Modeschöpfer*. Mit einem Vorwort von Billy Wilder. Bucher, München und Luzern, 1991

Schrag, Peter: *The World of Aufbau. Hitler's Refugees in America*. University of Wisconsin Press, 2019

Archivmaterial

Victoria Wolff Papers. Anita Daniel-Victoria Wolff 1965-1978. UCLA Library. Department of Special Collections. Manuscript Division. Collection 1698. Corresponcence. Box 7

Deutsches Literaturarchiv Marbach. Handschriftensammlung. Korrespondenz Anita Daniel

The Hebrew University of Jerusalem. Albert Einstein Archives. Correspondence. Albert Einstein – Anita Joachim-Daniel. Archival Call Number: 34-125

Editorische Notiz

Die Texte von Anita Daniel in diesem Band entstammen dem Magazin *Die Dame*, Ausgaben 1925 bis 1932, der ebenso bei Ullstein verlegten Zeitschrift *Uhu* aus den Jahren 1928 bis 1933, der in New York erschienenen deutschsprachigen Zeitung *Aufbau*, Jahrgänge 1939 bis 1978, und Anita Daniels in den vierziger bis siebziger Jahren (im amerikanischen Exil) publizierten Büchern: *Ein bißchen Glück* (1942); *Ich reise nach New York* (3. Auflage 1953); *Ein bisschen Liebe* (1957); *Sehnsucht nach der Ferne. Gedanken über Sinn und Unsinn des Reisens* (1965); *Gedanken über dies und jenes* (1971) – alle erschienen im Birkhäuser Verlag, Basel und Stuttgart – sowie aus dem Band *Die Kunst zu Tafeln* (1978), erschienen im Benteli Verlag, Bern. Diese Bücher, vor allem die frühen wie *Ein bißchen Glück*, enthalten zahlreiche zuvor bereits in der Basler *National-Zeitung* und im *Aufbau* veröffentlichte Texte.

Die Orthografie entspricht der in der jeweiligen historischen Fundstelle. Eigennamen, zeittypische Ausdrücke, Neologismen und Anglizismen, die erst in den Sprachgebrauch einflossen und vom prägenden Einfluss der USA als Inbegriff der Moderne zeugen, wurden ebenfalls in der von Anita Daniel gewählten Schreibweise belassen. Auch wurde auf die Angleichung von (geschlechtsübergreifenden) Maskulina verzichtet. Außerdem blieben seinerzeit übliche, aber heute diskreditierte und daher aus dem Sprachgebrauch eliminierte Worte unangetastet: Der jeweilige Kontext entzieht möglichen Bedenken hinsichtlich der Intention für die damalige Verwendung jegliche Berechtigung – Anita Daniels Sprache zu zensieren, würde das von ihr gezeichnete Bild vom Midcentury-Zeitgeist verfälschen.

Dank

Für Auskünfte und Unterstützung danken die Herausgeber:
Bettina Braun (Universität Basel), Anthony Heilbut (New York), Reinhard Köster (Berlin), Miriam Kutschinski (Albert Einstein Archives, Jerusalem), Yves Kugelmann (Aufbau / Tachles, Zürich), Bülent Özdemir (Hochschule für Bildende Künste, Hamburg), Aubrey Pomerance und Michael Simonson (Leo Baeck Institute New York / Berlin), Martina Stecker (Deutsches Literaturarchiv Marbach), sowie dem Schweizerischen Bundesarchiv (Bern) und der UCLA Library Special Collections, University of California (Los Angeles).

Impressum

Ein ganz besonderer Dank des
Verlegers gebührt Katja Behling für ihr
ausserordentliches Engagement, ohne
das dieses Buch von Anita Daniel
nie erschienen wäre.

Copyright © Erstveröffentlichung
Edition Memoria 2021
Hürth bei Köln und Hamburg
Exil-Sammlung & Verlag
Thomas B. Schumann
Kiefernweg 11
50354 Hürth bei Köln
Telefon 02233-67282
edition.memoria@yahoo.de
www.edition-memoria.de
facebook.com/edition memoria

Alle Rechte vorbehalten

Gesamtkonzeption Thomas B. Schumann
in Zusammenarbeit mit Katja Behling
Gesamtgestaltung Reinhard Köster Grafikdesign, Berlin
Druck und Bindung CPI books GmbH, Leck
Umschlagabbildung Ernst Dryden: Titelseite für »Die Dame«,
Guasch und Bleistift auf Papier, Oktober 1928
(Die Angaben zu den Illustrationen von
Ernst Dryden stammen aus dem Band
»Der Dandy als Designer«, 1989)
Frontispiz-Foto Willem van de Poll © alamy

ISBN 978-3-930353-40-8
Printed in Germany